日本の七大思想家

丸山眞男／吉本隆明／時枝誠記／大森荘蔵
小林秀雄／和辻哲郎／福澤諭吉

GS
幻冬舎新書
288

日本の七大思想家／目次

序説　敗戦経験という基軸　7

I　敗戦経験は日本史上最大の事件である　7

II　近代日本の建設過程と屈折過程は思想家たちとどう関連するか　12

III　で、「七大思想家」とはだれなのか　16

第一章　丸山眞男——一九一四〜一九九六　21

「進歩的知識人」の代名詞的存在／「自由で主体的な個人」の過剰な偏重／粗雑な東京裁判批判／安保改定の意義を見誤っていた左翼インテリ／民衆運動のムードに流されただけの安保批判／プラグマティストからドグマティストへ／明治天皇制への不公正な歴史認識／国際社会の現実を見ない幼稚さ／国民意識の形成過程を独創的に論証／「変わり身の早さ」をめぐる成熟した認識／日本的権力構造の肯定的捉えなおし

第二章　吉本隆明――一九二四～二〇一二　83

いま吉本の何をどう読むべきか／転向知識人はなぜ敵なのか／大衆の実存の場所から「革命」を展望／孤独な戦中派の怨念と憤怒／「大衆の原像を繰り込む」ことの意味／現代情況に対する過剰なサービス精神／源実朝の悲劇性の鮮やかな分析／「造悪論」が親鸞に内在したという意図的曲解／「往相・還相」解釈に見る我田引水／共同幻想、対幻想、自己幻想／言語本質論に隠された吉本思想の孤独さ

第三章　時枝誠記――一九〇〇～一九六七　150

言語とは思想そのものである／西洋近代に素手で格闘を挑む／言語道具観の否定――①言語過程説／「概念」は言語の外にあるのか――②言語の存在条件の規定／日本語文法の特性を理論化――③「詞辞」論／主述対立構造の否定――④日本語の「風呂敷」型、「入れ子」型構造／意図はわかるが微妙な論――⑤「零記号」論／言語の本体は述語である――⑥「述語格」論／意味とは話し手と聞き手の把握作用そのもの――⑦意味論

第四章　大森荘蔵――一九二一～一九九七　212

主客二元論克服への情熱／「重ね描き」概念による知覚因果説批判／視覚風景における「透視構造」／自然そのものが有情であり心的である／「心」の存在が不可欠であることの見落とし／「立ち現われ一元論」とは何か／「心とは何

か」という問いの無意味さ／虚像と実物の区別の無化／「行為する私」の抹殺／想起は徹頭徹尾、言語命題である／大森哲学の根本的な欠陥

第五章　小林秀雄――一九〇二～一九八三　279

難解な文体が意味するもの／「文学的な、あまりに文学的な」小林批評／初期作品に見る批評家としての覚悟／ラディカルな実存思想の誕生／文学者が「一兵卒として闘う」ということ／「麦と兵隊」評で表明された生活思想／「歴史の必然」と個人の「思い」／「生の哲学」の日本的結実／敗北の必然性を予感／戦局急を告げる中で中世古典へ傾倒／大文字の「歴史」への「抵抗者」

第六章　和辻哲郎――一八八九～一九六〇　349

衝撃の和辻体験を乗り越えて／孤立的個人を出発点とする西洋哲学との格闘／人間とは社会的関係の総体である／倫理とは人間存在の理法である／無限の弁証法的運動過程としての「全体と個」／倫理と道徳は何が違うか／和辻倫理学における善悪の原理／人間同士の信頼はなぜ成り立つのか／ハイデガーの「本来性」とは逆／和辻・ヘーゲルに見る経済的組織の内在的人倫性／人間の暗黒面への視線の欠如

第七章　福澤諭吉——一八三五～一九〇一　417

アメリカ的価値観に殺がれた日本思想の独自性／あらゆる思想がナショナリズムだった時代／「複眼性」ゆえの誤解されやすさ／「天賦の人権」でなく「天賦の不平等」／国権と民権は相調和すべきもの／福澤は武士道精神を称揚したのか／西洋文明とは受け入れざるをえない「麻疹」／機能主義的・功利主義的なナショナリスト／公智・公徳、両方の必要性／福澤の時代と共通する現代の課題

あとがき　464

主要参考文献　472

序説　敗戦経験という基軸

I　敗戦経験は日本史上最大の事件である

本書は、幕末以降、第二次世界大戦をまたがって日本史上に現われた七人の思想家の足跡を掘り下げようとする試みである。その意味で、日本近代百五十年の流れそのものと、思想家たちの言説とが切っても切れない関係にあることを常に念頭に置くべきことは言うを俟《ま》たない。だがここでは、とりわけ第二次大戦における大敗という事件との関連を基軸として思考を進めてみたい。日本の近代思想家について記述するに当たっては、この大敗の意味を深く広く考えてみることが不可欠と思われるからである。そこで本書においては、まず私なりの仕方でその大敗の意味を規定しようと思う。

第二次世界大戦におけるわが国の大敗は、古代からの日本の歩みを総覧した上で、史上最大の事件であったと私は考える。このことに多少の疑問の余地はあっても、明白な異論を唱える人は少ないと思う。だが、なぜこれが最大の事件であったと言えるのかに関しては、さまざまな角度からの検討が必要であろう。

たとえば、ある人は、むしろ近代史の始まりとしての幕末維新史のほうにいささかの優位を与えるかもしれない。また、王朝の交代を経験しなかった日本史においては、トピックとしての大きさからして、戦国乱世の時代を一番に選ぶかもしれない。あるいはその延長上で、時間の幅をさらに大きく取り、貴族社会の崩壊と武家社会の確立との過程全体に最も大きな（政治的、社会的、文化的）意味を認める人もいるかもしれない。先の敗戦は、後発近代ナショナリズムが陥りがちな歪みであり、その前後で日本の近代化過程として連続している部分がかなり多く、現に復興後の日本の政治体制、経済体制はかつてのそれの継承発展と捉えられるから、見かけの大きさに惑わされてはならないと考える人もいるかもしれない。

なるほどそれぞれにもっともな部分はある。しかし本書ではそれらの評価を取らない。これを日本史上最大の事件とみなすのは、まだ日が浅いために衝撃の記憶の共有が生々しく残存しているからではない。

普通に考えれば、近い史実ほど大事件だという印象を持ってしまうことは私たちのごく自然な情緒的反応であろう。そしてその主観的な反応の強さをそっくり取り去って、神のような視点から各史実の重さを公平に見積もることなどまず不可能であろう。まして私自身は、歴史を考えるに当たっての客観的視点の維持に必要な歴史家的冷静さを保つ修練などほとんど積んでいない。

だがそれにもかかわらず、想像力を駆使することで、史的遠近法による測量の歪みをできるかぎり引き算することは可能である。そしてこの引き算を施した上でも、先の大戦における日本の大敗が、やはり日本史上最大の事件であったと私は考えるのである。

なぜそう言えるのかをより明確にするために、とりあえず思いつくままに、この事件がいかなる意味で空前の大事件であったかを、わかりやすい評価尺度から順に書き並べてみる。その上で、特に思想家論を試みる観点から重要と思えるものを選び取ってゆくことにする。とはいえ、ことがらの性格上、以下に掲げる項目のすべてが、何らかの形で思想的問題に結びつくことは言うまでもない。また、各項目はそれぞれ独立しているわけではなく、敗戦全体を考えるときには、その意味内容において互いに重なり合う部分を多く含んでいる。

①推定三百万人という死者の数、投入された兵員、軍事物資、戦費の膨大さなどの量的な側面

②国際舞台での欧米列強（外部の強敵）との総力戦という質的な側面

③その局面における、大日本帝国全体の完膚なきまでの敗北

④中国本土への泥沼的侵攻とその失敗
⑤沖縄戦、本土空襲、原爆投下などによる国土の、いまだかつてなき荒廃
⑥七年近くにわたる他国の占領統治と、「勝者の裁き」としての東京裁判
⑦軍事大国の道から経済大国の道への転換
⑧アジアで唯一近代化への道を進みつつあった途上での屈折と挫折
⑨西欧から近代化、帝国主義、植民地主義を学んだ一民族国家の敗北の必然性
⑩戦前、戦中の国民のエートスのあり方と、敗戦後のそれとの大きな変化
⑪敗戦前と敗戦後におけるイデオロギー的な価値観の極端な転換。民主化の徹底
⑫六十七年後の今日に至るまでも、日本の政治構造、外交姿勢、思想の型などに直接の後遺症と思われる現象が強く残り、今後もその後遺症が衰えそうな気配を見せないこと

日本は近代以前に海外と干戈《かんか》を交えた経験がきわめて少ない。むろん規模の大きさから言っても、先の大戦の比ではない。まして有史以来、他国の占領統治を受けた屈辱の経験は皆無であり、「勝者の裁き」もまったくの初体験である。

とはいえ、さすがに幕末維新史の意味は大きい。

封建体制から国民国家への転換を図ろうとする揺籃《ようらん》期の激しい動きが感じられるのはだれの

眼にも明らかで、多くの人々の視線がこの大変動期に集中するのもむべなるかなと言えよう。政治学、経済学、文明論などの専門的観点から言っても、この時期に大きな歴史的意義を見出そうとするのは当然で、その第一の意義は、何と言っても、藩政の解体と中央集権的な国家建設による、近代的国民意識（ナショナリズム）の形成へのドラスティックな動きとしてまとめられよう。

にもかかわらず、私はここで、日本近代の黎明期における産みの苦しみよりも、近代化が半ば成し遂げられたという自己認識を国民が抱いた、その後の時期における大挫折の意味を重く見たいのである。何となれば、人は建設の気運を抱いている時期よりも、失敗や挫折の惨めさをより強く記憶するものであるし、その経験を通してこそ、失敗や挫折の原因のみならず、そもそもはじめの建設の意義とは何であったのかという反省意識を遠く届かせるものだからである。そしてこの経験によって、近代をさらにさかのぼって「日本とは何か」という文明論的な歴史意識がこれまでにもまして強く形成されることになる。歴史とは単に時系列に沿ったもろもろの事件の集積ではなく、過去を絶えず私たちの現在および未来の生にとっての「意味」として引き寄せる主体的な試みである。

後知恵的な言い方になるが、日本人の深層心理の中には、もともと、日本が後発近代国家であったこと、内政面での矛盾を未解決にしたまま、常に背伸びしながら近代化を進めたこと、開国に踏み切った後、西洋からも他のアジア諸国からも乖離した一小国家であることを深く自己発見せざるをえなかったこと、ナショナリズムの健全な発展の前に、国際的孤立を招くような性急な心拍数で軍事に偏向したナショナリズムを形成しなくてはならなかったこと、これらにまつわる深い哀しみが「予感」されていたのだ。

「勝つ」ための近代戦争の担い手たちの心のうちには、ほとんどすべて「死」に至る覚悟があらかじめ象嵌《ぞうがん》されていた。このことは、たとえば日露戦争時に作られた『戦友』や、日中戦争時に作曲された『海ゆかば』などをはじめとする日本の軍歌（？）の有名な作品が、ことごとくと言ってよいほど士気を高める効果を持っていず、むしろ「死」を予感させる哀調を帯びた気分に彩られている事実を見ても納得されよう。これを、日本は負けるべくして負けたのだ、と表現したら、後から来た者の傲慢の謗《そし》りを免れないだろうか。

以上、先の大戦による敗北が、いかに大きな事件だったかを簡単に記述してきた。

II　近代日本の建設過程と屈折過程は思想家たちとどう関連するか

先の大戦による敗北を日本史上最大の事件とみなすとき、では、それを間に挟んで文化的な領域で大きな仕事をした思想家たちは、どのような格闘の対象と方法を持ち、それらが現在にどんな課題を残しているか。この問題を、敗北とのかかわりという点を絶えず念頭に置きつつ考えてみなくてはならない。

一人ひとりの思想家は、それぞれの専門領域でそれぞれの問題意識を抱えつつ、かつその生きた時代に規定されながら固有の思考を展開した。その意味から言えば、敗戦という大事件に複数の思想家をことさら関連づける必然性は特にないと言えるかもしれない。

たとえば北一輝という思想家は、明治から昭和初期にかけてあるべき国家論を構築しようとして国家社会主義の立場を打ち出した思想家であるから、時代から言っても思想の中身から言っても、日本の敗戦経験に大きなかかわりを持つと考えられる。

ではたとえば柳田國男という思想家についてはどうかと問われれば、首を傾げざるをえない。彼は日本の近代化が進む中で、むしろその表層の過程から取りこぼされながらも近代化によっては容易に変化することのない、日本古来の民衆の独特の生活様式、観念表象のあり方といったものを、「常民」というキーワードで拾い集めようとした。したがって、この方法の中に日本近代と欧米列強の衝突の結果としての敗戦というモチーフとの関連を求めても、なかなかに難しさが付きまとうにちがいない。日本の敗戦とは、そもそも「常民」の強固な存在ゆえの近代化の無理があらわとなった現象であるというロジックを引き出せなくはないが、そのことによって柳田民俗学特有の「淡々とした後ろ向きの姿勢」(批判の言葉ではない)を欧米との対峙という真正面に向け返させることはできないだろう。

そういった意味で、敗戦との関連を念頭に置きつつ思想家の思想を問題にするという本書の関心からすれば、ある思想家の思想が、欧米列強との対決による大敗という政治的帰結との間に、どこかで深い連関を持つような性格のものでなくてはならない。

しかしまた、すぐに前言を翻すように思われるかもしれないが、その深い連関から思想家を選択するとは、一見、政治的な言語がちりばめられている人のものを選ぶという意味ではけっしてない。言い換えると、政治思想を直接に展開した思想家に選択を限定するわけではない。

I節で述べたように、日本の敗北は、西洋史全体の到達点としての近代文明を西洋から学び、その優等生になった地点の行く先に必然的に用意されていた。とすれば、その敗北そのものの中に、ひとつの重要な文明論的問題がすでに含まれていたはずなのである。

その文明論的問題とは、かくも日本と異なる文化的伝統を持った西洋から近代文明を摂取し、それを自由自在に駆使するにはどういう困難が伴っていたのかという問題である。わかりやすく言えば、二つの文化の差異を強引にねじ伏せて、みずからも「進出する強国」たらんとすれば、私たち日本人は、自分の中のどんなところに眼をつぶらなくてはならなかったのかということである。その部分に蓋をして、彼我の違いを単に発達の遅れといった「程度」の問題に還元すればことは済むのだろうか。けっしてそうではないのである。

だが、後から西洋の模倣に明け暮れるのでもなく、負け惜しみ的に日本の特殊性を美質として強調するのでもなく、むしろ彼我の文化的違いをよく見極めて、その違いの自覚を通して西洋近代の思考そのものを相対化しようとした思想家、あるいは逆に、西洋の合理主義的思考を自家薬籠中のものとしながら、日本が克服すべき問題点を巧みに剔抉《てっけつ》してみせた思想家は、戦前にも戦後にも、確実にいた。

これらに対して、政治思想的な立場からさまざまな毀誉褒貶《きよほうへん》がありえたであろう。私もまたある場合には賞賛を惜しまず、別の場合には仮借なく批判するであろう。しかし重要なことは、それらの共感や反発のどれかに安易に与《くみ》して済ませることでもなく、簡便なイデオロギー的整理やラベリングを施すことでもない。彼らの眼がいつも「日本の近代」という問題に片時もそらされずに据えられていたという点を知り、そしてその問題に対する彼らの思考の姿態に見られる、それぞれの独創性を私たちがよく理解することが大切なのだ。

そしてまた私たちは、少なくとも本書で取り上げる思想家たちが世界の中で思想の辺境に置かれながら、普遍的思考とは何かという開かれた地点に向かってひとり格闘していること、そのことをしっかりと追尋しながら、それぞれの思想の独創性を味わいたいと思う。けだしある思想の発酵場所がいかにローカルであろうと、その同じローカルな言語圏において独創的とみえる思想ほど、かえってこれまで普遍的思考とみなされてきたものの底にあるローカルな限界を超えている可能性があるからである。

Ⅲ で、「七大思想家」とはだれなのか

私が多少とも関心を持つ思想家を思いつくままに並べてみる。

福澤諭吉、中江兆民、内村鑑三、徳富蘇峰、西田幾多郎、柳田國男、北一輝、九鬼周造、和辻哲郎、時枝誠記《もとき》、小林秀雄、福田恆存《つねあり》、丸山眞男、大森荘蔵《しょうぞう》、吉本隆明、江藤淳……。

福澤、和辻、時枝、小林、吉本の五人は、はじめから選ぶことに決めていた。

丸山は戦後進歩主義の代表のように思われているが、彼の戦中の力作『日本政治思想史研究』および一九七二年に発表された論文「歴史意識の『古層』」はぜひ検討するに値するすぐれた仕事である。またこれだけ丸山ファンが多い現在、その理由だけでも探る値打ちはあるし、戦争直後の論文の二、三だけを取り出してその背景も考えずにただの西欧追随主義と切って捨てるのはいかがなものかと思われた。もともと彼の学者としての専門は江戸期朱子学の史的展開の探求であるし、何よりも彼は福澤（近代初期における最も良質のナショナリスト！）の精

神を深く理解しようとした一人である。また吉本との絡みで論じるのも面白い。丸山を含めることにした。

これで六人は決まったが、あと一人。普通であれば、当然福田が入ることになるか、そうでなければ江藤というのが定番ということになろう。私は福田を入れるつもりでいた。

ところが、戦後保守主義の元祖としての福田の名を高からしめた実際の論考、「一匹と九十九匹と」や「平和論にたいする疑問」その他を読み返してみると、保守思想の表現としては量的にも意外に少なく、また内容的にもむしろ政治に対して文学や実存を大切にする心（反客観主義）について説いたもので、これを取り立てて扱うべき「保守思想」と呼べるのかどうかに疑問が残った。

もちろん文学や実存を大切にする心はきわめて重要だが、同じ傾向の著者をノミネートするなら、小林秀雄のほうがずっと強烈で徹底的である。福田が戦後の保守思想家の元祖として崇められるのは、当時のいわゆる「進歩主義思想家」たちの大合唱の中でひとり敢然と戦ったというその毅然たる姿勢のイメージから来ている部分が大きい。それはそれで偉業と呼ぶに値するが、現在の時点からこれを眺めたとき、そこだけを取り出して「創造的な思想」と呼ぶにはいささか弱い気がする。

すると、では江藤はどうかということになるが、しかし私は、特に政治思想としての保守派からだれかを、というモチーフは持っていず、また、保守ジャーナリズムの流行の一環にいまさら与する気はもともとない。さらに、ここでは詳述しないが、漱石への人格的こだわりの執拗さや占領統治時代の被害感覚の過剰さなどには、彼独特の文学的感性の偏向が見られ、自立した思想家として掬《すく》い取るにはこれらの点がどうしてもマイナス点と私の眼には映る。

要するに、福田が適さないなら、その意味では、江藤も同様で、彼の思想的関心は、やはり戦後進歩主義の虚妄とどう闘うかというところに集中しすぎている。

すでに述べたように、本書は、敗戦体験を軸にして、その前後（日本近代）で、西欧的思考とひとりで格闘した創造的な思想家を選ぶ、というのが基本的なモチーフなので、知名度は低いが、七人目として哲学者の大森荘蔵を取り上げることにした。

大森は、世界を主観と客観（心と自然対象）の二元論で捉えるデカルト的発想と生涯格闘した人で、近代以降の日本で真に哲学者の名に値する人、西欧的発想を超え出ている独創的な人といえば、まずこの人を挙げなくてはならないのではないかと私は考えている。「立ち現われ一元論」「重ね描き」「相貌」「虚想」など、彼の哲学のキーワードは、日本人が鋭敏な情緒の領域で感じ取っているこの世界の有様、つまりは文学的感性のあり方を哲学に変奏しようと試みた努力の結晶とも言える。さらに、そのことは転じて、「西洋の人よ、西洋語の偏向に惑わされなければ、あなたたちにだってこのように世界は感じられているのではないか」という問いにも通ずると考えられる。難点はいくつか指摘できるが、そういう難点があればあるほど、そのくんずほぐれつの悪戦苦闘の痕跡が生々しく見られるのである。

というわけで、七人を生年順に並べると、福澤諭吉・和辻哲郎・時枝誠記・小林秀雄・丸山眞男・大森荘蔵・吉本隆明。あえてそれぞれにジャンル別のラベリングを施すなら、社会思想、倫理思想、言語思想、実存思想、政治思想、哲学思想、文学思想。

最後に、彼らに登場してもらう順序について一言しておきたい。本書では、右に挙げた思想家の生年順に従って記述を進めていない。敗戦を出発点として、そこに最も直結する丸山思想の検討からはじめて、これと絡んで吉本を論じ、吉本と言語論の発想で密接な関連を持つ時枝に進み、次に世界把握の方法に時枝との共通点を見出せる大森に及ぶ。次に大森の世界観と共通点の多い小林に戻り、さらに文学や哲学と倫理との関係という視点から和辻に言及し、最後に、日本近代思想の嚆矢《こうし》にしてチャンピオンである福澤にさかのぼるというかたちを取っている。一見奇矯にみえるこの記述順序は、私なりに考えた末のことである。その方法の基礎をなすモチーフを改めて整理すると、次のようになる。

①第二次大戦の敗北という日本史上最大の衝撃から、日本思想は何を語り始めたのかを確認すること。

②それぞれの思想家と思想家の連鎖のうちに関連性、共通性（一見すると背反しているような場合も含めて）を見出すこと。

③日本近代とはそもそも何であったのか、その中途における挫折の意味を確認し、本来の姿を現代に活かすには、近代思想のエッセンスの何を取り出すべきなのかを定位すること。

日本近代では、西欧的思考こそが普遍的な思考であるという了解が長い間主流をなしてきた。だが、その流れを覆すことはできなかったにしても、ここに登場する、西欧的思考との孤独な格闘者は、もしかすると、これまで普遍的とみなされてきた西欧的思考の型が持つ限界を克服しえているかもしれないのだ。そのことがもし本書で確認できるならば、筆者としては、まさにその箇所に、ナショナリズムの自己満足という閉域を超えた人類学的な普遍性への通路を指摘できたことになる。願わくは、読者ともども、その事実を寿《ことほ》ぎたいものである。

第一章 丸山眞男

——一九一四〜一九九六

「進歩的知識人」の代名詞的存在

丸山眞男については、その思想の性格について、毀誉褒貶いずれにもせよ、イメージとして固定化してしまった観がある。「戦後進歩思想のオピニオンリーダー」「西欧近代文明にのみ依拠して日本社会の曖昧性や無責任構造を批判するリベラリスト」といったラベリングがそれである。ごく最近でも、ある月刊誌に掲載された若い保守論客の文章（これは直接には丸山を論じたものではないが）に、「丸山の日本批判・日本憎悪の思想」とか「丸山型の日本嫌悪の文明論」というようなステレオタイプな言い回しが見られた。他の論客を批判するための補強材料として、丸山眞男がそのビッグネームゆえに利用されているのだ。安直な決め付けと言うべきである。おそらくこの若い論客は、丸山の最良の仕事に属する『日本政治思想史研究』「歴史意識の『古層』」、福澤諭吉についての一連の論考などを読んでいないにちがいない。

ひとりの血肉を具《そな》えた思想家がこのようなただの代名詞として利用されることは、それ自体が思想の頽廃現象と言ってよい。もちろん、逆に丸山を単なる進歩思想のリーダーや旗手として祭り上げることも、当人に対する侮辱である（ことに丸山はそういう扱いを激しく嫌悪する気質の持ち主だった）。

一般にビッグな思想家は、そのスケールの大きさに比例して複雑な側面を見せるのが常である。そういう思想家を評価するときには、その全体像を、内包する矛盾ぐるみ把握するのでなくてはならない。そのような試みもまったく行なわれていないわけではないので、固定化したイメージそのものの相対化の力もある程度まではたらいているのが現状と言ってよいだろう。

もっとも、「火のないところに煙は立たない」とも言われる。丸山が右のような単純化されたイメージで捉えられるに至ったについては、いくつかの要因が絡んでいることもたしかである。そしてまた、それらの要因のみからこの思想家を把握しようとするかぎり、そういうイメージに収斂してゆくのも無理からぬところがある。だから丸山思想をできるだけ正確に値踏みすることにとってまず必要なことは、それらの要因をあぶりだして、丸山思想全体との位置関係を確定することであろう。

ではその要因としてどんなものが考えられるだろうか。主なものを次に掲げてみる。

①敗戦直後、いち早く「超国家主義の論理と心理」を発表し、「日本軍国主義」を批判する一見鋭利な分析論理によって、多くの読者の賛同を得た。またその延長上で、「日本ファシズ

ムの思想と運動」「軍国支配者の精神形態」などを著したが、これらはファシズム一般の論理構造を解き明かすのではなく、特殊「日本ファシズム」が西欧のそれと異なるゆえんに焦点を当てて論じたものであった。つまり彼ははじめから西欧で発達した文明比較論的な方法によって思考を進めている。

②若き丸山は、思想的にはマルクス主義の影響を受けたが、それに決定的に感化されたわけではなく、そのドグマティズムには常に一定の距離をおいていた。また体験的には、皇国思想がまさに戦争イデオロギーとして結晶していく時期にその抑圧を直接にこうむり（この時代には、マルクス主義者のみならず自由主義者も当局から徹底的に目をつけられていた）、さらに一兵卒として日本軍隊の過酷で理不尽な体質に触れることになった。もともと中産階級のリベラルで知的で個人主義的な雰囲気の下に育った彼には、強権的で集団的で粗野で非知的な同調圧力が耐えがたいものと感じられたであろう。ちなみに丸山は、三十年後に全共闘学生に囲まれてつるし上げられたときにもほとんど同じ感覚で対峙したと考えられる。「どうして君たちはひとりで私と向き合わずに衆を恃《たの》むのか」と、彼はこのとき何度も繰り返している。

③彼の専門は、日本、ことに江戸期以降の政治思想であるが、それよりも前に培われた教養は西欧のものである。自国の歴史を相対化するのに西欧的な思考様式、分析様式を武器として用いるのには、やむをえないところがある。なぜなら、ちょうどわれわれがみな洋服を着るよ

うになったのと同じように、そもそも「政治思想史」というような社会科学的学問の出自が西欧にしかなかったのだから（東洋における仏教研究の方法なども、西欧近代から逆輸入されてはじめて確立されたと言われている）。また、世代的にも、大正時代から昭和初期にかけて思春期・青春期を送った彼（一九一四年・大正三年生）が、それまでの比較的自由な時代の雰囲気にしだいに暗雲が垂れ込めてくるのを鋭敏に実感したであろうことは想像に難くない。学問の自由が実質的に保障されなくなることは、彼のような根っからの知的青年にとって、相当な衝撃であったろう。

④たとえば丸山自身が自分の思想的体質について次のように語っている論考がある。

《土着ですか。私は土着的とか日本的とかいう言葉にはほとんどアレルギー的反応をおこすんです。いくら西欧主義者といわれようが、そういう感覚だから、うそをつくわけに行かない。》

（「日本の近代化と土着」一九六八年・丸山五十四歳）

しかし丸山の名誉のために、同じ論考の他の部分を引用しておく。

《「土着主義」の問題性は、ウラをかえせば普遍的なる物を、日本がそこから摂取した特定の外国、もしくは特定の外国群の文明と癒着させて理解する「擬似普遍主義」の問題性でもあるわけです。（中略）私自身、いわゆる西欧的近代主義者というレッテルをはられることには、一面では光栄でもあり、他面では抗議したいけれど、過去の自分の考え方が、右のよ

うな擬似普遍主義から完全に自由であったといいきるほど傲慢ではないつもりです。》

つまり丸山は、自分の思想的体質を自省してみて、どうしようもなく骨がらみで「西欧主義」的であることを認めるが、そこには自分自身も含めたほとんどすべての日本人が陥っている「西欧＝普遍」という錯覚の持ついかがわしさが伴っていることを否定しない、と言っているわけである。ここで丸山の言う「過去の自分」というのが、主として①に挙げた一連の「日本ファシズム」批判の頃を中心としていることは疑いないだろう。けだし西欧「主義」とは、単に言葉の上からだけ言っても、「擬似普遍性」を免れない。普通の西欧人が、自分たちの文明を普遍的であると思っているか否かを問わず、「私は西欧主義者です」などと言うはずがないからである。ちなみに丸山の趣味は、クラシック音楽の鑑賞である。

⑤一九六〇年の「日米安全保障条約」改定に当たって、岸内閣が条約批准の強行採決を行なった五月十九日（二十日）から、自然承認の六月二十日までの一カ月間、国会の周辺はこの強行採決に反対する人々のデモ隊で騒然たる様相を呈した（安保闘争）。丸山は、清水幾太郎、日高六郎、竹内好、鶴見俊輔らと共に明確に改定反対の立場に立ち、この期間だけでなく自然承認後も精力的に書き、また講演活動を行なった。安保改定反対派は、さまざまな党派、セクト、労働組合員、一般市民などの混成部隊であったが（激しい内部対立もあった）、丸山眞男がこの反対運動に加担する「進歩的知識人」の代表の一人であったことは明瞭である。

「自由で主体的な個人」の過剰な偏重

以上のような要因が、丸山の「西欧的近代主義の立場から日本の負性（遅れ、歪み）を批判する」というイメージ作りに貢献していることは否定できない事実である。これらのうち、②から④までは、彼の精神形成における、生まれつきの資質、生育環境、培った教養の質、時代の空気がその後極端に不寛容なものに変わったこと、などの影響の問題として解釈する以外、いたし方のない要因であろう。しかし①と⑤については、やや詳細な検討を要する問題である。まず①について述べよう。

よく知られているように、丸山は「超国家主義の論理と心理」の中で、ファシズムについてヨーロッパと日本とを比較して、次のように分析した。

前者においては宗教戦争や絶対主義などの長きにわたる歴史を経過することによって、内面的権威と外面的権力、私的価値と公的価値、倫理道徳と法、宗教と政治などが明確に分立することになり、そこに「自由なる主体の意志」の成立をみることになったが、後者においてはそのような分立が行なわれず、それぞれが「天皇」という絶対的価値の源泉の下に一体化されていた。そのため、精神的権威が常に実体的権力に混入し、良心、内面の領域は、道徳の体現者である「天皇」の観念の侵入を常に許した。

また天皇の絶対的価値からの距離によって上から下への「抑圧委譲」の体系が成立し、しかもその体系は単なる同心円的な空間的距離によるのではなく、中心において皇祖皇宗へと縦に無限に連なる時間的な垂直軸によってでも支えられていた。こういう精神形態を持つ社会構造においては、ヨーロッパのような個人の「自由な主体的意志」が形成されるはずがない。

丸山のこの捉え方は、「軍国支配者の精神形態」（一九四九年）でもそのまま受け継がれている。彼はポーランド侵攻直前のヒトラーの確信犯的な言葉と、東京裁判における被告たちが日中戦争について「成り行き」や「道徳的意図」を持ち出して抗弁するケースとを比較し、また、日本の戦争指導者たちが既成事実への屈服の論理と、自分に与えられた「権限」の制約の論理とによって、検事たちの追及をかわしてゆくさまを、曖昧さと無責任さの典型的な例として克明に描写している。

このような丸山の「日本ファシズム」批判の意図がどこにあるかはすでに明らかであろう。日本の近代天皇制社会の構造からは、個人の「責任」の観念が生まれるはずもない、というのがその問題意識の中核である。これらの論考は当時のインテリの倫理感覚をうまく刺戟した。このような考え方によって、「自由な主体的個人の不在による曖昧で無責任な体系としての日本社会」という否定的イメージが、私たち日本人自身の中に定着してしまったのである。もちろん丸山だけの功績（功罪？）に帰するつもりはないが、丸山の意図は、当時の多くの日本人たちの敗残意識にぐさりと突き刺さり、本人の想定以上に成功したのだ。

たしかに戦争遂行の過程の現象面や個々の遂行者の心理面について彼我を比較すると、丸山の指摘は鋭く的を射ている部分がある。また論じる対象へのアグレッシヴな批判姿勢を割り引くなら、文明論一般に応用可能な側面を備えている。そのことを私たちは素直に認めなくてはならない。しかし、この丸山の分析については、いろいろな角度から批判することが可能である。まずわかりやすい点から取り上げよう。

「超国家主義の論理と心理」の中で、丸山は次のように書いている。

《全国家秩序が絶対的価値体たる天皇を中心として、連鎖的に構成され、上から下への支配の根拠が天皇からの距離に比例する、価値のいわば漸次的希薄化にあるところでは、独裁観念は却って生長し難い。なぜなら本来の独裁観念は自由なる主体意識を前提としているのに、ここでは凡《およ》そそうした無規定的な個人というものは上から下まで存在しえないからである。(中略)ナチスの指導者は今次の戦争について、その起因はともあれ、開戦への決断に関する明白な意識を持っているにちがいない。然るに我が国の場合はこれだけの大戦争を起こしながら、我こそ戦争を起こしたという意識がこれまでの所、どこにも見当らないのである。何となく何物かに押されつつ、ずるずると国を挙げて戦争の渦中に突入したというこの驚くべき事態は何を意味するか。我が国の不幸は寡頭勢力によって国政が左右されていただけでなく、寡頭勢力がまさにその事の意識なり自覚なりを持たなかったということに倍化されるのである。各々の寡頭勢力が、被規定意識しかもたぬ個人より成り立っていると同時に、その勢力自体が、究極的権力となりえずして究極的実体（引用者注――天皇）への依存の下に、しかもそれへの近接を主張しつつ並存するという事態（中略）がそうした主体的責任意識の成立を困難ならしめたことは否定出来ない。》

この文章は、戦争遂行者に独裁的な「自由なる主体意識」があるナチス型のほうが、「被規定意識しかもたぬ」寡頭勢力によって戦争が行なわれた日本型よりまだマシだと言っているように読める。「我が国の不幸は寡頭勢力によって国政が左右されていただけでなく、寡頭勢力がまさにその事の意識なり自覚なりを持たなかったということに倍化されるのである。」という部分にその気配が濃厚である。

だが第一に、戦争遂行者が、非常事態であることの意識や自覚を持っていなかったなどということはありえない。現に東京裁判の被告のうち、文官のある者たち（広田弘毅や重光葵《まもる》や東郷茂徳）は、戦争続行中も戦線の不拡大や和平工作の努力を怠っていなかった。

また、「我こそ戦争を起こしたという意識がこれまでの所、どこにも見当らないのである。」というのはおおむね事実だが、これについては、戦争のような巨大な事変に対して、個人としての開戦責任者を特定することが、それほどすっきりと可能であり、また倫理的に見て果たして意味のあることだろうかということを考えてみる必要がある。後に述べるように、ことに満州事変から日米戦争の敗北に至る十五年間は、東京裁判を貫いていた英米型の基本思想にもとづく戦争解釈と、実際の事変の流れ方との間に大きなギャップが開いていたことが認められる。

丸山の指摘する彼我の違いは、両者の文化的差異を示唆してはいても、そのことが必ずしも倫理的な優劣の問題に還元されるわけではない。だが丸山の倫理的判断の尺度は、あくまで「個人」の「自由な主体性」の有無のみに依存している。そしてもちろんそれがあるほうが、丸山にとってはすぐれた人格、すぐれた社会なのである。しかしそのことは、無条件にすぐれたことと言えるだろうか？

たとえ最終的「決断」がいかに一人の「個人」であったとしても、戦争への気運を作り出すのは、彼を取り巻く支持者の意志、軍隊の力量、国民の志向、一国の社会情勢、一国を超えた複雑な国際情勢といった全体的な勢いである。また、当時のヨーロッパ諸国と東アジアの国情の違いといった点も見逃せない。丸山はそういう部分に眼を届かせていない。そして、その偏りの分だけ、ナチスが戦中に犯したユダヤ人大虐殺のような未曽有の大罪への公平な目配りをさせなくしてしまっている（もっとも前記論文の執筆時点〔一九四六年〕では、この事実がまだ明らかでなかったという事情も考慮されるべきだろうが、これだけその名を馳せてその後も長く増刷された論文なのだから、釈明や訂正はいくらでも可能だったはずである）。

また、「ここでは凡そそうした無規定的な個人というものは上から下まで存在しえないからである。」とか「被規定意識しかもたぬ寡頭勢力」といった言葉にも、丸山がいかに個人主義的に人間を把握するタイプの思想家であるかが現われている。

だがおよそ洋の東西を問わず、「無規定的な個人」などというものは存在しない。行動する者としての人間は、必ず上下左右、社会的、私的な人間関係によってきつく規定されているのであって、ドイツやイタリアでもそれは同じである。もちろん「意識」の問題に限ったとしても、その「意識」それ自体が、さまざまな他者との関係を内在化させたところではじめて成立するものなのである。

このように考えれば、丸山の言う「上から下への抑圧委譲」なる概念は、組織の存在するところ、どこにでも見出せる形態であって、ことに軍隊のように厳しい統制が必要な組織では、この概念は指揮命令系統を効率的に機能させるためにむしろ必須のものと言わねばならない。戦前の日本の社会構造を規定した「上から下への支配の根拠が天皇からの距離に比例する、価値のいわば漸次的希薄化にあるところ」という言葉も、「天皇」を「総統」とか「皇帝」などと言い換えるだけで、どこの独裁権力にも当てはまる力学的構造に他ならない。ヒトラーやムッソリーニも、「民族の崇高さ」というフィクションを用いて、その絶対的支配の根拠としていたのである。

「軍国支配者の精神形態」において丸山は、東京裁判の被告たちが個人としての責任意識の存在を認めず、「成り行き」や「道徳的意図」（たとえば「防衛」「聖戦」など）を持ち出して抗弁するさまに相当いらだっているようだ。たしかにここには自己欺瞞がまったく見られないわけではないものの、しかし、他人を言いくるめようとする狡知の存在は認められず、むしろ素直に感じていたとおりを述べたものと考えられる。

だからこそ問題なのだという反論はもっともであろう。しかし戦争遂行者たちの政治責任をラディカルに追及するという当時の先鋭なモチーフを失った後の丸山は、このような日本人の傾向をひとつの文明の避けがたいあり方として認め、なぜそのような傾向を持つのかをニュートラルに探求するようになる（「歴史意識の『古層』」『忠誠と反逆』など）。

つまり、敗戦直後や安保闘争や大学紛争などの騒然とした空気が収まり、静かな研究環境が整備されると、血の気の多い進歩的政治評論家・丸山は、堅忍不抜で博識な歴史学者・丸山に変貌するのである。現代状況に対して批判の目を向けるときは、痛めつけられた青春の傷が無意識によみがえり、怜悧な分析スタイルを装いながら実際にはかなり無雑作な「進歩派」「西欧的近代主義者」を演じる。しかし落ち着いた書斎や研究室で、遠い過去にゆっくりと想像力を馳せるときは、きわめて周到で有能な学者的能力を発揮して、長い日本の精神文明史を精密に展開してみせる。この両側面を視野に収めるのでなくては、思想家・丸山眞男の全貌は明らかとならない。

東京裁判の被告が既成事実への服従や、「権限」への逃避を示して丸山によって糾弾されている例でも、前者はいま述べた日本人の避けがたい傾向として、つまり深い文明論的根拠を有する現象として、冷静に理解することが可能である（現実に丸山自身がそれを果たそうと試みている）。ところがこのときの丸山は、それを一切やろうとしないのだ。

また「権限」への逃避については、二つのことが言える。

ひとつは、これも何も日本人に限ったことではないということである。ユダヤ人大量殺害を指揮した廉《かど》で逮捕され処刑されたアドルフ・アイヒマンは、イスラエルの法廷で、「命令は絶対だった。私は命令に従っただけだ。」と抗弁した。

もうひとつは、社会学者の竹内洋氏がすでに指摘していることだが（『丸山眞男の時代』）、自分の「権限」を厳密に限定し、当時の自分はそれ（戦争犯罪など）を食い止める立場になかったと弁明することは、それが嘘をついているのでないなら、かえって軍隊組織がきちんと統制されていることを示している。役割や権限の確定は、組織が組織として円滑に機能することにとってなくてはならない条件だからである。身投げによる人身事故によって列車のダイヤが乱れることは、駅員の責任ではないのに、駅員は乗客に「たいへん御迷惑をおかけして申し訳ありません」と謝るのが常である。こういう言語慣習のほうがおかしいのだ。

粗雑な東京裁判批判

丸山眞男のイメージ固定化に寄与した要因の①にかかわって、最後に東京裁判に対する彼の粗雑な読み込みの姿勢に触れておきたい。

先に述べたように、丸山は、「軍国支配者の精神形態」において、東京裁判の被告たちの証言を多数引用しているが、そこでは、東郷茂徳のように、すでに政策として決まっていた三国同盟に個人的に反対であった人の、私情を殺しても立場上公式の場でそれを肯定する演説を行なわなくてはならなかった苦しい事情を述べた部分が、そういう「精神」こそが問題であるとして厳しく糾弾されている。そのような糾弾は、終戦当時の同時代的背景と多くの国民の気分を考えれば、無理もない部分もあろう。それにしても厳密な検討を旨とする学者・丸山眞男にしては、この裁判の背景や性格、意義などに一言も触れずに、当然の事実として鵜呑みにしている態度はいかがなものかと思われる。

ここでは彼のこの冷静さを欠いた態度をやむをえず事後的に批判することになるが、今日の時点では、東京裁判に関する資料と、それにもとづく牛村圭氏や日暮吉延氏らの誠実な研究が積み上げられている。その視点に立って見るかぎり、丸山の批判の仕方は、先に述べたように、「責任をきちんと引き受ける自由な近代的主体」の欠落という一点に絞られていて、総合的に東京裁判という状況との関係において被告たちの発言を位置づけるという手続きを踏んでいない粗雑なものと言わざるをえない。

ここでは東京裁判の細部に及ぶと長くなるので、丸山の視界から何が消えうせているかに関して、要点のみを列記するにとどめる。

①先に引用した丸山の言葉に、「何となく何物かに押されつつ、ずるずると国を挙げて戦争の渦中に突入したということの驚くべき事態」という部分があったが、これは事実として否定しがたい。しかし、それを言うなら、開国から諸外国との交渉過程に入った近代日本は、日清戦争以来、ほとんど十年単位で外国と干戈を交えているのであって、対中国、対ロシア、対欧米列強との紛争や戦争は、絶え間ない連続線を描いていたと言っても過言ではない。その事情にここでは細かく触れる余裕がないが、その連続線は、列強の東アジア進出という世界規模での必然性によって描かれた部分が大いにあったのである。日本だけが何も「ずるずると国を挙げて戦争の渦中に突入した」わけではない（十九世紀半ばの清帝国から中華民国、そして中華人民共和国へと至る近代中国史の無残な様相を見よ！）。

②丸山は東京裁判の被告たちの答弁の「無責任」ぶりを強調しているが、ここには、ニュルンベルク裁判の原理をそのままスライドして東京裁判に当てはめようとした連合国側の無理な論理との「ずれ」が露出しているのである。そのずれとは、第一に、裁く側が英米系の法理である「共同謀議」なる原理によって十五年間の戦争過程すべてを総括しようとしたこと（満州

事変当時の指導者と日米戦争当時の指導者とは、大きく入れ替わってしまっていた）、第二に、ニュルンベルク裁判で新たに設定された「平和に対する罪」（A級）の名の下に二十八名が起訴されたが、じつはこの罪によって死刑判決を受けた被告は、東京裁判には存在せず、死刑宣告を受けた被告七名は、すべて捕虜虐待などの「通常の戦争犯罪」（B級）によるものであった。しかもその中にはどう見ても「権限外」としか考えられない被告がいた（広田弘毅など）。ちなみにこのA級という呼称は侵略戦争に関する個人の責任を対象としたもので、しばしば誤解されているように、罪の重さを示すものではなく、単なる分類上の呼称である。

なお、「人道に対する罪」（C級）もニュルンベルク裁判ではじめて設定されたもので、その規定は、「国家もしくは集団によって一般の国民に対してなされた謀殺、絶滅を目的とした大量殺人、奴隷化、追放その他の非人道的行為」ということになっている。これは、ユダヤ人大虐殺を裁くために設定されたものであって、もともと東京裁判の訴因とはなりえないはずであり、言及はされたものの、この素因で起訴された被告はいない（BC級戦犯は、横浜やマニラの軍事法廷で厳しい判決を受けた）。丸山は、専門家であるにもかかわらず、こうしたことをきちんと調べもせずに、東京裁判の「A級戦犯」は、すべてひとしなみに最大級の責任者であるかのごとくに扱っている。

③東京裁判は、勝者である連合国側のみによる裁判であり、また右に述べたように、普通の

裁判では許されない、新たに設定された訴因によって過去を裁くいわゆる「事後法」にもとづくものであった。「裁判」というからには、あくまで当事者を超越した第三者が既定のルールにしたがって裁きの場に立つべきなのは当然であるのに、結果的に、勝者がみせしめの効果を狙ったものであったと評されても仕方がない（インドのパル判事のような例外はいたが）。

この裁判が「勝てば官軍」の一方的なものであったことは、今日ではしばしば指摘されている。もしこの裁判の正当性をあくまでも主張するなら、アメリカの東京大空襲や原爆投下は、明らかに「人道に対する罪」（C級）に相当する。だからこそアメリカはそれを突かれることを回避するために、C級による起訴を行なわなかったのである。丸山は、そうした全体的構図の欺瞞性を何ら見抜くことなく、いち早く「東京裁判史観」を丸呑みで正しいものとしている。軍国主義に痛めつけられた心の傷が、よほど感情的な澱《おり》として溜まっていたものと見える。

だが当時の日本人一般の敗北意識の深さを想像すれば、「勝者の裁き」の不当性を声高く主張する気力のある人はまずいなかったにちがいない。三年後のサンフランシスコ平和条約においても、東京裁判の判決結果はそのまま承認されている。その点は顧慮に値するとしても、あの天皇機関説を唱えて攻撃されたリベラリスト美濃部達吉が、敗戦直後、最後まで帝国憲法の改正に反対していたことなどを考え合わせれば、せめて丸山のような「広く物が見えるはずの知識人」には、敗北意識への無原則な迎合だけは避けてほしいところであった。

安保改定の意義を見誤っていた左翼インテリ

次に、先に挙げた⑤の安保改定に対する丸山の政治学者としての姿勢を問題にしたい。丸山はこの安保改定という政治課題に対して、はじめから無条件に反対の立場に立っており、また当時の知識人のほとんどが反対派として足並みを揃えている。その事実自体は仕方がないとしても、問題は、丸山が政治学の専門家であるにもかかわらず、安保の改定がその後の日本の安全保障および日本国民の安寧にとって何を意味するのか、いかなる根拠によって反対の立場に立つのかを、改定条項に盛られた文言そのものに沿って詳細に分析した形跡がまったく見られないことである。

少し考えればわかるように、丸山のような書斎派がこのような重要な改定に対して行動を起こすときには、まず自分の専門的知識人としてのアイデンティティに忠実に、この改定が何を意味するのかを広く、わかりやすく闡明《せんめい》するのが順序というものであろう。情緒的反応による政治行動や無原則に派閥の一員に属することを強く嫌う丸山が、「私はこれこれの理由で今回の改定には反対する」という表明を何も行なわずに運動に参加するというのは、まことに解せない話である。会議での発言や談話などでそれを行なっているのかもしれないが、少なくとも管見の及ぶ範囲では、その種の言葉に接したことがない（もしそうした資料について詳しい方がいたら、筆者に教えてください）。つまり、彼は、この問題に関する限り、ア・プリオリ

（先験的）にかつ無自覚に「進歩的知識人」という「派閥」を演じているのだ。

ところで、改定前の、いわゆる旧安保条約は、朝鮮戦争がまだ継続中の一九五一年、サンフランシスコ平和条約の締結と同時に結ばれ、短い前文と五箇条の条文とからなっている。このうち、特記すべき部分は、次のとおりである。

①前文および第一条で、まだ武装解除の状態にあって固有の自衛権を行使する有効な手段を持たない日本に対して、安全保障上の暫定措置として、日本国内およびその付近にアメリカ合衆国が軍隊を維持することを謳っている。

②前文で、日本が自国の防衛のために今後次第に自己責任の部分を増やしていくことを、アメリカが期待すると記されている。

③第一条で、米軍の駐留以外の援助可能性には触れているが、アメリカの防衛義務が明言されていない。

④同じく第一条で、内乱対応への言及があった。

そして九年がたち、国際情勢は相対的に安定した米ソ冷戦構造の下におかれ、日本は憲法を改正しないまま自衛隊の組織と装備を拡充していった。旧条約の②は果たされつつあったわけである。こうした条件の下に、新日米安保条約が締結され、一九六〇年六月に発効した。これがいわゆる安保改定であるが、そのうち、旧条約と比較して特記すべき部分は次のとおりである。

①第五条で、日本の施政下にある領域で、日米どちらかに武力攻撃がなされた場合、両国共に自国の安全が危うくされたことを認め、共通の危険に対処するように行動することが明示された。

②内乱条項が削除された。

③第六条の、日本からアメリカへの「基地の許与」に関連して、アメリカが極東の有事の際に、軍隊の配置や装備や作戦行動に関して重要な変更を行なう場合は、日本政府との間で事前協議を行なわなければならないとされた。

以上を虚心坦懐に比較してみて、読者は何を感じるであろうか。要点は三つに絞られるであろう。第一に、米軍駐留の暫定措置がより安定的かつ限定的なものに変化したこと、第二に、日本の自衛力の充実が背景にあって、それが応分に評価されていること、そして第三に平和主義を謳う日本国憲法との矛盾齟齬《そご》をきたさないための配慮がなされるようになったこと。

さてそうだとすると、ただ単に現在の視点から見て、六〇年の安保改定はその後の日本の平和を保障することに貢献したと結果論的に判断するのではなく、六〇年代にまでタイムスリップして当時の世界情勢（主として米ソ冷戦構造）や国内情勢にできるだけ想像力を馳せてみたとしても、この改定によって、日本の国家としての自立性、独立性が大きく担保されたことは、火を見るより明らかではなかろうか。ただしもちろん日本がアメリカを中心とする西側陣営の一員として貢献することを受け入れるかぎりにおいてである。国際社会をやくざ世界にたとえるなら、アメリカと日本は、親分子分の盃を正式に交わしたのである。

米軍駐留が基地として安定化したことも、地域的にはもちろん問題となるが、日本国全体および日米関係という総合的見地から見れば、それまでアメリカへの属国的状態であった日本が、独立国としての対等な取引関係を確立するにいたったことを意味している。というのも、旧条約では、「日本国内およびその付近にアメリカ合衆国が軍隊を維持する」というきわめて曖昧な表現にとどまっており、解釈次第では、占領状態と変わらないほどに日本の領土に米軍が自由勝手に駐留する可能性も残っていたからである。また内乱条項の削除は、明らかに日本の主権の回復を意味しており、さらに、「事前協議」の規定もまた、平和主義を謳った日本国憲法への配慮を示したものであるから、これもアメリカが日本の国情によく理解を示したものと言える。

したがって、左翼的なイデオロギーの立場、つまり資本主義国アメリカとの同盟関係を拒否する立場に立つのでないかぎり、この改定は当時の日本にとってきわめて妥当なものだったことになる。言い換えれば、この改定に反対するということは、少なくとも論理的次元では、資本主義国日本を打ち倒し、ソ連や中共のような社会主義国家を新たに建設するという理念の実現に向かって歩むことを意味する。

さて当時の国内政治情勢はと言えば、保守と革新、右と左の五五年体制が固まりつつあり、政権は保守政権であったが、知識階層に属する人々、「進歩的知識人」や、ジャーナリスト、学生、その他インテリ、亜インテリは、だいたいが野党である社会党や共産党の支持者であった。だから当然これらの人々は、「安保改定反対」の意見の持ち主だった。つまり、日本の政治について多少とも考える力のある人々の大部分は、「安保改定」の意義を完全に見誤っていたのである。ことほどさように、当時のインテリは「よりよい社会」の理念を見果てぬ夢にすぎない社会主義イデオロギーに託し、保守政権を批判することをもって自己の政治的アイデンティティとしていた。そのために彼らは、考える力があるはずなのに、安保改定の内実とその意義についてほとんど考えもせずに、ただ情緒的、感覚的に左翼的な党派性にもたれかかっていたのである。

民衆運動のムードに流されただけの安保批判

話を丸山に戻そう。すでに何を言いたいかおわかりと思うが、丸山もまた、改定条約の条文の意味するところを正確に分析せず、当時の「進歩的知識人」のムード（彼が最も嫌うはずの）が支配する世界の中に漬かっていたにすぎないのである。もちろん、コミュニズムには一定の距離をおくことを忘れずに。

それでは、丸山はこの安保問題に対して、いったい何を主張していたのだろうか。『丸山眞男集』（岩波書店）は編年体で編まれているが、安保関連の文章は、第八巻に収められている。安保問題に多少とも言及されているのは、次の七編である。「この事態の政治学的問題点」「現代における態度決定」「安保闘争の教訓と今後の大衆闘争——青年労働者の報告をもとにして——」「『清水幾太郎の闘い』に寄す」「選択のとき」「復初の説」「八・一五と五・一九——日本民主主義の歴史的意味」。

これらの論考は、いずれも、強行採決の行なわれた五月十九日（二十日）から自然承認が成立した六月二十日に及ぶ一カ月間の運動の盛り上がりを、議会外の市民たちの政治意識が「真の」民主主義的なものに目覚めたものとして評価している。つまり、この短い期間を境に、権力を担う者とそれを監視する権力批判意識の持ち主とが単純明快に二分されたとして、そのことを、議会主義の本質は議会内外が絶えずつながりを保っているところにあるという「原理」で補強しながら、日本の民主化の象徴である日本国憲法の精神に回帰した事態であると肯定的に捉えているのである。かなり長い引用になるが、右の論考群から、話がつながるように配慮して、いくつか例を引いてみよう。

①《あのような事態（引用者注——強行採決）を私たちが既成事実として認めると、大正デモクラ

シーにおいて起ったこととと反対のことになる。大正デモクラシーの場合には、政治体制は根本的には議会主義でないが、その現実の運用は、その限界内において議会主義に近づいていた。いまは文字どおり制度の形式だけが民主主義で、実質的な機能は翼賛議会の機能に最も近づいた。（中略）今日の事態というものを理論的に、また歴史的に位置づけることが許されるならば、この窮境から議会主義を救い出す残された道は、どうしてもいますぐ国会を解散して、強行採決を白紙に返すよりほかにない。》（「この事態の政治学的問題点」）

②《デモクラシーというものは一つのパラドックスを含んでいるということです。つまり本来政治を職業としない、また政治を目的としない人間の政治活動によってこそデモクラシーは常に生き生きとした生命を与えられるということであります。議会政治もまた決してその例外ではありません。》（「現代における態度決定」）

③《請願運動の一つの意味は、そのギャップを縮めたということだ。ラディカルな行動についていけない人たちに一つの行動の仕方を与えることによって、二重構造のギャップを縮める意義をもったと思う。（中略）五月二十日以後の日本の大衆運動は、いまだかつてない程度のアクティヴな部分と、そうでない――関心は持っているけれども、即座に激しい行動に移れないグループのあいだの巨大な断層を埋めた。》（「安保闘争の教訓と今後の大衆闘争」）

④《政治闘争、大衆運動では物理的な勝敗以外の非常に大きな要因が作用する。さらに潜在

勢力（中略）が今日は現われなくとも、明日はそのエネルギーが表面に現われてくる。またその次には違う、ということで、力関係と言っても表面に現われている力だけではけっしてわからない。その下にどれだけの力が隠されているか、その下に隠されているエネルギーをみなければいけない。》（同前）

⑤《つまり上からの憲法が、この闘争を通じて下からの憲法に変わってゆく。これは、日本の歴史においては画期的な転機なのである。その意味で、この闘争を通じて、はじめて日本国憲法は単なる条文ではなく、われわれの行動を通じた血肉の原理になってゆく。実際、いままで皆さんの話を聞いても、大衆の素朴な意識なり行動なりの中には人民主権的な意識というものが非常によく出ている。（中略）そうでなければ、直接、自分の経済的な利害と結びつかないこの強行採決問題について、あれほど大きく立ち上がるはずがない。日本国の進路をわれわれ自身の手によって切り開いてゆく。日本の国内　政治、国際政治のゆき方を、国民自身がきめてゆく。これがまさに人民主権であろう。》（同前）

⑥《あの夜起ったこと（引用者注――五月十九日から二十日にかけての強行採決）を、私たちの良心にかけて否認する道は、ちょうどこれと逆のこと以外にはないでしょう。すなわち、岸政府によって脱ぎ捨てられた理念的なもの、規範的なものを、今こそことごとく私たちの側にひきよせて、これにふさわしい現実を私たちの力で作り出して行く、ということです。もう一度申し

ます。事態はいちじるしく単純化されました。わが国民主主義の歴史における、未曽有の重大な危機はまた、未曽有の好機でもあります。（中略）一方の極に赤裸の力が凝集したと同時に、他方の極においては、戦後十数年、時期ごとにまた問題別に、民主主義運動のなかに散在していた理念と理想は、ここにまた、一挙に凝集して、われわれの手に握られたわけであります。》　（「選択のとき」）

⑦《大都市でも、岸首相たちがしばしばデモ隊とスポーツ観客とを対比しているのは実情を誇張しているけれど、なおそこに真実な面があることも無視できません。こういう意味で、私は『女性自身』六月八日号に載ったヨネヤマ・ママコの発言はすばらしいと思いましたね。「政治というのは専門家がやってくれることと思っておりましたけれども、五月十九日の強行国会を見て、これはおかしいぞと感じました。今までは私は政治に関心をもたなかったけれども、これはちょっとまかせてはおけない、監視しなくてはいけないと思いました……」ということ、これは実に見事に自分の「場」をまもりながらの権力監視の姿勢を表現していきます。》　（「八・一五と五・一九」）

やれやれ、である。毎日国会を取り巻くデモ隊（最盛時三十三万と伝えられる）を目の当りにした知識人が、その「エネルギー」のすごさに感嘆して、まるで子どものようにはしゃいでいる。私も学生の頃に経験があるが、ひとつの目的に向かって集まってくるように見える大群衆というのは、等身大で見ていると、たしかにその迫力は感覚的には相当のものである。ただし、あくまで感覚的に、であって、それがどれだけ長続きするか、本当に一致結束しているのか、観察者自身に敵対してはいないかどうか、自分の思い入れと無関係ではないかどうか、そういう「意味」の探求が伴わなければ、理性的には何ほどのこともないただの「塊」にすぎない。だから岸首相も、苦し紛れに、「声なき声」とか、「いまこの時間に野球場に集まっている観客のほうがはるかに多い」というようなことを口走ったのである。政治の素人、ヨネヤマ・ママコ（パントマイマー）も、一時の高揚感に伝染して、「監視しなくてはいけない」などと殊勝なことを言ってみたのである。ヨネヤマ・ママコはその後、「監視」をきちんと続けたのだろうか。

この時点における丸山発言の思想的な問題点は、大雑把にまとめれば、三つある。

ひとつは、先に述べたように、政治学の専門家でありながら、安保条約の改定自体が、これからの日本や日本国民にとってどういう意味を持つのかについて、どこにも分析がなされていず、ただひたすら強行採決が権力悪の権化であるかのように、そしてそれに怒りを示す大衆の騒ぎがすばらしいことであるかのように、ちょっとした演説の才さえあればだれでもできるような、アジテーションまがいの言論をしか弄していないこと。

もうひとつは、たとえ「安保反対」の立場が間違っていようとも、それには百歩譲るとして、では民衆が示している反対意志のエネルギーを、政治知識人としてどういう方向に持っていけば建設的、組織的な運動に構成していけるのか、その見取り図、展望といったものについて、具体的な指針を何も示すことができず、ただ「人民主権」などと悪乗りしたアナーキーな理念を振りかざしているだけであること。組合運動や大衆運動が一時的な盛り上がりを見せたとき、「前衛」と称する既成左翼が、手だれの悪賢い手法によって、オルガナイズに乗り出してくるのは定石である。コミュニズムに批判的な丸山は、自分のその政治思想的アイデンティティを、この場で、どのように活かしてその危険から民衆を守ろうとしたのか。「人民主権」を謳う以上、「革命」を望んでいたのかいないのか、望んでいたとすればどんな「革命」がおのれの理想に適《かな》うのか、などのヴィジョンを、政治思想家の使命をかけて示すべきではないか。

最後に、歴史をよく知っているはずの丸山が、すっかり「エネルギー」なる抽象的概念のとりことなっていること。言い換えれば、民衆の騒擾《そうじょう》なるものがいつの時代にも熱しやすく冷めやすいものであり、また場合によっては思わぬ暴動に発展したり陰惨な弾圧に遭遇しかねず、さらに一団と見える群衆の中にも複雑な対立がはらまれている可能性が大であるのに、これらに対する冷静な考察を何も行なっていないこと。

ところで、私見によれば、安保闘争において国民が発散させたエネルギーの源の主たるものは、手ひどい敗北の辛酸を舐めた日本人の、抑圧された反米感情の噴出であり、回復途上にある後発近代国家におけるナショナリズムの表現以外の何ものでもなかった。むろん丸山が期待したような市民による「真の」民主主義への道筋を示唆するものなどではなかったのである。それは、アメリカから来たプロレスラーがこれ見よがしに反則をやってのけ、最後に力道山が空手チョップで彼らを打ち倒して「正義」を演出してみせる光景に、観客やテレビ視聴者が熱狂したのと、本質において変わるところがない。

このような噴出が可能となったのも、すでに日本の政治的独立が回復されており、また経済的にも日本資本主義の復権がほぼなされつつあればこそであった。そのことは、この闘争が、大衆性を持っていたにもかかわらず、何ら賃上げ闘争や資本主義が生み出す貧困からの脱却のような経済的課題を含んでいなかったこと、つまり強行採決への怒りや岸内閣打倒やアイク訪日阻止などのように、純粋に政治的課題の枠組みをとって闘われたことからも一目瞭然である。

安保闘争のエネルギーに対する丸山（だけではなくすべての「進歩的知識人」および「左翼的インテリ」）の期待と認識はあらゆる意味において完全な誤算であった。ではなぜ政治の専門家がこのような誤算をしたのだろうか。それは、逆説的な言い方になるが、この闘争がまさに政治的スローガンの下に闘われたために、丸山たちがそこに過剰な期待を寄せてしまったからである。言い換えると、丸山たちは、観念的な民主主義理念という目の前の梁《うつばり》に災いされたために、大衆のエネルギーの噴出がじつは生活基盤に根ざしたものではなく、敗戦史がそれまでに日本人に植えつけてきた心理的な被抑圧感情の一時的な爆発にすぎないということを見抜けなかったのである。

なぜなら、一般に大衆の動向が本当に生活基盤に根ざしたものであるならば、それはまずそのような特質にふさわしい経済的な要求闘争の形を必ず含んでいたであろうし、またその切実さにふさわしいだけの持続力を示したにちがいないからである。言い換えれば、すでにこのとき、日本の大衆は、「パンをよこせ」ではなく、「民主主義を守れ」と叫んでみせる余裕を持っていたのだ。それが一種の「余裕」であったからこそ、自然承認がなされるや、あのエネルギーが嘘のように退潮してしまったのである。残念ながら、「民主主義」理念信奉者の丸山も、多くの左翼インテリと同じように、民衆運動の一時的な熱気の渦中で持ち前の冷静さを失い、自己の理念が現実化しつつあるという幻想に酔ってしまったのだ。

プラグマティストからドグマティストへ

安保改定に先立つこと十年、丸山は、「ある自由主義者への手紙」という興味深い論文を雑誌「世界」に発表している。この論文は、仮想の「自由主義者」からの手紙への返信の形をとっているが、現実政治に対する丸山の感覚の鋭さと繊細さをよく表わしている重要な資料である。以下に大切なポイントを要約してみる。

まず、自分はこれまで現実の政治状況にかかわる考えを発表してこなかったが、去年（一九四九年）あたりからこれ以上そうした問題について沈黙しているのに耐えられなくなってきたと言明し、知識人はみずからの根本的な思想的立場を明らかにすることを迫られていると仮想の相手に賛意を示す。その上で、左の全体主義である共産主義に対しても民主主義を決然と防衛する態度を示すべきではないかと相手が批判的に突いてきているのに対しては、抽象的なイデオロギーや図式から天下り的に現実を考察していくことの危険性を指摘して、なかなか見事に肩透かしを食わせている。

日本人の日常生活様式と、自由主義、共産主義、社会民主主義などのイデオロギーとは、西欧と違ってまだ無媒介に併存しているにとどまっている。したがって日本人が本当にみずから生活体験の中から生み出した思想とは言えないこれらの舶来イデオロギー用語を用いて日本の政治的現実を割り切って理解しようとする知識人の態度は、しばしば日本の現実に対する認識を誤る。現実の社会関係は常に具体的な人間と人間との関係であり、その行動原理は家庭や職場や娯楽場などの非政治的な私的環境から立ち上がる。そこに現われる日本的特性をよく凝視しないで、一見ハデな政治現象や、狭いインテリのサークルだけに現われた傾向をさも支配的な動向のように思い込んだりすると、現実からとんでもないしっぺ返しを食うことになる。だからこそ、日本のマルクス主義者たちはしょっちゅう、大衆の「革命的高揚」を過大評価して失敗してきたのだ。
ではその具体的な人間関係や行動様式の日本的特性とは何かと言えば、一言で言うと、独裁者的支配であるよりは、顔役、親方、旦那、理事、先生などのボス的支配の下における「和」と「恩」の精神であり、この精神は、平等者間の「友愛」ではなく、縦の権威関係を不動の前提とした前近代的な精神であり関係である（つまりパターナリズムである）。こういう精神や関係のあり方からは、対等な民主主義的関係など直接的には生まれようがない。しかもこの精神や関係は組織化された大衆運動自体の中にも内在していることも疑いない。そんな現状なのに、日本社会のどこに「防衛」するに足るほど生長した民主主義が存在するのか。だから当面の問題は、ようやく根の付いたばかりの西欧型市民的民主主義をこれから発展伸長させてゆくことなのだ云々……。
《日本社会の近代化という課題は近代的な学理を暗記することによってではなく、歴史的具体的な状況において近代化を実質的に押しすすめて行く力は諸階級、諸勢力、諸社会集団の中のどこに相対的に最も多く見出されるかという事をリアルに認識し、その力を少しでも弱めるような方向に反対し、強めるような方向に賛成するということによってのみ果たされるというのが僕の根本的な考え方なのだ。》
最後の、「西欧型市民的民主主義」を理念型としている点だけに注目すると、丸山思想に対する通俗理解で終わってしまい、その軽薄さを突いてきたこれまでの保守派の丸山批判に収束していくことになろう。しかし私の見るところでは、この論文は、書かれた時代背景も考慮すれば全体としてなかなかよくできた論文であり、日本の社会分析としても、後に雨後の筍のごとく輩出する自己批判的な「日本人論」の嚆矢をなすものであると言える。しかも凡百のそれらよりもすぐれているのは、もし民主主義を目指すなら、アメリカ型民主主義とソ連型民主主義のどちらを選択するのかといった大上段で抽象的な「主義」による社会理解などは決然と退けて、普通の日本人の生活心情、行動様式に対する曇りない現状認識から出発せよと、強く主張している点である。観念的なマルクス主義者の失敗の指摘も鮮やかと言ってよい。ちなみにこの主張は、用語こそ違え、次章で扱う吉本隆明の「大衆の原像を繰り込め」という主張に肉迫している。

ところが、である。この論文には、次のような有名な言葉が出てくる。

《僕は少なくも政治的判断の世界においては高度のプラグマティストでありたい。だからいかなる政治的イデオロギーにせよ、政治的＝社会的勢力にせよ、内在的先天的に絶対真理を容認せず、その具体的な政治的状況における具体的な役割によって是非の判断を下すのだ。僕はいかなるイデオロギーにせよ、そのドグマ化の傾向に対しては、ほとんど体質的にプロテストする。》

この言やよし、プラグマティストとは、物事の真理性や価値を、経験的事実や行動の結果から帰納的に正しいもの、よきものと認める立場の人を表わしていよう。すると、先に掲げた、安保闘争における丸山自身の言動は、どう評価したらよいのであろうか。わずか十年の間に、丸山自身も認めている日本社会の前近代的特質が超克され、市民的民主主義がにわかに出現したとでも言うのであろうか。それとも、安保闘争における彼のアジテーション的言動が正しかったのなら、この「ある自由主義者への手紙」における「舶来のナントカ主義などで現実を切らずに、まず足元の生活実態、人間関係、行動様式によって現実を知れ」という提言が間違っていたのだろうか。

もちろん、いずれでもない。「ある自由主義者への手紙」を書いている丸山と、安保闘争時における丸山とが、その執筆や発言をめぐる状況の変異に影響されて、互いに分裂した言動をなしたのである。言い換えると、かつては認識者としてプラグマティストでありえた丸山が、現実状況へのコミットにおいては、認識者であることをかなぐり捨てて、単なる行動者としてのドグマティストに頽落《たいらく》したのである。もともと現実の政治状況へのコミットを嫌う丸山が、かつて鮮やかに指摘してみせた「マルクス主義者の失敗」を、安保闘争時にみずから演じてしまった滑稽さは、もって「他山の石」とすべきであろう。

けだし、安保闘争時における丸山の言動は、彼みずからの「内在的先天的に絶対真理を容認せず、その具体的な政治的状況における具体的な役割によって是非の判断を下すのだ。」という宣言を明らかに裏切っている。このとき彼は、「民衆のエネルギー」について何の反省もなく全肯定した上で、「市民民主主義」という内在的先天的な「絶対真理」のほうに扇動したとしか考えられない。というのも、繰り返すが、彼はこのとき、初めから「安保改定」という政策の意義を何も分析せず無条件に「悪」として「ドグマ化」し、「是非の判断」を下したのだからである。

明治天皇制への不公正な歴史認識

東京裁判問題にせよ、安保改定問題にせよ、丸山眞男という思想家はどうやら、最近時の政治現象や現に自分を取り巻いている政治現象に対するときには、その怜悧な判断力を活かすことができず、すでに歴史化した事象や一般的な問題分析に対するときには、凡人の及ばないすぐれた考察力を示すタイプの思想家であるらしく思える（この後者に関しては、後述する）。

ところがここに、歴史化した事象に関していま少し問題とすべきことがある。

丸山には、明治時代の政治思想状況を論じるとき、初期に民権論が勃興しさらにそれに対して国権論が盛んになって、両論が対立していた時期（福澤の言う「多事争論」の時期）と、やがてその動きが帝国憲法の制定と帝国議会の開催に象徴されるような国家体制の整備へと収束していった時期とを連続的な過程として捉えずに、どうも両者の間に断絶を見出して前者を過大評価し、後者をその屈折過程（丸山の好きな言葉で言えば「上からの」制度化による民衆抑圧の過程）として貶めようとするきらいがあるように思われる。緻密な論述の陰に隠れて見えにくいのだが、この傾向は、ふとした無意識の表出として膨大な論文群の随所に散見される。

このことは、一見大した問題ではなく、また丸山思想の「反権力的」体質からすれば当然のことのように考えられるかもしれないが、日本近代全体をどのように評価するのかというマクロな課題枠組みの中に位置づけるならば、看過しえない大きな意味を持ってくると私は思う。言うまでもないことだが、国家制度の整備は、列強の脅威にさらされて近代化を急がなければならなかった当時の日本にとって、まさに焦眉喫緊の課題であり、民権論と国権論の激しい対立は、そこへ向かう以前の必然的な運動プロセスであった。言い換えると、まさに両論の止揚された形として、明治国家体制は成立したのである。そのことは、帝国憲法そのものの特色の中に表現されている。

帝国憲法は天皇を元首とする立憲君主制を柱としているが、それが現在の民主主義国家観から見ていかに不完全なものに映ろうとも、その近代化へ向けての整備のスピード、高度な内容の達成は、当時としては内外の眼をしてまさに瞠目させるに値する成果であったことは疑うことができない。福澤諭吉も、程なく起こる日清戦争での勝利をも含めて、わが国のこの法的、政治的近代化への道をほとんど手放しで喜んだのであった。

しかし丸山にとっては、この事実をそのまま認めることがどうも面白くない。だから、「福澤惚れ」を自称し、みずから福澤思想の研究に大きなエネルギーを注いだ丸山は、じつは少なくともこの点においてだけは、福澤思想の我田引水をやっているのである。もちろん丸山は、理性的には、国家制度や社会秩序の必要性を認めないアナーキストではさらさらないが、感覚としては、どうしても国家権力に対する民衆の抵抗を無条件に賛美しようとする志向性を持っている。先に安保闘争時の発言に見たとおりである。

それはおそらく、彼が同時代的に戦前・戦中の天皇制にあまりに痛めつけられたからであり、その傷の深さゆえに、昭和の軍国主義の跋扈《ばっこ》の淵源を、ずっと時代をさかのぼらせて、明治国家体制そのものに求めようとするところから来るのであろう。そのため彼の明治時代観の中には、近代社会としての遅れや歪みが明治から昭和にかけて徐々に漏出してきたその客観的な変質過程への視線を犠牲にして、法的・政治的体制としての明治天皇制の成立そのものを否定しようとする隠れた情熱のようなものが存在しているのが認められるのである。学者としては、これはひとつの偏向である。

一例を挙げよう。『「文明論之概略」を読む』第四講「自由は多事争論の間に生ず」の中に、次のようなくだりが出てくる。

《ところで、こういう見方（引用者注――一つの原理だけが支配するのはいけないという福澤の見方）が、おのずから明治以後できた国体に対する批判になっています。まさに至強と至尊とが制度的に一緒になったのが明治天皇制国家でしょう。至尊と至強、権力価値と尊敬価値、あるいは富価値など、いろいろ分れていた方がいいのだ、というのが福澤の一般原則なのです。》
《そこで彼（引用者注――福澤）はタブーになりかけている当時の国体論議にたいし、本来の自分の趣旨ではないが、と断りつつも敢えて真正面から彼の国体論を打ち出すのです。もっともこの当時（引用者注――『文明論之概略』が出版された明治八年当時）はまだ、国体という言葉自体が、明治後半期以後よりまだ《ママ》かなり流動的でした。教育勅語や帝国憲法ができる明治二十二年頃から、制度的にもイデオロギー的にも「国体」は、はっきりした日本帝国の「正統」（レジティマシー）になってきます。》
丸山の記述はたいへん巧妙でうっかりすると見逃しやすいが、まず前段で、多事争論をよしとする福澤の「一般原則」は、明治八年当時の混乱期のものであるのに、丸山はそれを、明治中期に確立した法的・政治的制度としての天皇制国家への批判のために利用している。これは福澤の批判ではなく、初期福澤の国体論を借りた丸山の天皇制批判である。そのことが判然としないように書かれているのだ。
次に後段では、明治八年当時は国体という言葉自体が流動的だったと正確な押さえをしながら、一方で、制度的イデオロギー的「国体」確立期の明治二十年代における教育勅語と帝国憲法とをいっしょくたにして、ここに国体の「正統」化がなされたのだと説いている。しかし、教育勅語と帝国憲法とがほぼ同じ頃できて、それぞれ相まって「国体」の正統化に寄与したというのは事実としてそれほど間違ってはいないにしても、ここで丸山は故意にか無意識にか、両者の成立の流れがまったく違っていたという事実を無視している。それだけではなく、その内容がむしろ矛盾背反していたという事実にいささかも注意を払っていない。

帝国憲法の公布は明治二十二年二月、教育勅語の公布は、二十三年十月と、たしかにその時期は一年半ほどしか隔たっていないし、両者共に政府の知恵袋と呼ばれた井上毅が起草に関係しているので、「明治国家体制＝先の戦争の元凶」といった先入観の持ち主には両者は不可分一体のものであるかのような誤解を招きやすいが、この両者は、その根本思想において、新旧正反対の性格を示しているのである。

帝国憲法は、一見するところ天皇大権を高らかに謳っているようだが、その最も重要な趣旨は、近代的立憲政治の基を築くために、君主権の限界と国民（臣民）の権利・自由とを明確に宣言・確定したものである。そのことは、条文研究によってもすでに通説となっているが、それだけではない。悪戦苦闘しながらこの憲法起草の最高責任者を務めた伊藤博文が、各条草案の審議において、「憲法政治と云えばすなわち君主権制限の意義なること明らかなり」と発言していること、また五十五条の「凡テ法律勅令其ノ他国務ニ関ル詔勅ハ国務大臣ノ副署ヲ要ス」という規定（内閣の「輔弼（ほひつ）」概念の明確化による天皇大権の制限）は、伊藤が独自に持ち込んだものであること（以上、詳しくは八木秀次著『明治憲法の思想』参照）などによってもうかがわれる。

さらに「第二章　臣民権利義務」の名称に対して、「権利義務」とせずに「分際」（＝身分）とすべきだという容喙（ようかい）的な発言があったときに、同じく伊藤が敢然として「憲法というものは国民の自由と権利を権力者がみだりに侵さないための取り決めなのだ」という意味の言葉によって撃退したと言われている。伊藤は洋行中に西欧の憲法の精神を正確に学んでいたのである。これらの事実によって帝国憲法の基本性格が当時としてはまことに近代的・先進的なものであることは明らかである（ただしこのことは、すべて憲法なるものの本質が権力者の力を制限するところにのみあるということを必ずしも意味しない）。

これに対して教育勅語は、内容から明らかなように、近代化による国民の道徳心の頽廃（個人主義による国家秩序の拡散）を危惧して、徹頭徹尾、君臣の忠義、親孝行などの儒教精神を子弟に涵養（かんよう）させるべく編纂された復古的な産物以外の何物でもない。

ちなみに帝国憲法の発布を喜んだ福澤諭吉は、教育勅語に対しては一言も言及せず、代わりにその十年後、門下生に「修身要領」を編纂させみずから手を加えて、教育勅語の精神とは相反する「独立自尊」の精神を強調した。また、慶應義塾は祝祭日に「御真影」を拝んだり儀式を行なったりせず、ただ休日にしただけだったそうである（『福澤諭吉選集』第三巻・山住正己解説より）。儒教的な徳目絶対主義が日本の進歩発展を遅らせてきた元凶であると考えてきた福澤にとっては、教育勅語に盛られた内容は到底受け入れられるものではなかったであろうし、だからこそこれに対する右のような沈黙と行動によって、精一杯の抵抗を試みたのであろう。

ところで、この程度の相違点を丸山が気づいていないはずはない。事実、他の論文では、次のように述べている。

《大日本帝国憲法というと、今日の人々は教育勅語と並んで、戦前の天皇制イデオロギーの根幹をなしていたというイメージをいだくのが一般である。が、それは半ば真実であり、半ばは真実でない。戦前において天皇制の思想的支柱をなしたのは右の二つのうちの教育勅語のほうであって、憲法ではなかった。（中略）実際、宮沢（引用者注――俊義）教授の個別的説明を俟たないでも、憲法の条文の「臣民権利義務」の章において国民の自由権が列挙してあるのを見たとき、「憲法というのはなかなかいい事が書いてあるなあ」というのが私の正直な感想であった。》

（「昭和天皇をめぐるきれぎれの回想」一九八九年）

理性によって捉えればこのようにまともな把握をなしうる丸山が、安保改定時の態度や旧天皇制を論じるときの姿勢には、なぜ直感的に否定的バイアスをかけてしまうのか。その答えは、すでに繰り返してきたように、体質と青春時の経験から発する情念の表出に還元されるとしか言いようがない。

次のような反論が考えられよう。帝国憲法と教育勅語とは、法制度面と道徳面との両面を押さえることによって、互いに補完しあって明治国家体制を支えたのである。そのことは、丸山が「超国家主義の論理と心理」で、天皇制絶対主義国家の特質が西欧のそれとは違って、政治という外部と道徳という内部との両者を支配することによって「自由な意志決定をなしうる主体」の成立を不可能ならしめたと述べたことに見合うのではないか……。

これは、丸山の論理スタイルと情念の回路に即する限り、まことにそのとおりと言うほかない。しかし私が指摘しているのは、まさに怜悧さと慎重さとを最大限に発揮しなくてはならない近現代史の記述において、明治国家体制の整備と昭和十年代以降の軍国主義体制とを同質の「悪」として直結させ、それ以前の多分にアナーキーな民権論者たちの活動に未練を示すような、丸山の政治感覚の意外な粗雑さなのだ。この時期、植木枝盛のような過激な民権論者でさえ、同時に国権論者でもあって、帝国憲法の発布を喜んだのである。それは当時の日本が国際的に置かれた位置を考えれば、当然のことであろう。

また、明治中期から大正、昭和前半期へと至る政治史の推移は、けっして丸山がみなしているような直線的なものではなく、対外的な対応も含めてきわめて起伏に富んだものである。それをふと見えなくさせてしまうところに、彼の「反国家主義的情念」が巣食っていると言ってよいだろう。

以上見てきたように、丸山の明治国家観には、みずからの青春時代に経験した極端な皇国思想の支配と軍国主義の跋扈とに直通するものを読み取ってしまう傾向が明らかであり、そのかぎりで公正な歴史認識とは言えず、粗略かつイデオロギッシュな史観と言うべきである。

国際社会の現実を見ない幼稚さ

さらに付け加えておくべきことがある。次の引用をよく味わってほしい。

《ただ、国際社会とその組織化が、依然として主権国家を構成単位としているために、主権国家に対する国際法優位の原則が必ずしも事実上の実効性を伴わず、権力政治の力関係が国際紛争解決において占める比重は、今日でも大きい。（中略）つまりこれは、現代の世界秩序が、「西欧国家体系」をモデルとして、その諸原則を地球的に拡大するという形で形成されてきたことを意味する。（中略）第二次大戦後に独立国家となった「第三世界」の国家群が、どんなに反西欧植民地主義あるいは反西欧帝国主義を（中略）声高に叫んでいるにしても、彼らは依然として、国家主権概念、およびそれと連結した「領土」「領海」「領空」などの範疇をもちい、国家平等原理とか、内政不干渉とか、いずれも「西欧国家体系」が生み出した諸原則に依拠しながら、その国際政治上の活動を展開している。》

（「近代日本思想史における国家理性の問題」補注）

《……現代においては（中略）熱核兵器の問題だけでなく、南北問題が象徴するような貧富国家の対立の地球化、さらに金融・貿易組織から多国籍企業の輩出にいたるまでの世界経済の構造変化、いわんや社会的文化的レヴェルにおいてさまざまの形でもはや国家を媒介とせずに、世界中の人々が直接かつ多層的に接触する傾向が急激に増大したことは、主権国家を単位とする世界秩序原理の決定的な破綻の様相を物語っております。》

（『「文明論之概略」を読む』結び――「緒言」と本書の位置づけ）

丸山はここで何が言いたいのだろうか。西欧が世界に先駆けて実現した「国民国家」モデルは、グローバリゼーションがここまで進んだ現代では、世界秩序の原理としては役に立たないから、第三世界の国家群が西欧モデルを見習おうとするのはもはや時代遅れだと、ずいぶん先を見越した過激なことを述べているのである。「主権国家を単位とする世界秩序原理の決定的な破綻」とまで言っている。

だが、果たしてそんな性急な判断が、現在および近未来の世界情勢を直視した適切なものと言えるだろうか。グローバリゼーションの進展は、一見たしかに国境による各国のまとまりとそれらを構成単位とする世界秩序のあり方とを、無意味たらしめているようにみえる。しかしでは、それに代えるにどんな世界秩序原理のヴィジョンが成り立つというのか。私は、ここで、丸山がその構想を持たないことを非難しているのではない。ある意味で国境のバリアーが今後もますます低くなることは、予想としてはそのとおりであろう。そのような現実に直面して、だれにもすべての「地球市民」の平和と安寧を保障するような世界秩序の構想を打ち出せるはずがない。

私が指摘したいのは、丸山が言いたそうにしているコスモポリタニズム的な理想の過激さと突飛さの裏に、かえって国際社会の現実の反面を見ようとしない幼稚さが感じられるということなのである。

丸山のように、「主権国家を単位とする世界秩序原理の決定的な破綻」を宣言することのうちには、ある能天気な人間観、国家観が前提として含まれている。その人間観とは、異なる文化圏の人間でも、よく理解しあえば平和な交流が可能だというオプティミズムである。またその国家観とは、この人間観を擬人的に国家に適用して、国際社会で一個の主体として互いに交流する場面で、どの国家も互いにその利害をよく理解して「平和を愛する諸国民の公正と信義に信頼」（日本国憲法前文）するような関係が築けるという、もっと実現困難なオプティミズムである。

グローバリゼーションの進展は、国境を低く見せる反面、世界の中心軸を失わせ、異文化と異文化との裸の衝突の機会を増大させ、かえって国家間の摩擦や緊張を高めるのである。そんなことは現在の国際情勢を瞥見《べっけん》するだけですぐにわかる。アメリカの覇権の後退、中国やインドをはじめとするいくつもの新興国の台頭、EUの先行き不透明、貧困国家の核武装戦略や自爆テロによる怨恨と攻撃性の表現、弱小民族の独立気運を抑圧しようとする大国の暴威、アラブ世界の独裁権力のドミノ的な崩壊など、数え上げればきりがない。このような現実の前で、観念的に主権国家原理を否定してみせることは、なんとも空しい。

肝心なことは、主権国家の「原理」が破綻しているかどうかではなく、多くの主権国家が存在して、彼らがそれぞれの主権を主張して譲らないという現実には、目を瞑ることを許さない必然性が存在するということなのだ。その必然性には、地勢、民族、言語、宗教、政治体制、経済体制、生産力、相互の確執関係など、過去からの由来をそれぞれが背負ってきた歴史が重く刻まれている。そうであるかぎり、私たちは、当面、相矛盾する利害や容易に理解し合えない異文化を抱えて互いに対立する主権国家の存在をそれとして認め、できるだけ犠牲の少ないバランス・オブ・パワーの原理によって平和の維持を模索してゆく以外にはない。国際社会のあり方について将来構想も浮ばないうちから、丸山の言うように、「主権国家原理の破綻」などをみだりに嘯《うそぶ》くべきではないのである。

国民意識の形成過程を独創的に論証

以上、丸山政治思想の批判されるべき点について述べてきたが、先にも述べたように、彼は、時間的に長いスパンにかかわる思想史、さらにもっと幅を広げて文明史一般の研究者としては、凡人のよく及ばないたいへんすぐれた業績を残している。

まず取り上げたいのは、彼が東大助手時代から助教授時代（二十六歳〜三十歳）に発表した『日本政治思想史研究』である。時あたかも昭和十五年（一九四〇年）から十九年（一九四四年）という太平洋戦争の真っ只中に当たっており、これに収められた三つの論文のうち、最後のものは、彼の応召の日の朝まで書き継がれていたという。

内容について仔細に述べる余裕がないので、その骨子だけを紹介する。まず徳川期の御用学問であった朱子学が山崎闇斎《あんさい》、伊藤仁斎、荻生徂徠と引き継がれていく過程にしたがって、次第にその原型を変質させてゆき、徂徠に及んでついに解体の様相を見るに至った過程を克明に追究している。次にその解体過程から本居宣長の国学の確立の基盤が用意されていったことを論じ、さらに、その延長上で、明治以降の国民国家成立の思想的準備段階である「国民意識」の形成が、徳川後期においてなされた過程について緻密に論証されている。

私にはこの力作について丸山と対等の立場から批評するだけの教養的力量がないが、それを承知していただいた上で私見を述べると、この書について評すべき重要な点は二つあると考えられる。

第一に、朱子学ははじめ、理気論という混沌とした宇宙論的形而上学にもとづく実践倫理学としてあった。それは自然法則と人間規範（「道」）を不可分一体のものとして捉え、かつ、後者が前者に従属する。しかし丸山は、古学を経て徂徠に至ると、この世界は「自然」と「作為」（人為）の明確な二元論によって成り立つものとして把握され、かつ、「作為」のほうは、もっぱら古代中国の聖人のなせる業として捉えられる、とする。「道」に聖人の作為を見るということは、逆らいえない天道としてあった「道」が、人間によって変更可能なものとして相対化されるということを意味すると同時に、それが政治と道徳とに分化してゆく過程を許容するということをも意味する。丸山は、朱子学の変質過程をこのように分析し、そこにわが国における政治学の成立を見るという、独創的な解釈をしたのである。

もうひとつは、この作品が書かれた動機の中に、言論の自由を封殺された当時の状況下で、近代主義者・丸山がおのれの世界観、人間観を、あたかも暴露されてはならない秘密の物質を土中に埋めておくように、巧妙な判じ物のかたちでこの書に潜ませておいた意図を読み取ることができるという点である。

まず第一の点についてもう少し詳しく言及する。

「理気混沌」たる宇宙論としての「道」の絶対性を否定して、これを自然法則と道徳法則とに分け、かつ後者を人間の「作為」とみなすということ、また政治と道徳、外面と内面との分化の現実を許容するということは、ひとつの合理的な思考様式であり、かつ、近代的な考え方の基本であると言ってもよい。若き丸山は、朱子学から国学への変遷を論ずるに当たって、ヘーゲルの圧倒的な影響下に、人間の思考様式の発展段階説を採った。ここでも十九世紀西欧の発展段階説を機械的に日本に当てはめただけだという批判が成り立ちうる（実際、丸山自身が後に一九七四年の英訳版序文でそのことを反省している）が、だれの影響を受けようが受けまいが、ひとつの共同体を律する規範の様式が、外からの衝撃（ペリー来航のような）がなくとも時代を経るにしたがって発展変容し、内在的に解体していくことがありうるという事実を、文献の綿密な実証によって指摘したということは、やはり独創的と言わなくてはならない。

丸山の仕事は、発展段階説の単なる機械的な当てはめではなく、むしろ人類史に共通の現象、すなわち「社会は、他でもないわれわれ人間自身が作ったものだ！」という自己認識の成立と深まりを、日本の徳川時代に焦点を合わせることによって確証したのである。言い換えればそれは、わが国における「社会」の発見と「歴史意識」の自覚とがこの時代にはじめて輪郭鮮やかに生じた事実を指摘したことを意味する。それはまた、西欧においてキリスト教の発展変容が、啓蒙主義（たとえばカント哲学）と自然科学（たとえばダーウィニズム）の隆盛を生み出し、ついには無神論に典型的に表わされるような近代的思考様式の基本構造をなすようになった過程とパラレルな関係にあると考えることが可能なのである。

むろん封建的な規範の解体が直ちに近代的思考の成立を意味すると考えたら、それは短絡との批判を免れないであろうが（この点についても丸山は、一九五二年の「あとがき」で、そのきらいがあったことを反省している）、少なくとも、黒船来航のような外圧に押しつぶされずこれをまともに受けとめ克服するために必要な思考様式と社会システムが、江戸時代後半までにすでに相当のところまで準備されていたことは認めなくてはなるまい。その意味で、丸山のこの書が、江戸時代は同時代の世界各国に比べて意外に近代的だった（たとえば識字率の高さ）とされる最近の通説にも通ずる、先駆的な仕事であったことは疑いない。

次に第二の点、言論封殺の時代に丸山が採った方法は、ガリレイの「それでも地球は動く」というつぶやきに相当するものであったと考えられる。みずから語るところによれば、丸山は、師の南原繁の勧めにしたがって半ばいやいや日本近世の思想史を研究する羽目に陥ったそうである。このことは、結果的に学問の自由が圧殺されつつあった時代に、いかにして学者生命を生き延びさせるかという隘路を期せずして発見することにつながった。

というのも、この時代に、多少ともリベラルな政治思想を現実状況と絡ませて論じれば、たちまち発禁処分や学外追放を食らったであろうし、二度と言論の道に帰ることを許されなかったであろうからである。南原は極端な皇国思想の跋扈にいくらかでも対抗する意味で、この優秀な弟子に科学的な「日本思想史」を研究させることを狙ったらしいが、若き丸山自身には、格別に時流に抵抗する堅固な意志があったわけではなかったようである。だが徂徠に託したその研究の成果を見ると、あたかもはじめからそれを意図していたかのような感じを受ける。

まず、「天道」の絶対的価値を否定して、「道」に生身の人間の作為を認めるということは、とりもなおさず戦時という現在の硬直した価値観も相対化できる可能性があることを意味する。また、御用学問として取り入れられた朱子学が、時代の進展と共に内在的に解体の道をたどったということがもし本当ならば、いま支配的と考えられているイデオロギーも、たとえ外からの衝撃がなくてもやがては流動化させることができることを意味する。

つまり丸山のこの仕事は、本人の自覚がどこまであったかは別にして、ひとつの秘められた判じ物の役割を演じたことになる。いつ赤紙が来てもおかしくない状況の中で、自己の遠からぬ運命を究極まで見極めていたであろう青年学士・丸山が、学問の永遠性を信じて未来の学士たちに自分のできることを精一杯伝えきろうとするその気迫のこもった文体は、緊張感を通り越してしばしば凄みさえ感じさせる。丸山を論じる人々はこれからも多く出るであろうが、この書を通過せずに彼を論じる資格はないと私は思う。戦後における彼の状況論的言論の欠陥を数々あげつらってきたが、この点においてだけは、私も襟を正したい気分であることを隠さない。

「変わり身の早さ」をめぐる成熟した認識

次に彼の業績のうちで、ぜひとも評価したいのは、「歴史意識の『古層』」（一九七二年）、「日本思想史における『古層』の問題」（一九七九年）、「原型・古層・執拗低音」（一九八四年）など、日本の精神史の中に流れる一貫した傾向を論じた文明論的な仕事である。

この一連の仕事の問題意識は、日本人の不思議な「変わり身の早さ」が、これまでの歴史において、音楽で言う執拗低音のように、しばらく眠っていたかと思うと、何か大事があるたびに繰り返し頭をもたげてくる現象に着目して、その国民性のよって来るところを探ろうとした点にある。

彼の言う「変わり身の早さ」とは、外圧に対してそれをただ受け入れて以前とはまったく違う自分に染まってしまうのではなく、他者をあるところまで受け入れつつ、それを自己流に消化吸収し、その過程を通して自分自身も新たな自分に「なり変わる」、そして、そのことによって文化的アイデンティティ崩壊の危機を克服する態度という意味である。

この問題意識がすぐれていると私が判断する理由は、消極的な部分と積極的な部分と二つある。まず消極的な部分とは、同時代の政治状況に対する丸山の認識や発言や行動が、これまで批判してきたとおり、どう見ても自称「高度なプラグマティスト」のものとは思えないイデオロギー的偏向と感情的ドグマに拘束されているにもかかわらず、書斎にこもって綿密に自分の問題意識を追究していった結果書かれた論考は、それが現実政治に関する論考との間に問題意識の連続性を保存していながら、ある普遍的な認識の地平に達している印象を与えることである。ここでは丸山は、傑出した歴史家であり、文明論者である。

また積極的な部分とは次のようなことである。

本書の序説で私は、日本の近代化の過程には、「軍歌」の哀切さに象徴されるように、はかなさへの親しみや、敗北と死の予感を肌身に感じ取りつつ生きる態度があらかじめ深く埋め込まれていたという意味のことを書いた。

これは一種独特の世界観、人生観であり、それを文化的視点から見れば、ある種の強みなのである。それというのも、日本人は上古の昔から、政治的にも文化的にも一度も滅ぼされることなく、いま述べたような特性を駆使しつつ、漢字かな混じり言葉、和歌、「てにをは」の文法構造、明治時代における翻訳語のまことにスピーディな創造など、独特な言語文化を作り出していまに伝えているからである。漢字や西欧語の猛烈な圧力に対して、それを母語に取り込みつつ、独特の言語文化を作った国は、他に例を見ない。その「力」の源はいったい何なのか。ここにうかがい知れる日本人の、代々の実存を貫く歴史意識の本質とは何か。

このような大テーマに対する丸山の論述は、その眼のつけどころにおいて、きわめて独創的である。

以下、たいへん長い引用になるが、先に挙げた三作から、細かい分析は割愛して、右のことが順序だててわかるように引いてみよう。

《私がいろいろ申し上げるのは、（中略）全体構造としての日本精神史における「個体性」です。そういう観点から（中略）矛盾した二つの要素の統一――つまり外来文化の圧倒的な影響と、もう一つはいわゆる「日本的なもの」の執拗な残存――この矛盾の統一として日本思想史をとらえたいと思うのです。》　（「原型・古層・執拗低音」）

《私がいいたいのは、変化する要素もあるが、他方恒常的要素もある、とか、断絶面もあるが、にもかかわらず連続面もある、というのではなく、まさに変化するその変化の仕方というか、変化のパターン自身に何度も繰り返される音型がある、といいたいのです。（中略）ある種の思考・発想のパターンがあるゆえにめまぐるしく変る、という事です。（中略）よその世界の変化に対応する変り身の早さ自体が「伝統」化しているのです。》　（同前）

《最後に日本の場合を考えます。それには「天地初発」という言葉の分析になるんです。「天地初発」というのは『古事記』のはじめに出てくるんです。（中略）漢字の「天地初発」をどう読むかというのが今でもわからない。しかしなぜこれが私は非常に重要だと思うかといいますと、たとえば『日本書紀』だとこういう表現は出てこないんです。「天地開闢」なんです。（中略）それで、「天地開闢」というのは、漢語でもっとも一般的に使われるので今でも「天地初発之時」を「あめつちはじめてひらけしとき」というふうに読む人が多いです。ところが私は（中略）「初発」と「開闢」とは、根本的な発想が違うと思うんです。「天地開闢」という考え方は非常に中国的なんです。（中略）結論だけ言いますと、「開闢」というのは中国的宇宙発生論だと思うんです。（中略）「天地初発」という中国古典ではなじみのうすい表現を太安万侶がなぜここにもってきたか、そこにはそれだけの意味があるというのが私の考えなのです。「発」という字の意味は、出発するの「ハツ」であり、旅立つ、あるいは旅立つの「タツ」です。それから勃発というような「オコル」という意味もあります。要するに、ある時間または空間の地点から「発する」こと、これが「発」なんです。大事なことは、これは一方向性だということです。》（「日本思想史における『古層』の問題」）

《「天地初発之時」のなかにこめられた象徴的な意味は、たんに『記』冒頭の一節の書き出しであることをはるかにこえて、神代史全体の主題の暗示とも見られ、事実、日本の歴史意識の歴史のなかでは、さきのA・B（引用者注――上古の歴史意識を構成する基底範疇としての「なる」と「つぎ」）の範疇と化合しつつ、一種の歴史的オプティミズムの原点となる運命を持った。とくにそれが（中略）「いま」中心の観念と結びつくとき、新たなる「なりゆき」の出発点としての「現在」（生る〈ある〉↓現る〈ある〉）は、まさに不可測の巨大な運動量をもった「天地初発」の場から、そのたびごとに　未来へ向かっての行動のエネルギーを補給される可能性をはらむこととなる。》（「歴史意識の『古層』」）

《以上、日本の歴史意識の古層をなし、しかもその後の歴史の展開を通じて執拗な持続低音としてひびきつづけてきた思惟様式のうちから、三つの原基的な範疇を抽出した。強いてこれを一つのフレーズにまとめるならば、「つぎつぎになりゆくいきほひ」ということになろう。》（同前）

《こうして古層における歴史像の中核をなすのは過去でも未来でもなくて、「いま」にほかならない。われわれの歴史的オプティミズムは「いま」の尊重とワン・セットになっている。過去はそれ自体無限に遡及しうる生成であるから、それは「いま」の立地からはじめて具体的に位置づけられ、逆に「なる」と「うむ」の過程として観念された過去は不断にあらたに現在し、その意味で現在は全過去を代表（re-present）する。そうして未来とはまさに、過去からのエネルギーを満載した「いま」の、「いま」からの「初発」にほかならない。（引用者注――キリスト教的歴史意識のように）未来のユートピアが歴史に目標と意味を与えるのでもなければ、（引用者注――中国の歴史意識のように）はるかなる過去が歴史の規範となるわけでもない。）（同前）

《（引用者注――仏教の伝来によって）根本的な現世否定の論理が日本の歴史意識の古層に入りこんだとき、仏教哲学における「三世」すなわち過去世・現在世・未来世の「因果」は、いずれも現世の歴史的な過去・現在・未来における因果的連鎖の意味をもあわせ帯びるようになり、まさにその点でインド哲学に乏しい歴史的思考を豊饒にさせた。それだけではない。「いま」の肯定が、生の積極的価値の肯定ではなくて、不断に移ろいゆくものとしての現在の肯定である限り、肯定される現在はまさに「無常」であり、逆に無常としての「現在世」は無数の「いま」に再分化されながら享受される。「なりゆく」ものとしての現在は、次の「いま」の到来によって刻々過去にくり入れられるので、「いま」の肯定なり享受なりは、たえず次の瞬間――遠い未来でなく――を迎え入れようとする一種不安定な心構えとして現われざるをえない。》(同前)

《こうして「いまここなる」現実の重視は、仏教とキリシタンという二つの世界宗教の「否定の論理」の否定から出発した江戸時代の思想的文脈においては、(イ)空虚な観念の弄びに対して、経験的観察を強調する際の、みずみずしさと、(ロ)所与の現実に追随する陳腐な卑俗さと、この両面をたえず伴い、しかもその両者が同じ人間の内面に微妙に交錯するのは、ほとんど避けがたい運命であった、といわなければならない。つまり(中略)「いまここに」の個体性の認識の成熟も、「近代化」と古層の露呈という二重進行の形であらわれるのである。》(同前)

いかがであろうか。「歴史意識の『古層』」は、一九七二年、著者五十八歳のときの作品である（実際には、かなり前からずっと同じ問題意識を温めてきたのだが）。若き丸山（三十二歳）が「超国家主義の論理と心理」を引っさげて、天皇制ファシズムの無責任体系を颯爽と批判したときから二十六年を経ている。後者が論争的な現代社会批判であり、前者が日本人の思考様式を分析した歴史学的な論文であるという形式上の差を超えて、ここには、日本相対化の視野の広がりという点において、両者の間に大きな違いが見出される。

というのは、最後の引用の（イ）（ロ）の二重性の指摘（これは、たぶんに本居宣長を意識しているふうがうかがえるが）によって、日本人の思考様式を「避けがたい性向」として半ば肯定し、さらに日本の近代化が古層の露呈と二重進行の形で現われるという「押さえ」を措く丸山には、明らかに複眼的思考を手にしたひとつの思想の成熟が見られるからである。具体的に言うと、（ロ）に相当する部分にもっぱら批判的関心を集中させたのが、かつての丸山自身の天皇制ファシズム批判であると考えられる。しかしそうした（ロ）の側面ばかりに関心を集中させていたのでは、せいぜい戦争に傷ついた一近代主義知識人の反体制思想が生まれたにすぎなかったであろう。（イ）（ロ）あわせ含む二重性を、日本人の歴史意識の中に読み込むその全体観的なスケールの大きさこそ、すぐれた文明論の名にふさわしい。《漢意（からごころ）・仏意（ほとけごころ）・洋意（えびすごころ）に由来する永遠像に触発されるとき、それとの摩擦やきしみを通じて、こうした「古層」は、歴史的因果の認識や変動の力学を発育させる恰好の土壌となった》（同前）と彼が書くとき、そこに西洋かぶれでも日本回帰でもない確固としたスタンスを持つ思想家・文明論者の誕生を見ると同時に、私たち自身が、その表現を通して、「日本人」という不思議な民族の「まんざらでもない」あり方についての自己認識を深めることができるのである。

日本的権力構造の肯定的捉えなおし

じつは丸山は、この日本独特の思考様式を思想史的にトータルに把握するに当たって、如上の「歴史意識」のみならず、「倫理意識」「政治意識」に関しても考察を進め、三本立てで迫るという壮大な構想を持っていた。このうち、「倫理意識」についてはついに果たせなかったが、「政治意識」については、一九八五年（丸山七一歳）に発表された「政事《まつりごと》の構造――政治意識の執拗低音――」という短めの論文で一応の骨格を示し終えている。これもたいへんユニークな説得力に富む発想であり、また興味深いことに、これまた「超国家主義の論理と心理」におけるファシズム批判の一方的な論理を、この論文の一部分として包摂した形になっている。ここでは概要を示すにとどめ、その後、どういう意味で「超国家主義―」との間に関連を持つのかを述べたいと思う。

まず、政事（まつりごと）と祭事（まつりごと）との読みの一致から、わが国では、祭政一致が日本の国体なのだという俗説がまかり通っているが、それが否定される。「祭事」という言葉が登場するのは早くても平安初期であり、それまでは宗教的な祭事は、「イハヒゴト」「イミゴト」「イツキゴト」と呼ばれていた。では、政事としての「まつりごと」はどのような語源的意味合いを持っていたのかといえば、奉仕を献上することを意味する「つかへまつる」の略語として「まつる」が使われるようになったのである。とすれば、上古の「政事」の概念の中には、統治権力をある「節目」をもった「正統性（レジティマシー）」のあるものとして人民に思わせ、その節目を境に下から上に向かって「奉る」「言上する」という意味合いが中枢的なものとして含まれていたことになる。「つかへまつる」や「をさめまつる」を漢字で表わせば「仕奉」「治奉」となるが、このような成語は中国にはない。日本の「まつりごと」の概念にはもともと上級者に対する奉仕の献上であるという前提があるから、このような妙な漢語が出てきても不思議ではないのである。ところで、「まつりごとまをす」という表現は、実質的には政治を決定し、執行することを広く意味する。重要なことは、政事の「下に対する」行動が「下から上への」奏上と同じ意味で使用されたということである。また、天皇↓摂政・関白、令外官の増大、天皇↓将軍↓執権などのように、実権の下降化傾向と身内化傾向とが繰返し再生産され、しかも大事なことは、権力が下降しても、正統性の所在（万世一系の天皇家！）は動かないということである。一見逆説的だが、政事が「下から」定義されていることと、決定が臣下へ、またその臣下へと下降してゆく傾向とは、無関係とは思われない。これは病理現象として現われるときには決定の無責任体制となり、よく言えば典型的な独裁体制の成立を困難にする要因でもある。

以上、特に最後の部分で一見して明らかなように、この構造のデメリットが「超国家主義―」で追究された「無責任体制」であり、それは「病理現象」という特殊な、部分的な位置を与えられている。しかも同じ構造が典型的な独裁体制の成立を困難にしてもいるという指摘は、単なる「日本否定」とか「西洋の原理からの日本批判」とか「近代主義者の前近代批判」というたわかりやすい丸山思想の把握をまさに顔色なからしめるものだ。かつて「超国家主義―」において、権力者たちの戦争遂行の主体的意志の有無だけを唯一の倫理的基準として、日本の軍国支配者の主体性の欠落を西洋のそれと比較しながら批判した彼の論理は、ここにおいて明らかにその批判性を後退させ、「独裁体制の成立の困難」として、むしろどちらかといえば肯定的に捉えなおされている。つまり丸山は、ここに至って、やはり文明論者としての成熟した複眼的思考を示すことになったのである。

ただ欲を言えばこの論文では、「上下分化」というタテ方向のベクトルだけを「政事」の「執拗低音」としているが、「和」の原理にもとづく合議制の習慣や、公式的な政治手続き前の談合、根回しなど、いわばヨコの「執拗低音」についての考察も加えなければ、この国の不思議な「まつりごと」の構造を捉えきったことにはならないのではないかと思う。おそらく丸山の脳裏には当然その発想も存在していたであろうが、果たせずして終わったものと考えられる。

　晩年の丸山は、福澤諭吉研究に主力を注いだが、そこで彼は、公式主義に偏らない福澤の「両眼主義」の価値を強調した。では丸山眞男本人は、この「両眼主義」を貫いたと言えるだろうか。私なりの判定では、答はイエスとも言えるしノーとも言える。時の政治状況に直接コミットしたところから汲み上げた認識において、彼はどう見ても福澤の言う「偏頗《へんぱ》心」から免れていたとは言えない。その一種の無条件な「反権力主義」は、軍国思想に痛めつけられた青春時代の傷の感覚からついに自由になりきれなかったことを明かしている。しかし反面、思想史を追究する学者の姿勢において、彼の両眼的理性は十分に発揮されたと言ってよいだろう。「国の独立なくして何の民主主義か」という福澤の主張を、あたかもおのれのものであるかのように記述する晩年の丸山には、戦争直後の単純な自由主義者・民主主義者の論調とは「一見矛盾する」老成したナショナリストの姿さえうかがうことができる。

　この両方を見なければ、思想家・丸山を、それこそ「両眼的に」評価したことにならないのである。

第二章　吉本隆明
——一九二四〜二〇一二

いま吉本の何をどう読むべきか

私は全共闘世代に属するが、思想家としての吉本隆明についていまの若い世代に何ごとかを伝えようとするとき、はたと戸惑ってしまうのを感じる。この戸惑いの感覚は、私より少し上の世代から少し下の世代までに共通しているのではないかと思われる。

その戸惑いについてもう少し具体的に言うと、若い人たちと思想的な話題をかわしたとき、「吉本さんという人はずいぶん有名な、エライ思想家だそうですが、何から読んだらいいのですか」などと聞かれることが時折あって、さて、「吉本隆明入門」として何が適切か自分の中で反芻してみて、的確な答えが出てこないのである。

吉本隆明の思想家としてのキャリアは長く、またその著作の量も膨大で、一九五七年刊の『高村光太郎』を評論単行本の処女作とすれば、今年（二〇一二年）鬼籍に入る直前・直後の出版物を含めて優に半世紀を超えるに至っている。しかし私個人は、六〇年代までの彼の評論家としての目覚しい活躍に比べると、七〇年代以降の仕事は、文芸批評や古典論、宗教論の一部、反核運動やファッションをめぐる埴谷雄高《はにやゆたか》との論争などでは大きな意義を感じさせるものがいくつかあるものの、これらを除けば、概して彼のトレードマークであるはずの「闘う」モチーフを失っていて、文体も妙に入り組んだややこしいものとなり、スリルに欠けると言わざるをえない。

ついでに言えば、二十一世紀に入ってからも彼の名を冠した著作がしきりに出版されているが、わずかな例外を除いて、かつての闘将、いまいずことというほかない情けない出来栄えである。きつい言葉で言えば、晩節を汚しているとさえ評しうる。「アフリカ的段階」「本質言語としての平和憲法」「存在倫理」——それがいったいどうしたというのだ!? なにやら意味ありげなネーミングだけで、息づかいと明晰さを具えた思想的文脈を持たないこれらの神秘的な「吉本言語」の価値をありがたがっている人たちがいるのだとしたら、その人たちは、いかがわしい新興宗教の信者と変わらない。

いったいなぜこういうことになるのだろうか?

まず入口の答えとして、それは、この思想家が、まさに眼前の「敵」を前にして、くんずほぐれつの「闘い」を演ずるところにみずからのアイデンティティを見出すタイプの思想家だからである。長いキャリアの中で、彼はそのつどみずから「敵」を発掘し、だれの支援も期待せずに孤軍奮闘してきた。したがって、その「敵」が私たち読者（多少とも知的な読解力を持つ生活者とでも言い括っておこうか）にとっても「敵」として共有できるような相手であれば、読者の側は彼の「闘い」に大きな意義を認めることができるわけである。そして、彼が「敵」と考える相手を、読者がそうみなさなくなったとき、彼の闘いぶりは、いささかドン・キホーテ的な様相をさらすことになる。たとえば、一九九五年にサリン事件を起こしたオウム真理教の教祖・麻原彰晃を宗教家として過大評価し、大方の市民の顰蹙《ひんしゅく》を買ったときなどは、その闘いぶりの不可解さに、多くの吉本読者が首をかしげたものであった。

ちなみに私事で恐縮だが、この事件を中心に私は彼と短い論争を行なった。その結果、彼の思想に対する永年の私淑と疑惑との両価感情の呪縛から脱し、より客観的な視点から彼の思想を眺められるようになった。その経緯と私なりの落とし前のつけ方に関しては、拙著『オウムと全共闘』『吉本隆明　思想の普遍性とは何か』に詳しい。ご関心のある方はどうか参考にしていただきたい。

ところで、それなら若い人が吉本思想に接するには、初期作品から入ればよいではないか、書かれた時点での著者と、読者との年齢も近いわけだから、共感の度合いも深いものが得られるかもしれないというアイデアが思い浮かぶ。私は、この考えには、条件付きで同意する。その条件とはいったい何かをきちんと説くことによって、闘う思想家としての吉本隆明の原像とも言うべきものが、おのずから浮き彫りになるはずである。この条件をよく理解することができれば、吉本の名を高からしめた『言語にとって美とはなにか』『共同幻想論』『心的現象論序説』などの理論的著作においても、その背景に何者かと激しく闘う吉本のモチーフが渦巻いているのが見えてくること請け合いである。ただし後述するが、そのことと、それらの著作が成功を収めているかどうかとは、別問題である。

さて、その条件とは、第一に、彼の青春期がどんな時代であったかに深く想像力を馳せること（敗戦当時、二十歳。丸山眞男よりちょうど十歳若い）。

第二に、彼が少しく文学に深入りしすぎた青年であったために、敗戦後、いわゆる「客観的」な社会認識や世界認識の方法に無自覚であったことに深い自責と羞恥の感覚を抱いた事実を知ること。この感覚が彼の思想的出発のエネルギー源となっている。

そして第三に、戦前のプロレタリア文学者たちが、戦中に皇国イデオロギーの加担者に積極的に転向して戦意昂揚の表現を垂れ流したにもかかわらず、戦後になって、口をぬぐってあたかもはじめから戦争抵抗者であったような顔をし、臆面もなく他者の戦争責任の追及などに明け暮れた事実を知ること。

第四に、吉本は、詩人的思想家、と言っては俗流理解に誘導しすぎるとすれば、あくまでも文学の自立性（自律性）を重んじる思想家であることを理解すること。

そして第五に、吉本の「敵」とは、六〇年代までは、根本的には、大衆の生活意識から離反・浮遊・逆立ちした支配的イデオロギー（虚偽観念）であることを踏まえること。そして支配的イデオロギーという場合、それが国家権力のそれである場合もあれば、いわゆる「既成左翼」や「進歩的知識人」の言論のそれである場合もあることを理解すること。

あたかも吉本通の特権者のように、いかにももったいぶった前置きになってしまったが、これだけの条件をクリアーした上で、私が若い人たちに勧めたいと思う壮年期の吉本の著作は、次のとおりである。

まず単行本処女作の『高村光太郎』、後年、敗戦体験を回顧して書かれた「戦争と世代」「思想的不毛の子」などの論文、詩人の戦争責任に言及した一連の「前世代の詩人たち」「現代詩の問題」「戦後詩人論」「『四季』派の本質」などの論文、花田清輝との論争として名高い一連の「芸術大衆化論の否定」「不許芸人入山門」「『乞食論語』執筆をお奨めする」「アクシスの問題」「転向ファシストの詭弁」などの論文。

そして、何よりも、次の二作を特記すべき作品として推奨しておきたい。

ひとつは「転向論」（一九五八年）。これは、戦前のプロレタリア文学者たちの転向を、権力の弾圧の結果と考えずに大衆からの孤立の結果とみなし、かつ、戦争協力的な境地に至るまでにもう一度積極的な転向を行なったものと喝破した画期的な文章である。

もうひとつは『マチウ書試論』（一九五五年）。これは、新約聖書マタイ伝の著者の編集意図のうちに、「愛の教義」をではなく、人間同士の血なまぐさい葛藤と憎悪の劇を読み取り、同時に思想の真実性がどこで保証されるのかという普遍的問題を提起したたいへんユニークな作品である。またこの作品で吉本は、彼自身の同時代の体制イデオロギーと、これに反逆するイデオロギーとの「等価性」を、マタイ伝という意匠で包みながら、鋭く指し示している。しかし当のマタイ伝の編集者に対する彼自身のアンビヴァランスがにじみ出ているゆえに、かなり難解で微妙な部分も含んでいる。先に列挙した条件を踏まえなければ、そう簡単に咀嚼《そしゃく》できる代物ではない。

さて私は吉本隆明について何をやろうとしているのか。なぜ、こんな研究者がやる案内のようなしち面倒くさいことをやらなければ吉本思想に対する公正な批評ができないと感ずるのか。それにはそれなりの理由がある。

すでに述べたように、「いま」この日本の言論界では、一部の熱心な信奉者の胸のうちを除くと、「吉本隆明」という名は一種の虚名としてのみ残り、彼が戦後の思想家として何を果たしたのかという肝心の問題のほうはほとんどまったく忘れ去られようとしている。若い人は信じないだろうが、一時は、四十代半ばから全著作集の刊行が始まり、戦後最大の思想家とまで騒がれたのにもかかわらずである。

この現象はいったい何を意味しているのか。じつは私は、その現象そのものに吉本思想の特異な性格が反映している事実を指摘しておきたいのである。また同時に、第一章で丸山の指摘に即して述べたところの、日本人の「変わり身の早さ」が反映している事実も。以上のことをよく理解してもらうためには、吉本自身の内面にかかわる事情と、彼の生きた時代という外面にかかわる事情とについての二重の側面からの解説が必要である。

転向知識人はなぜ敵なのか

先に私は、この思想家は、まさに眼前の「敵」を前にして、くんずほぐれつの「闘い」を演ずるところにみずからのアイデンティティを見出すタイプの思想家であると述べた。まずそのことについて実感を持ってもらうためと、彼が戦中派として上の世代の戦争責任を追及せざるをえない必然性を持っていることを理解してもらうために、先に挙げた論考群のうち、花田清輝との論争中の一論文「転向ファシストの詭弁」（一九五九年）から二カ所だけ引くことにする。

《戦争中、わたしがはめこまれていた社会構成の一場面は、花田清輝のような「ニル・アドミラリをモットー」にした転向ファシストが、活字をもてあそぶ習性をすてかねて迎合していた軍閥の直属新聞とは、なんのかかわりもなかった。しかし、花田ら転向ファシストが、すでにこのときから、わたしたちの潜在的な敵としてあらわれていたことはあきらかである。かれが戦力増強の「科学的責任」をといていたとき、われわれは、化学肥料の軍需生産的増強の代償として、原始農法的な暗渠排水の工事に無償動員せられていたのである。

戦後の戦争責任論をめぐるわれわれのたたかいが、錯綜したものとならざるをえない兆候は、すでに戦時下のこういう情況のなかで萌していたということができよう。われわれは大戦下の西欧や東欧のように、民族ブルジョアジイと社会主義とが共同して、戦争協力に抵抗したという記憶をもっていない。わたしの現在の敵は戦争中、戦争権力の傘下にあって戦力を合理的な生産のうえに基礎づけようとしていたプロパガンジストであり、これが戦後は、人民の前衛としてあらわれながら、ついには人民の敵の本性をぬぐいえないという日本的な思想情況の本質は、この戦時下の錯綜した敵とわれわれとの分布を追及することによって、はじめて理解されるのだ。》

《しかし、「学生時代から社会運動に従事してこられた」（引用者注——これはこの言葉だけで、次に登場するファシズム団体からのオルグH_1が、転向者であることを意味する）転向ファシストH_1やそのエピゴーネンに屈服してなるものか、とおもいきめたわたしは、勇をこして「大学に進学することが、どうして国家のためにならぬのか説明してもらいたい」などという詭弁をつかって反撃し、これに勢いを得た、他の学生とともにリーダーたちを慴伏させた。かくして、わたしたちは、各地の大学に無試験で〈配給〉されることになり、ろくに学問もしないうちに、また、あらたな動員生活にはいったのである。

もしも、戦争中、東方会（引用者注――戦争中、中野正剛が中心となって組織したファシズム団体）に寄生してファシストの下郎をつとめたり（中略）、軍事工業新聞に入って、生産増強の「科学的責任」などを強調していた花田清輝が武井昭夫証人のいうように抵抗者ならば、もちろん、わたしは、このとき堂々たる抵抗者であろう。しかし、私が、こんなつまらぬことを拡大して、抵抗だなどと戦後せせり出したならば、われわれの死んだ友人たちは哄笑するほかはないのだ。ここに、わたしたちの戦争責任が、花田などと断じて両立できない理由がある。花田にとって、戦争責任論は、自己弁護以外のなんの意味ももちえないが、われわれにとっては、戦争体験を客観的責任の問題とむすびつけて検討すべき出発点にほかならない。》

この箇所だけでも熟読してもらえば、吉本が筆鋒鋭く彼よりも上の「転向」世代の知識人を「敵」とせざるをえない必然性が、いくらかは判明するだろう。彼が思春期から青春期を送ったとき、すでにすべての「マルクス主義知識人」は、先に挙げた「転向論」の把握に従えば二段階目の転向を終えており、自由主義者の抵抗の影すら見当たらず、どこを見回しても「お国のため」の大合唱だけだった。そして勤労動員に明け暮れる日々の中から、ひとりまたひとりと若き同胞たちが死地へ赴いていった。

「反戦とか厭戦とかが、思想としてありうることを、想像さえしなかった」(『高村光太郎』)と彼は当時を回想して書いているが、これはまことに正直な述懐と言えるだろう。もちろん「明日はわが身」の覚悟を固める以外、精神の活動の道を見出すべがなかったのだ。したがって、これらの論文が書かれた時点において、彼が自分の「敵」を見定めるその根拠は、自分と同じような年齢で死地へと赴いていった若き同胞たちへの深い負い目の思いである。またその「敵」とは、戦後何食わぬ顔で「抵抗者」を自称して現われた年長の転向知識人たちであった。彼は死者への負い目意識をバネとして、これらの「敵」に敢然と立ち向かったのである。

ちなみに、吉本のターゲットとされた左翼知識人たちは、つごう三回「転向」を重ねたことになる。戦前に左翼の看板を下ろすこと、アメリカとの戦争が始まったときに積極的に戦争協力の表現を行なうこと、そして戦後、再び共産党員やそのシンパとしての顔を平然とさらしながら他者の戦争責任を追及すること。

注意しなくてはならないのは、吉本は転向それ自体を倫理的に非難しているのではないということである。ただそのような変節を重ねながら、そのことに無自覚で、「自分は内心では終始、この戦争には反対だった」といったように自己欺瞞的な免罪符を得ようとする知識人の態度に、同胞たちの死に一番近い場所から憤怒を投げつけているのである。その憤怒に『マチウ書試論』の次のような人間認識を表現した一節が、私たちの心を騒がせるように不気味な共鳴音を奏でる。

《人間は、狡猾に秩序をぬって歩きながら、革命思想を信ずることもできるし、貧困と不合理な立法をまもることを強いられながら、革命思想を嫌悪することも出来る。自由な意志は選択するからだ。しかし、人間の情況を決定するのは関係の絶対性だけである。》

ここで吉本が提出している「関係の絶対性」という言葉は、じつはこの前に何度も出てくる、一篇のキーワードに相当する言葉である。しかしこのキーは、なかなかうまく鍵穴に適合しない。そこに吉本の思考が前に進めずに踏みとどまっている事態が象徴されている。「関係の絶対性」という言葉で、彼は何を言おうとしたのか。どんな自身の心情を込めようとしたのか。多くの吉本論者が問題にしたが、あまりうまい解答は得られていない。

この問いに答えることを試みる前に、この引用部分の前半、「人間は、狡猾に秩序をぬって歩きながら、革命思想を信ずることもできるし、貧困と不合理な立法をまもることを強いられながら、革命思想を嫌悪することも出来る。」という部分が、どんな人間像を表わしているのかを明確にしておきたい。さまざまな解釈が可能であろうが、前者は、花田清輝との論争で表現されたような左翼知識人の観念的な意識のありようを表わしており、後者はそのような知識人の理想や扇動など一顧だにしない大衆の日常的な生活意識を表わしていると考えて、ほぼ大過ないと思われる。

また、このように人間の生き方を矛盾した相の下に眺めざるをえなくなったところには、吉本自身の青春時代に対する自己批判の苦さが深く込められていると言ってよい。というのは、敗戦直前の頃、若き吉本は皇国イデオロギーにかぶれており、迫り来る敗北の予感を前にして日本は徹底抗戦すべきだと考えていたのである。その純粋な青年らしい直情径行は、兵士たちが敗戦の詔勅を聴くや否やあっさり戦意を放棄し毛布や食料を山のように背負い込んで復員してくる姿に接し、見事に裏切られる。こうして自分のそれまでの心情との落差をいやというほど見せつけられることによって、心底から人間のわからなさを実感し、彼はいやおうなく「大人」にさせられたのだった。

これらのことを踏まえた上で、「関係の絶対性」という言葉で吉本が何を言いたかったのかを再考してみよう。

私の考えでは、ここで言われている「関係」とは、理想や信念や正義などの「観念」を排したところに現われる人間の社会的被拘束性であり、「絶対性」とは、その被拘束性がひとりの実存の前に、理想や信念や正義などの「観念」ではどう動かしようもなく「壁」として立ちはだかる姿を意味している。この「壁」にぶつかるとき、主観的な心情の中で「絶対的」と思えた理想や信念や正義の姿は、にわかに相対的なものとして色褪せ、それまで曖昧で多様で相対的と思えたさまざまな日常的な生のあり方が逆に「絶対性」の相貌を帯びて迫ってくる。

後年彼はこの言葉を「関係の客観性」と呼ぶべきであったと述懐しているが、むしろ「絶対性」のほうが、ひとりの実存の立ちすくむ姿をよく伝えていてリアリティがあると私は思う。彼が少しく文学に深入りしすぎた青年であったために、敗戦後、いわゆる「客観的」な社会認識や世界認識の方法に無自覚であったことに深い自責と羞恥の感覚を抱いていた事実についてはすでに述べた。『マチウ書試論』を書いているときの吉本は、いまだ彼なりの「客観的」な世界認識の方法を手にしておらず、ただ文学から醸成される思想だけではこの世に「知」を武器として立ち向かうには弱いことを痛感している段階にある。世界認識の方法を懸命に模索しているひとりの思想者の前では、この世のあり方はあくまで「関係の絶対性」として映るはずなのだ。この「絶対性」の深度と広がりの構造を自覚するところから、思想が出立するのである。そしてその出立は、安保闘争への加担の過程を経て、「国家権力や既成左翼からの自立」と「大衆の原像を繰り込む」という二つの思想的宣言へと凝集してゆく。

大衆の実存の場所から「革命」を展望

丸山が閉ざされた議会政治を民主主義とみなさずに、内と外との連続性が常に保たれている状態を民主主義と考え、安保改定の強行採決に対して「民主主義知識人」として反対を唱えたのに対して、吉本は、「革命」への契機を少しでも垣間見せようとする最も急進的な集団に共感を寄せ、その契機を阻むような集団は、たとえ共産主義理念を旗印にした「前衛」であろうと共闘することを拒んだ。具体的に言うと、日本共産党から分派した「共産主義者同盟（ブント）」に加担して、彼らの国会突入の方針に一人の大衆として行動をともにしたのである。

後の彼自身の述懐によれば、樺《かんば》美智子さんが亡くなった六月十五日夜、国会前は南門前から突入を図ろうとする全学連主流派の学生、労働者、市民のデモ隊の渦と、日本共産党が率いる別のデモ隊の渦とが南門近くでちょうどT字をなす形で出会っていたが、その交差する部分には共産党の腕章を巻いた党員たちが、二つのデモが合流するのを妨げようと、ピケットラインを張っていたという。ブントはのちに共産党に指導されたデモを「お焼香デモ」と揶揄することになるが、この吉本の目撃した光景は、共産党が労働者や一般市民たちの自然発生的な盛り上がりを自分たちの指導下に収めることに必死で、結果的には、本気で闘う気がないことを如実に示すものであった。

丸山眞男の章で述べたように、安保闘争は、全体として安保改定の意義を見誤ったものであった。というよりも、冷戦体制の下では、わが国が国際共産主義の力に屈することを避け、かつその後の安定した社会秩序を維持することにとって、日本がアメリカの傘の下に入る形で資本主義国家同士の軍事同盟を締結することは、避けられない政治選択であった。そのような現実的路線を採るしかないことを統治権力は見通していた。しかしこれを社会主義・共産主義の理念をいただく側から見れば、国家独占資本主義の強権的支配ということになり、許しがたいものということになる。政府自民党と社会党・共産党との議会内対立の激化は、それまで眠っていた民衆の反国家権力意識と反米ナショナリズム意識とを刺戟して、議会外に大きく広がることになった。

私は政治学者としての丸山が、安保改定の意義を分析もせずに安保闘争に加担したことを批判したが、吉本の場合、その丸山よりも認識と行動においてさらに過激な反体制的立場をとったと言ってよい。では、丸山と吉本は、五十歩百歩で批判されるべきか、あるいは吉本のほうがもっと強く批判されるべきなのかと言えば、必ずしもそうとは言えない。というのは、丸山のこの時点での反体制意識は、市民民主主義の立場から見て、国家権力の横暴は許せないというある意味で単純なものである。それゆえ、彼の場合は、職業政党としての共産党のリードに頭が上がらず、妥協次第によっては共闘も可能な圏内にあった。しかし吉本の反体制意識は、その基本的モチーフがもっと複雑である。

まず吉本は、情勢認識において、日本がすでに高度資本主義社会に達していることを見抜いていた。この認識は正確である（もっともその中に封建的な要素が複雑な形で混在していることは認めていたが）。したがって、共産党が当時総本山のコミンフォルムに吹き込まれて政治実践のための基本認識としていた「来るべき革命はブルジョア民主主義革命である」というテーゼとは根本的に異なる見解を持っていた。すなわち、もし革命があるとすれば、それは社会主義革命でしかありえないというのである。

次に彼は、これも社会党・共産党などが考えたように、ソビエト革命や中国革命に連動する形で日本を含めた諸国に革命が起こることを、インターナショナリズムの理念とは考えず、それぞれの国の大衆が国家権力と闘うこと自体をそうみなした。

この相違点は一見わかりにくいが、ふつう、知識人などが、国際社会といういわゆる「大状況」を俯瞰した上で連鎖的に資本主義が倒れて社会主義が成立する時系列的現象をインターナショナリズム（の理念の実現）とみなすのに対して、吉本は、何々主義を掲げるどんな国であれ、その国の国家権力が人民を抑圧し疎外しているのであれば、それに対して闘うことをインターナショナルな革命の理念と考えたのである。したがって、たとえばソ連のスターリニズムや、中国の毛沢東主義が人民に対する弾圧として機能していれば（実際そうだったのだが）、それを人民みずからの手によって「革命」することも当然インターナショナリズムの理念の実現ということになる。これはいわば一人ひとりの大衆の実存の場所から「革命」を展望するということである。

《一国社会主義指導部の成立を世界史の指標とするのではなく、それぞれの国家権力のもとでの個々の人民主体への権力の移行の方向をさしてインターナショナリズムというほかには、

幻想の中にしか、インターナショナリズムは設定できない。》
（『擬制の終焉』）

さらに、もうひとつ興味深いのは、戦後十五年たって、若い世代にさまざまな社会意識の持ち主が現われたが、政治に無関心で私的利害を追求する層の出現に、唯一新しい進歩的価値を認めるという発想である。

《丸山（引用者注――眞男）はこの私的利害を優先する意識を、政治無関心派として否定的評価をあたえているが、じつはまったく逆であり、これが戦後「民主」（ブルジョア民主）の基底をなしているのである。この基底によき徴候をみとめるほかに、大戦争後の日本の社会にみとめるべき進歩は存在しはしない。》
（同前）

当時の時代的雰囲気からして、ここまでの吉本の考え方は、既成左翼およびその同伴者とはまったく逆方向を向いていると言っても過言ではないくらいユニークなものである。そこで、吉本が安保闘争に参加したその意志の矛先は、単に国家権力だけではなく、むしろ闘う気のない既成左翼を倒すことにも向けられていたと考えられる。こう考えてはじめて、先に述べた「共産党の腕章を巻いた党員たちが、二つのデモが合流するのを妨げようと、ピケットラインを張っていた」光景に彼が何を感じたかを理解できることになる。

私的利害を優先する意識のみを戦後の「よき徴候」と認めるという指摘を、この時代の政治的知識人の普通の考え方の中においてみると、これがいかにすぐれたものであったかがわかる。

ちなみに、私的利害の追求に終始する大衆の生活意識を堂々と肯定するのは、吉本思想に一貫して流れている重要な要素である。たとえば、冒頭で触れた埴谷雄高との論争などにもこの要素が見事に貫かれている。ほとんどの社会変革組織や同伴知識人が、その目的を果たそうとみずから禁欲的な縛りを課す力学から自由になれないが、吉本は、それこそは解放の桎梏《しっこく》だと言っているのである。

だが、これに続く次の引用になると、吉本特有の、あまりほめられないロマン主義的な認識だという印象がぬぐえない。それゆえ、安保闘争において彼の取った行動も、丸山とは別の意味で批判されてしかるべきであろう。

《これら社会の利害よりも「私」的利害を優先する自立意識は、革命的政治理論と合致してあらわれたとき、既成の前衛神話を相対化し、組織官僚主義など見むきもしない全学連の独自な行動をうみ、まず、戦前派だったら自分でこしらえた弾圧の幻想におびえてかんがえもおよばないような機動性を発揮した。》（同前）

問題は、私的利害を優先する意識が本当に「革命的政治理論と合致」していたのかという点にある。このロジックを無理に作らなければ、吉本は、自分がブントの率いる最もラディカルな行動に参加した意味を正当化できない。反体制的政治理論から自立した意識は、大衆の身体から自由に浮遊して、時には「革命的政治理論」に憑依するのであろうか。そんなことはない。

圧倒的多数の政治的無関心派は、岸首相の「声なき声」ではないが、事実国会前デモなどに参加せずにそれぞれの生活にいそしんでいたろうし、花田清輝の観念的な革命展望を吉本がそれと同じだとからかったアンパン屋の意志、国会前へ行けば人がおおぜい集まるからアンパンを売ったらもうかるだろうと考えたアンパン屋の意志もその部類に入るわけである。

吉本はこの時点では、アンパン屋を左翼知識人の批判のためのレトリックとして用いているだけで、このアンパン屋の意志に自称「前衛」からの大衆の自立を認めたわけではない。そして、主体的な行動としては、ブントの過激な行動様式の中に、脱政治的な「私的利害を優先する自立意識」を幻想してしまったのである。その意味では、彼といえども知識人の夢見心を免れていなかったと言えよう。

孤独な戦中派の怨念と憤怒

ともあれ、安保闘争への吉本の参加の姿勢は、通常の知識人のそれとはいちじるしく違っていた。この特色はどこから来たものかということが次に問題となる。そしてそれこそが、彼を安保闘争の最も急進的な部分へ共感せしめたモチーフなのである。ではそのモチーフの根源にあったものとは何か。それは、青春時代に国家権力にとことんたぶらかされたという自責と羞恥であり、国家によって死に追いやられた友人たちの哄笑であり、そして同時に、戦前から戦中にかけて二度の転向をやってのけたかつての左翼知識人に対する徹底的な不信感と怒りであった。ここには、民主化された戦後の日本を素直に受け入れるには、あまりに孤独で強固な戦中派の怨念と執着と憤怒とが息を吹き返していた。この意味において、吉本の闘争意志は、ありきたりの民主主義的あるいは左翼的なそれと違って、その固有性において十分に掬い取るに値するものであると私は考える。

安保闘争の一年後、吉本はかつて共闘した一学生との対話の形で「頽廃への誘い」という文章を書く。「昼寝宣言」として、以後十年ばかりの間有名になった文章である。この中の次のような一節は、右に述べてきたことを雄弁に裏付けている。

《きみたちは、既成前衛が官僚主義的に堕落し右翼化している、その根源はさかのぼれば一九三〇年代以後の国際官僚スターリニズムとその従属者日共（引用者注——日本共産党）にあるという認識にたっている。だから反帝、反スターリニズムの前衛党をつくれなどという。（中略）しかしわたしのかんがえはまるでちがう。現にわたしたちの前に前科二犯の前衛と大衆がいる。第一犯目も第二犯目もともに手に血をまみれさせてきた現実的過程である。この根源と切開の方法はどこにあるかをまずたずねる。わたしはいままでおもに第二犯目のプロセスを追求してきた。これはわたし自身にとっては十代後半の体験的もんだいだ。この否定のモチーフからは反帝・反スタ・プロレタリア党をつくれなどというスローガンは唐人の寝言

以外の意味をもたない。》

ところで評論家の呉智英《くれともふさ》氏は、『バカにつける薬』（一九八八年）の中で、「吉本隆明は何故強いのか」という一節を設けて、概略次のような興味深いことを述べている。

ヨーロッパではキリスト教神学は伝統的な権威あるものとして善男善女を籠絡してきたが、聖書をその権威の中心においているので、現代の合理主義的な見地から見ればバカバカしいものである。そのバカバカしさは、信者たちが作る世界の内部では見破られないが、シロートが信者のふりをしてその内部に入り込み、その不合理性を突けば、たちまち馬脚を現わしてしまう。日本の共産党やそのシンパたちも一種の神学の内部にいるのであって、そこでは共産主義信仰がまかり通っている。共産党は、まさにその神学を支える「前衛」の位置を独占している。吉本は、その「前衛神話」に対して、左翼の意匠をまといながらひとり敢然と共産主義神学のシロートとして殴り込みをかけたので強かったのだというわけである。

この論評は、日本の左翼諸派のゴタゴタと吉本思想との関係について、自覚的な傍観者にしか見えない視点を提供していて、なかなか痛快である。それればかりではなく、この解釈に沿って吉本の「シロート」性なるものの中身を調べていけば、進歩的知識人思想としての戦後民主主義に対する戦中派の徹底的な違和感に到達することになる。ここに丸山との十年の世代差がくっきりと現われていることもまた明瞭である。丸山が日米戦争期に入るときにはすでにリベラリストとしての精神形成を確立させていたのに対して、同時代の吉本の身近には、文学にのめりこむ以外には知的思想的素材がほとんどまったく見当たらなかったのだから。

「大衆の原像を繰り込む」ことの意味

さて、安保闘争を境として、吉本はしきりと既成勢力からの「自立」を訴え、同時に知識人が「大衆の原像」を繰り込むべきことを提唱するようになる。

前者の「自立」については、彼自身、政治実践として何かをなすのではなく、理論的な作品の創出にその思いを傾けることになる。ひとつは、芸術言語としての文学について理論を打ち立てることによって、社会主義リアリズムが依拠するスターリン言語学とその反動としての芸術至上主義的な言語観との二項対立を止揚する道を目指す。その成果が大著『言語にとって美とはなにか』である。二つ目に、「物質が意識を決定する」式の俗流反映論を乗り越えるべく、人間の心的現象をそれ自体として分析対象とする試みに取り組み、その中間報告としての『心的現象論序説』を発表する。三つ目に、俗流マルクス主義国家論としての経済決定論の限界を克服すべく、まったく独特の発想によって新しい国家論を構想する。それが彼の盛名を馳せることになった『共同幻想論』である。

これらはじつをいえば、総じてあまり成功しているとは言いがたい。しかしそのことは後述するとして、この三つの理論書には明らかな共通点が認められる。それは、それぞれの論じる主要アイテム、すなわち言語、心、国家を、どれも他の現実諸条件に依存するものとして扱わず、それ自体独自な発展や構造の様式を持つものとして扱っている点である。そのことがまさに「自立」の訴えに見合うものであったわけである。

次に「大衆の原像を繰り込む」についてであるが、まず誤解してはならないのは、この提唱は、たとえば帝政ロシア時代のナロードニキのように、民衆の中に自分を同化させよう（「ヴ・ナロード！」）という呼びかけとはまったく違っている。また、一般大衆を主体とする社会運動や政治組織の構築を目指したものでもない。もともと吉本は、「その秋のために」（一九五三年）という詩篇で、生活者に向かって「ぼくは秩序の敵であるとおなじにきみたちの敵だ」と言い放っており、「僕は拒絶された思想としてその意味のために生きよう」と宣言している。少なくとも観念のレベルでは、生活大衆からも知識人からも距離をおいた自分の孤独を明確に自覚しているのである。

それでは「大衆の原像を繰り込め」という提唱は、何を意味し、だれに向かって呼びかけているのか。

まず呼びかけの対象は、これから思想をものしていこうとする知識人、ないしは知識人候補生である。次に、「大衆の原像」とは、日々の生活のやりくりや苦楽を共にする身近な人間関係以外に余計なことを考えない人々、強いて実例を出せば、近所の魚屋さんのような庶民階級の人々を指していると言ってよい。

しかし「原像」であるから、これはいわば大衆の極限概念、ひとつの理念型として差し出されている。したがって生きている人間で、実体として完全にこれに当てはまるような人は存在しない。魚屋さんもアンパン屋も目下の生活以外の余計なことを大いに考えるであろう（たとえば宗教的観念に支配されるように）。だが他方その代わりに、この「原像」概念の構成要素を少しも分有しないという人もまたありえない。専門家も言論知識人も、自分の下半身においては、不可避的に「大衆」なのである。だから、この概念は、それだけ時間と空間に堪えうるだけの普遍性を持っている。そのことをしっかりと確認しておく必要がある。

次に、それをたえず繰り込めと提唱することは、思想の営みにおいて、各時代、各場所における最も平均的な生活者の存在の仕方と意識のあり方とを念頭に置きつつ言葉を発せよと言うに等しい。大衆について論ぜよということではない。大衆にわかるようなことだけを書けと言うことでもない。どんなに難解な哲学的テーマに挑んでもかまわない。高度に知的な学説を構築してもかまわない。ただし、その場合に、その思想的産物の価値を最終的に試験紙にかけるのは、普通の生活大衆なのだということを忘れるな、とこの提言は言っているのである。

この提言が吉本の口から発せられて後、時代の変化とともに、主として吉本批判の意図を込めて、しきりに次のようなことが言われるようになった。いわく、日本の一般大衆は経済的余裕を持つようになり、学歴も高度化し、ファッションや芸術にも強い関心を示すようになり、一丁前に自分の権利意識を公表し、自分の直接的な生活以外のテーマについての考えを公共の場で語るようになった。吉本が当時イメージしていたような「魚屋さん」的な大衆はもはや存在しない。したがって思想的な営みの照準をそこに合わせるのはもはや有効ではない云々……。

こういうことをしたり顔に説く人は、「原像」が普遍的な理念型なのだということの意味を理解せず、ある時代、ある階層に属する特定の実体であると誤解しているのである。なるほど吉本は、話をわかりやすくするために、また政治思想的な文脈の中で「魚屋さん」の例を出したかもしれない。しかし時代の進展とともに平均的大衆の姿が「魚屋さん」から「おしゃれなレストランでランチを楽しみながら子どもの担任をくさすことに興じている母親たち」に変わったとしても、それが現在の「大衆」の一典型である限りにおいて、思想的に繰り込むべき対象である点では同じなのである。

ただし社会の複雑高度化とともに大衆像は多様に拡散し、何か一つ二つの実体例によって、今日的大衆を代表させることはたしかに困難になった。だがそうなったらなったで、そのような多様に拡散している姿そのものが「大衆の原像」なのである。つまり、その多様に拡散する社会状況のうちに、思想的課題が潜んでいると考えなくてはならない。なぜならどんなに画一性をなくして多様化しようと、「大衆」または「大衆性」が存在しなくなることはありえないからである。私は、吉本が「大衆の原像を繰り込むことが思想の課題である」と四十年以上前に提言したことは、いまでも有効であり、これからも永遠に有効であると考えている。

吉本はこの原理を、大衆を観念的に「革命」の後衛や「民主主義」思想の啓蒙対象とみなして足が地に着かない空語を弄ぶ知識人たちを批判する武器として用いたのであった。その限りできわめて有効な構えを創出したと言えるが、「自立」概念との絡みでは、やや曖昧性を免れていない。

というのは、この時期、彼はしばしば既成組織、党派的思想、国家などからの自分自身の「自立」課題と、大衆の「自立」課題とを混同して用いているからである。私見によれば、生活者大衆に「自立」すべき課題などはありえない。彼らはもともと日常的には知識人の思想的営みなどとは無関係に黙々と生きているし、国家権力や支配的イデオロギーにからめとられているときには、かえって抑制の利かない残酷さを示したり不合理極まる差別感情を露出したりするからである。こうした存在様態にはいいも悪いもないし、彼ら自身が「自立」すべき課題を背負っているわけでもない。にもかかわらずそういう問題設定をしてしまう吉本は、知と無知にかかわる価値の転倒を性急に目指すあまり、彼らとの課題の共有を求めざるをえない弱点を持っていたと言えよう（後述するように、この弱点は彼の親鸞論に一種の牽強付会の解釈という形で現われることになる）。こうして、かつて「ぼくは秩序の敵であるとおなじにきみたちの敵だ」と謳った吉本の孤高のスタンスは、安保闘争という実践的契機をかいくぐったとき、いささか曖昧なニュアンスを含むようになったことは否定しがたい。

もし安保闘争時に、大衆部隊が既成の「前衛」のピケによる妨害を押しのけてブント率いる急進的なデモ隊に合流したとしても、丸山の章で書いたように、それは一時のことであり、「祭りの後」は必ずやって来るのである。また、それ以後の日本の大衆が、失うべきものを持ったことによって社会主義革命の可能性や社会主義国家のユートピア性などを信じなくなったとしても、それはただの自然過程であり、その事態をもって、大衆が自分の生活思想を意識化して「自立」した証しだなどということも言えない。状況が変われば、マスとしての大衆は、いくらでも逆方向を向くのである。

私は二〇一一年二月二十七日に放送されたＮＨＫスペシャルで、満州事変以降の戦況に対するメディアの激しい煽りの姿勢や、国際連盟脱退を歓喜して迎える国民の姿、また米英に対する緒戦の勝利を聞いてちょうちん行列に酔い痴れる大衆のヒステリックな戦争肯定の気分を目の当たりにしたが、それは軍部のコントロールさえ凌駕するほどのものであった。それが敗北が決定したとたんに敵国の将の来日を歓迎したのである。大衆とはそういうもので、そういうところにこそ「原像」を見るのでなくてはならない。

また、「大衆の自立」という理念への固執から、吉本は、やがてこの「大衆の原像を繰り込む」という構えを次第に崩し、みずからの中での「大衆像」を偶像視するようになる。「日本の大衆をけっして敵にしない」という決意表明を行なったり（この決意はおかしい。他国の大衆に対する日本兵の残虐性を恥じていた彼が、もし再びそのような暴走の光景に接したらどうするのか）、個々の大衆の実存としての重みに、そこから疎外された知識人としてのみずからの言説が拮抗しえない感覚を、まるで神に呼びかけるように「あなた」への憧れとして表現している。これは読むほうが少々気恥ずかしくなるほどのナイーブな偶像崇拝である。

現代情況に対する過剰なサービス精神

こうしたプロセスがなぜ起ったかこそは、吉本思想の性格の変わらぬあり方に深くかかわっているのだが、もう少し、彼のその後を情況の変化に即して追いかけることにしよう。

一九七五年あたりを境に、それまでの高度経済成長を基盤として、日本は生産分野、消費分野、個人生活、教育水準、文化領域など、あらゆる面で急激に豊かとなり、次第にバブルと呼ばれる状態に昇りつめていくようになった。一方、八〇年代には、ソ連をはじめとする社会主義国家が経済的ゆきづまりを見せるようになり、ついに一九八九年、ベルリンの壁が崩壊し、その後わずか二年でソビエト連邦が解体する。中国は政治的には天安門事件（一九八九年）のような過酷な武力鎮圧を断行する傍ら、市場主義を取り入れて改革開放経済を実行に移した。こうして内外ともに社会主義幻想は実質上崩れ、四十年以上続いた冷戦構造は終焉した。

こうなると、国内で「革命」神話を信じる人はいなくなり、したがって共産党の「前衛」神話も意味を失い、共産党に頭が上がらなかった同伴知識人、進歩的リベラリストたちも、その存在理由をなくしてしまった（ただし丸山眞男をこのカテゴリーに放り込むのは間違いであり、彼は一九五六年という早い時期に「戦争責任論の盲点」を書いて、軍国主義への傾斜を食い止めえなかった日本共産党を「責任あり」として一応批判している）。

ところで、吉本隆明にとって、これは何を意味するだろうか。相手にとって不足のない「敵」を求めて、常にひとりで闘ってきた彼もまた、その激しい情熱を冷まされてしまったことを意味する。

「敵」が大衆を抑圧する国家イデオロギーでもあり、そこから大衆を救うと称する既成左翼や進歩的知識人のイデオロギーでもある、という両面性こそは、吉本の思想家としての特徴であり意義でもあった。またそうであるがゆえに、大衆が豊かになり、冷戦構造が外側から規定していた保守－革新の構図が意味をなくすや否や、彼の「敵」の像は拡散せざるをえなくなり、それに伴って、彼の思想言論も、かつての迫力を失うことになったのである。こうして、一九六〇年代の彼の闘いの意味はすっかり希薄化してしまった。

吉本隆明という思想家は、過敏と形容しても言いすぎではないほどそのつどの新しい情況に敏感で、しかもその情況の中に論ずべきテーマを見出すと、対象を突き放す距離感覚を持たずに集中してしまうところがある。そこで日本が豊かになり、民衆を禁欲的な全体主義の誘惑に引きずり込むような政治的な「敵」が消滅すると、彼は今度は文化の変容に過大な意味を求めはじめる。

これはもともと詩人でもあり文芸批評家でもあった吉本にとってみれば、自然の成り行きだったかもしれない。時あたかも八〇年代の日本の文化世界では、これまでの古典的教養主義の権威が危機に陥り、代わって漫画、アニメ、映画、広告コピー、SF、ファッション、ニューミュージックなどの表現形態が隆盛を極めることになる。これらは、それまでの知的教養をメインカルチャーと考えて、それに準ずるものとしてサブカルチャーと呼ばれた。しかし現在では、「主－準」のように格付けすることにもあまりリアリティが感じられないので、ポップカルチャーと呼ぶのがふさわしいであろう。そしてこれらの新文化の受け手の大きな部分を担った「オタク」と呼ばれる若者群像も現われる。

吉本は、こうした変化を、資本主義の超高度化による世界史の根本的な変容、歴史上未曽有の新しい段階とみなし、よく言えば涙ぐましいほど、悪く言えばアホらしいほど、愚直に真剣に受け止め、坂本龍一の音楽や川久保玲のファッションなどに接近し、ヘッドホンを装着しながら苦手なはずの音楽鑑賞などに手を伸ばし、一時は作曲までも手がける。

彼がそれまで敬意を払っていた埴谷雄高との論争なども、こうした経緯の中から生まれてきたものである。ちなみにこの論争は、オールドマルクシストの思考習慣から抜け切れない老埴谷雄高を見事に打ち破った吉本の圧勝である。戦後いち早くスターリニズム批判を行なったはずの埴谷は、吉本が自宅のシャンデリアの下でコム・デ・ギャルソンを着込みモデルとして撮影された写真を槍玉に挙げ、けち臭い価格換算まで行なって資本主義の「走狗」を演じていると非難した。これによって彼はその感性的な質において、意外に下品で古臭い禁欲主義者であったことが暴露されたのである。

旧世代の知識人との論争には圧勝しても、新しい若者文化のセンスをみずから取り込もうなどと考える、現代情況に対する過剰なサービス精神は、吉本自身をいたずらに疲れさせたにちがいない。

たとえば、膨大なエネルギーを注いだこの頃の代表作『ハイ・イメージ論』は、どう見てもすぐれた作品とは言いがたい。彼自身は「これは『共同幻想論』の現代版である」などと言っていたが、このセリフにも私はたいへん違和感を覚えた。というのは、「共同幻想」という彼の造語は、たしかに私たちがある時代・ある社会の中で集団意識として共通に抱いてしまう抗いがたい観念様式を意味するので、現代版があって少しもおかしくないのだが、一九六八年に書かれた『共同幻想論』という書物は、明白に「天皇制日本国家」という千数百年にわたる共同幻想と、これに「逆立」する性的観念の現象形態である「対幻想」との関係を、その由来にさかのぼって論じたきわめて原理的な本である。その中身はともかく、主たるモチーフは、「国家」幻想（観念）を相対化するところにあり、論じる姿勢はまことに戦闘的であった。国家権力や既成の反体制組織を一貫して「敵」とみなしてきた吉本にとっては、敗戦から安保闘争までの彼の思考過程に連続する必然性があったのである。

だが彼はこの国家（最高・最大の共同幻想）相対化の試みを近代にまで馳せ下って論じるのではなく、その後の仕事ではむしろ国家成立以前の集落のあり方や、縄文人と弥生人の白血病ウィルスに対する免疫力の違いなどにまで言及するようになった。これでは国家論としての試みを放棄してしまったと受け取られても仕方がない。私は思想家としての吉本にそんな考古学的、遺伝生物学的試みなどまるで期待してはいなかったので（かつての吉本ファンならだれでもそうだったと思う）、当初の国家論のモチーフの消滅をそこに見出して、大きな失望を味わったものであった。

他方『ハイ・イメージ論』では、彼が過大に感じ取った「世界史の新しい局面」なるものを、文化現象のさまざまな相貌に託して多様多彩に、しかも無秩序に論じており、長きにわたる雑誌連載による弊害もあってか、各章のテーマ同士の間に「承前」の脈絡がほとんどないので、話を最終的にどこへ持っていこうとしているのか、読者には見当がつかない。

また、これは事後的な批判になるが、バブル期当時の日本の繁栄に彼は過剰な意味づけを施し、生活者の選択消費が五割を超えたという局部的な経済事象をほとんどただひとつの根拠にして、「世界史の新しい局面」を強調してみせた。「消費資本主義論」と呼ばれているこの議論は、経済問題に言及しているのに国際経済全体への視野を何ら持たないただの感覚勝負である。そもそも産業資本主義とか金融資本主義という言葉なら意味があるが、生産との関係概念でしかない「消費」という言葉を「資本主義」という概念に結びつけること自体、経済学的無知を表わしている。

源実朝の悲劇性の鮮やかな分析

以上の荒っぽい追尋で明らかなとおり、吉本隆明という思想家は、常に現実情況のあり方に過敏なほどに反応して、短期間の、しかも日本という限られた社会がそのつど示す時代性の中にみずからの思想課題を見出そうというタイプの思想家なのである。下品な比喩になるが、「情況と寝ずにはおれない」思想家なのだ。このこと自体は重要であるし、よく言われるようにいかなる偉大な思想家も「時代の子」であることを免れない。

しかし吉本の場合、そのアンテナの張り具合に抑制の利かないところがあって、この特性は、緊迫した時代にはきわめてアクチュアルな鋭い社会批判力を示すのだが、逆に冷戦構造崩壊後から今世紀初頭までの日本のような弛緩した時代には、情況の弛緩そのものを映し出してしまう危険から脱却できにくい結果となって現われる。そのため、豊かな日本が実現した一九七〇年代以降の仕事のほうが、それ以前の仕事よりも忘れられやすいという不幸な運命を背負っている。

ところで、その緊迫した時代から弛緩した時代への変わり目、つまり一九七〇年代の吉本の仕事を一瞥すると、高く評価できるものと、あまり評価できないものとの混在が目立つ。『源実朝』(一九七一年)、『論註と喩』の中の「喩としてのマルコ伝」(一九七八年)などは前者であり、『心的現象論序説』(一九七一年)、『最後の親鸞』(一九七六年)および『論註と喩』の中の「親鸞論註」(一九七八年)などは後者である。紙数の都合上、すべてについて論ずることはできず、ことに『心的現象論序説』はその後も続稿が延々と書き継がれ、最近ようやく合本が出たばかりなので、全貌を見渡す前にこの場所で批評することは差し控えたい。そこで、前者の例として『源実朝』、後者の例として『最後の親鸞』および「親鸞論註」だけを簡単に取り上げておきたい。

『源実朝』は、「日本詩人選」全二十巻として筑摩書房から刊行されたうちの一巻で、全体は記紀歌謡から良寛に至るまでの古典詩人を、当代一流の詩人、作家、文芸批評家が一巻ずつ論ずるという豪華なシリーズである。ところで、柿本人麻呂、紀貫之、西行、藤原定家、松尾芭蕉、与謝蕪村などが居並ぶ中で、実朝を吉本に振り当てたという人選は、どういう編集事情があったのかわからないが、まことに見事な的中と言うほかはない。

というのは、吉本隆明は、普通の詩人や文芸批評家と違って、文学の美的価値を云々するという領域内にとても収まらない、政治や社会や心理や人間の生き方全般にかかわる浩瀚《こうかん》な視野を持った、一種の全人格的知力の持ち主であり（それは、無手勝流の強さと言い換えてもおなじである）、一方、実朝の歌は、並み居る古典詩人の中でも、とりわけその生きた過酷な時代背景による運命的なあり方と切っても切り離せない関係にあるからである。おまけに吉本思想のモチーフの根底には、国家権力による無残な死者たちと生き残った自分や他者たちとの関係をどう捉えたらよいのかという戦中派に特有の執拗なこだわりがある。適材適所とは、これを言う。

この書で吉本は、全体の半分以上を費やして、この中世の歌人がおかれた悲運の位置を歴史学的手法で分析している。一言で言えば、その位置とは、貴族に代わって勃興した関東武門勢力の、実力をのみ最高価値とする過酷な争いの中心におかれ、しかも「貴種」であることによって祭祀を司る以外には実権を与えられない象徴的な存在ということである。その意味では、実朝は武門の中では、天皇制における歴代の天皇によく似た地位にあったと言うべきである。

しかしそれが悲運であるというのは、貴族社会のように天皇の生命や身体に触れることが禁忌とされるのではなく、荒々しい関東武士の倫理においては、実権を握ることにとって邪魔であるとみなされれば、容赦なく陰謀や排除の対象となりうるという意味である。そして明敏で繊細な実朝は、兄・頼家が見舞われたむごたらしい運命を早くから察知しており、自分も将軍の位置にただとどまる限りでは、おなじ結末をたどることをほとんど確信していたらしく思われる。それは、宋からやってきたいかがわしい僧侶の説得によって渡宋計画を立てて挫折し、また晩年に近づいてからしきりに貴族の位を求めるようになった（これらはいずれも北条氏から反対されている）などの軌跡から推測される。吉本はこの詩人の悲劇性をそう分析する。

こうした実朝の運命の自覚が、どのように短歌表現の中に現われているか。それをきちんと言い当てるためには、短歌という表現形式、ことに東歌のそれがどんな発生的本性を持ち、それが新古今の時代に至るまでどのような紆余曲折をたどってきたかを解き明かすのでなくてはならない。こう吉本は考えて、古俗的な東歌の本性を、上の句の無意味性（単なる叙景）とそれに応ずる下の句の意味性（叙心）との掛け合い的な趣に求め、さらにそこからの変遷過程をたどる。

《東歌の稚拙な表現をもとにしてかんがえれば、対になったひとびとによる掛けあいの和唱の場（たとえば歌垣とか集団の仕事の場）を実際に想定してもよいほどである。そういう場で、ひとりが「筑波根のをてもこのもに守部するゑ」と事実をうたうと、もうひとりのたれかがこれをうけて即興的に「母い守れども魂ぞあひにける」と掛けあい、どっと囃し声があがるといった場面である。（中略）ところが上句が下句の〈暗喩〉として必然化された表現の段階では、おそらくそういうことはあまり可能性がなくなって、やはりある意味での専門化と、個人の創作という意味が前面にくることを余儀なくされたはずである。》

この分析は、きわめて的確なものに思われる。そして万葉が実朝に与えた影響について次のように（子規以来の）通俗的な見解を覆している。小林秀雄の『実朝』の影響を感じるが、いずれにしてもこれもなかなか見事な分析である。

《べつに実朝の歌は、力強いから『万葉調』なのでもなく、『万葉』を模倣したから『万葉』詩人なのでもない。実朝のある種の秀歌が、〈和歌〉形式の古形を保存しているから『万葉』の影響があるというべきなのだ。》

さてこの後、吉本は古今集、新古今集が実朝に与えた影響について仔細に論じているが、この部分はかなりややこしく、筆者の批評の力量を超えるので、それについては割愛する。ここでは、万葉の古歌における恋心の素朴な表現との対比において、吉本が実朝の叙景歌に何を読み込んだかだけを記し、その批評眼の鋭さを指摘すると同時に、実朝自身の悲運の自覚の深さゆえにこそこの歌あらめ、という所以を追認しておきたいと思う。

くれなゐの千入《ちしほ》のまふり山の端に日の入るときの空にぞありける　（実朝）

この歌は「万葉集」巻十一・二六二四の、次の歌の本歌取りと考えられる。

くれなゐの濃染《こぞめ》のころも色深く染みにしかばか忘れかねつる

しかし吉本は、「実朝の秀歌は、まったく実朝のものになりきって、本歌を問題にするのも愚かなほどである」と述べた後、次のように一気に実朝の歌の本質に迫っている。

《……「日の入るときの空にぞありける」という表現は、ただ〈そういう空だな〉といっているだけで、しかも無限に浸みこんでゆく〈心〉を写しとっている。この〈心〉は、けっして〈忘れかねつる〉という『万葉』の恋歌の恋しさの単純さとは似ていない。〈事実〉を叙景しているだけの実朝の歌のほうが、複雑なこころの動きを〈事実〉として採りだしている孤独な心が、浸みとおっているようにみえる。これが実朝のおかれた環境であったといえばいえるのである。》

この一節は、この書前半の歴史的分析と相まって、最終章の「〈事実〉の思想」の次のようなくだりとぴたりと呼応しており、そのことによって、実朝自身のとびきり宿命的な生のあり方を、文学と歴史的実像との両方から鮮やかに浮かび上がらせているのである。

《（引用者注――実朝の晩年の歌を数種挙げたあと）〈事実を叙するの歌〉とでもいうよりほかないものである。〈事実〉というのは、現実にある事柄とか、現実に行われている事とかいう意味ではない。〈物〉に心を寄せることもしないし、〈物〉から心をひきはなすこともしないで、〈物〉と〈心〉とがちょうどそのまま出遇っているような位相を意味している。》

ちなみに実朝については、小林秀雄を論じる際に再び取り上げたいと思うが、小林の論が実朝の境遇に対する深い哀しみの共感によって彩られているのに対し、吉本の実朝論は、それともやや違って、ある種の非情な突き放しを媒介としながら、かえってそのような批評方法によって、もはや事実を事実どおりに歌うほかないところにまで追い詰められた実朝の心の特異な様相を鮮やかに炙り出していると言えよう。そこにはまた、文学を論ずることに徹する小林と、文学と社会との両方を重ね合わせるように論じずにはいられない吉本との二つの個性の違いが際立っているとも考えられて、たいへん興味深い。

「造悪論」が親鸞に内在したという意図的曲解

次に親鸞についての二作品であるが、まず執筆年代としては後のものに属する「親鸞論註」

における納得のできない点について述べる。この点は、後に起きるオウム真理教の地下鉄サリン事件（一九九五年）の折に吉本がものした言動と深くかかわっているので、この機会にぜひ書き留めておきたい。

第一に指摘すべきは、吉本は親鸞の文献を直接引用せずにすべて「私訳」で通しているが、その訳文にあまりに誤訳が多く、また解釈についても曲解が多いということである。この問題は、一見技術的巧拙や粗雑さの問題に還元できるように思えるが、じつはそうではなく、親鸞を読み込む吉本の思想的問題としてけっして看過できない重要な意味を持っているのである。

とりあえず、誤訳の一例として、読み過ごしても大過ないと思える部分を引用してみる。

《おおよそのところ『唯信鈔』、『自力他力の文』、『後世ものがたりのきゝがき』、『一念他念の証文』、『唯信鈔の文意』、これらを御覧になりながら慈信（引用者注――親鸞の息子・善鸞のこと）の法文に従って、多くの念仏者たちが弥陀の本願を捨ててしまっていることが、云うまでもなくはっきりしますから、これらの御文章のことを、今後は口にする資格はないものです。》

これは『血脈文集』二に収められている手紙の一部である。親鸞が京都に戻ってから後、坂東にあった息子の善鸞（慈信）は、当地における真宗の異解が乱れ飛んでいるのに乗じ、自分だけが父から伝授された法の道があると嘯いて権力を把握しようとした。親鸞はこの動きに対して、弟子の性信房に、善鸞の義絶宣告を含めてこの手紙をしたためたのである。

「これらを御覧になりながら慈信の法文に従って」云々とあるところをそのまま読み過ごすと、「なりながら」と「慈信」との間に読点がないため、順接として読めてしまい、意味が通らない。この「なりながら」は、筑摩書房版『親鸞集』に記載された原文では「これらを御覧じながら、慈信が法文によりて」となっており、意味上からはこの「ながら」は逆接なのである。つまり信者たちはこれらの文献を「ご覧になったはずなのに、慈信のいんちきな法文に従ってしまうようでは」というのが正解である。というのは、『末燈鈔《まつとうしよう》』第十九書簡では、「さきにくだしまいらせさふらひし『唯信鈔』・『自力他力』などのふみにて御覧さふらふべし。それこそ、この世にとりてはよきひとびとにておはしします。」とあるからである。

次に、一見微妙にみえながら、解釈次第で親鸞が本当に言いたかったこととはまるで違ってきてしまう例を二つ挙げよう。まず、『末燈鈔』第二十書簡に次のようなくだりがある。

《悪をこのむひとにもちかづきなんどすることは、浄土にまいりてのち衆生利益にかへりてこそ、さやうの罪人にもしたしみ、ちかづくことは候へ。それもわがはからひにはあらず、弥陀のちかひによりて御たすけにてこそ、おもふさまのふるまひもさふらはんずれ。当時はこの身どものやうにては、いかが候べかるらんとおぼえ候。よくよく案ぜさせたまふべく候。》

これを吉本は次のように解釈する。

《すすんで悪を造り、悪を好み、放逸無慚の振る舞いをするのは、それだけではべつにほんとうの造悪とはいえない。ただ人間の眼の高さで悪の振る舞いをしているというだけだ。ほんとうに悪を造り悪を好み、放逸無慚の振る舞いを完成させるには、いわば資格がいる。そのことに対して還相的になることだ。親鸞はそれを「浄土に参ってのちに衆生利益の境地に還ってこそ」はじめて悪を造り、悪を好み、放逸無慚の振る舞いが可能なのだと説いた。》

原文と読み比べてみればわかるように、吉本はここで二重の誤りを犯している。ひとつは、親鸞が「悪をこのむ人に親しみ近づくためには」と言っているのを「ほんとうに……悪の振る舞いを完成させるには」と解釈しているが、ここでの「したしみ、ちかづく」とは、弥陀や弥陀に導かれた人々が浄土へ行ってのち、再び現世に還ってきて文字通り悪を好む人を救おうとして「親しみ、近づく」という意味であって、「悪の振る舞いを完成させる」などという意味ではない。だからこそ、煩悩具足の自分たちには叶わないことなのである。

また、吉本は、この弥陀の力の超越性を強調しているくだりを、衆生である「自分」が主体的に「悪を造り悪を好む」ための条件・資格について説いていると解釈しているが、これこそは絶対他力を説いた親鸞の考えにまったく反するものである。

次に『消息集』五のくだりに、次のような一節がある。

《おもふまじきことをこのみ、身にもすまじきことをし、口にもいふまじきことをまふすべきやうにまふされさふらふこそ、信願坊がまふしやうとはこゝろへずさふらふ。往生にさはりなければとて、ひがごとをこのむべしとはまふしたることとさふらはず。かへすがへすこゝろへずおぼへさふらふ。》

親鸞の言いたいことは明瞭である。自分の悪人正機説（『歎異抄』の有名な一節「善人なをもて往生をとぐ、いはんや悪人をや。」に表わされたような思想）が、そちらの地方では「悪をすすんでなせばなすほど往生できる」（造悪論）と曲解されているようだが、弟子の信願がそんなことを言うはずがないし、私自身「往生できるかできないかに差し支えがないからといって、あえてよからぬことを好むがよい」などと言った憶えは金輪際ない、と言うのである。

悪人正機説の真意は次のようなところにある。衆生は自分をも含めてすべて凡夫であるから、条件（契機、業縁）さえ整えばおぼえず悪をなしてしまうものであり、それが苦しみ悩みの種となる。そういう苦しみ悩みの種を持ってしまったのちに、はじめて救われる道はないものかという渇仰をいだくようになる。しかし自力に頼ってもそれは叶わないので、阿弥陀様は、幸せにこの世を送っている人よりは、そういう人にこそ手厚く眼をかけてくれるのだというのである。造悪論の自力とはまったく異なる。親鸞は他の書簡でもしつこいくらいにそう説いている。

ところがこの部分を吉本はこう解釈する。

《なぜなら人間はもともと悪なのだから「思うまじきことを好み、身にもすまじきことをし、口にもいうまじきことを申してもよろしい」（『消息集』五）のだという許容の仕方（赦し）としてあらわれるからだ。教義的には悪が「往生にさわりがない」ことは確実であった。》親鸞がみずからはっきり否定していることを、吉本は肯定しているとまったくさかさまに読み違えているのである。

こうした読み違えをいくつもしてしまうのは、吉本がいかにしても親鸞の真意を捻じ曲げて、彼が念仏をしようがしまいがどっちでもいいのだという「放念」の境地にあったという解釈に近づけたいからである。

誤読はまだあるのだが、吉本が「親鸞論註」で親鸞を論ずる思想的モチーフがどこにあり、それがどんな問題点を含むのかについてまとめよう。まず問題は、なぜ吉本が親鸞の宗教思想に対してこうした誤訳、誤読、自己流解釈をかくも多くなすのかという点にある。

答えは簡単である。これらの誤訳、誤読、自己流解釈は、すべて親鸞の思想そのものに「造悪論」を許容するような内在的な要素があったということをあくまでも主張したいという動機から来ている。吉本は、親鸞を宗教の内側からの解体者と見ている。そうした面が親鸞にまったくないかと言えば、それは彼の生きた時代の進展度という点から見てたしかに微妙なところである。別の例で類推するなら、イエスが結果的に古代ユダヤ教の解体者であったという意味合いに近い範囲でのみ成り立つことであるとは言えるだろう。イエスは個人の「内面」の重要性を強調することと、下賤な身分の者こそ神に受け入れられると説くことによって、外的行為や習慣の形で戒律を遵守する伝統的・共同体的な宗教の桎梏（地域性）を打ち破ったのだが、それはまた同時に、新しい世界宗教の出現でもあった。つまり解体ではなく、革命である。

親鸞に関しても似たようなことが言える。悪人正機説「善人なをもて往生をとぐ。いわんや悪人をや」は、逆説が逆説でありうる限りで成り立つのであって、それは「わが心のよくて殺さぬにはあらず」（善人でいられるのは自分の意志によるのではなく、悪に陥る契機をたまたま持たないからにすぎない）という認識とセットになってはじめて強力な宗教的力を発揮するのだ。つまり、親鸞にとって最も重要な救済の対象は、凡夫であるゆえに何らかの業縁によって不可避的に悪を犯してしまうような存在であり、そのような存在こそ、煩悩に苦しめられた存在として弥陀の本願に適うのである。自力の計らいによって「悪」をなすような人は、煩悩に苦しめられない限りで、はじめから救済の対象から排除されている。

この悪人正機説の見事な、しかし誤解を受けやすい逆説性を、そこだけのロジックどおりに解釈して、それならすすんで悪をなすほど浄土にいけるわけだという屁理屈に仕上げたのが「造悪論」である。したがって「造悪論」は、親鸞の説くところを意図的に曲解したものであり、むしろそこには親鸞の思想の最も大事な部分を貶めようとする歪んだ動機がはたらいていみ悩みの自意識が存在しないところに、宗教はけっして手を差し伸べたりはしないのである。親鸞はそのことこそを強調したかったのだ。

このように、吉本の誤訳、誤読、自己流解釈は、すべて造悪論が親鸞の思想の中に内在していることを強引に証明しようとしたところから出てきたものである。なぜそうしなければならなかったかと言えば、親鸞を宗教の内側からの宗教解体者として仕立て上げることによって、宗教がはらみがちな秘教性、権威性、密教性、瞞着性からの解放の戦士と見立てたかったからにほかならない。そして、願わくは「共同幻想」という意味で宗教と共通する「国家」からの解放思想をも、その上に重ね合わせたかったにちがいない。ちなみに親鸞自身には、自分が師から受け継いだ教えを少しでも変革しようという気もなかったし、まして「解体者」としての自覚などはつゆほどもない。

この吉本の「国家（という共同幻想）からの個の解放」の思想は、戦中に痛めつけられた彼の文学的感性にとって、またそれに共通する多くの人々の被抑圧からの解放にとっては大いに意味のあるものであったかもしれないが、二十年弱の年月を経て、みずから手痛いしっぺ返しを食うことになる。オウム真理教事件において、麻原彰晃を「世界有数の宗教家」と持ち上げることによって、彼の憧憬《しょうけい》の対象であるはずの「生活大衆」から猛反撃と無視との両方を食らうのである。それでも彼は自説をけっして曲げようとせず、麻原がヨガの秘教性を暴いて単なる技術として公開してみせたことは大した功績だと言い募りつづけた。それだけではなく、麻原の「ポア」の思想なるもの（衆生は外道に走っているから殺してあげたほうが彼らのためなのだという考え方）との関連で、親鸞の思想には、この麻原式成仏思想にまで通じかねない「造悪論」があったのだとどこまでも強弁してみせたのである。なんという意地っ張りであろうか。別のところでは、戦後思想から唯一よい点を取り出すとすれば、個人の生命を最大限に尊重するようになったことだと述べているのにである。その矛盾たるや無残というほかはない。

「往相・還相」解釈に見る我田引水

次に、『最後の親鸞』から、親鸞の主著とされる『教行信証』のうち「化身土巻」八四からの引用（吉本私訳）で、奇妙な解釈の例を挙げておく。奇妙に見えるがじつはこれが吉本の我田引水を如実に表わしている点で最も重要なのである。

《このゆえをもって、愚禿釈の親鸞は、論主天親の解釈をあがめ、宗師善導の導きによって、ずっと以前に、さまざまの修業をおこない、さまざまの善をなすというまだ自力をまじえた仮の門を出て、ながいあいだにわたり双樹林下に荘厳に往生するという考え方を離れて、すべての善の根源、徳の根本である真の門に転入して、ひたすら〈知〉をたよらない他力の往生の心を発起した。しかるにいま、とくに、方便や計いの名残りをのこした真の門を出て、弥陀の選択された本願に絶対に帰依する広い海に転入し、すみやかに、〈知〉にたよらないだけの往生の心を離れて、〈知〉を絶した絶対他力の往生への道を歩みきろうとしている。弥陀の「果遂之誓」は、ほんとうに根拠があるというべきである。》

有名な三願転入のくだりだが、この吉本訳では、本文には見られない言葉がやたらと出てくる。「自力をまじえた」「〈知〉をたよらない」「計いの名残りをのこした」「絶対に帰依する」「〈知〉にたよらないだけの」「〈知〉を絶した絶対他力」がそれである。

山カッコつきの「知」という言葉が何と三回も出てくる。一見して明らかなように、吉本は、親鸞の宗教思想の中に、自己流の「知」職人批判の思想を無理に注入しようとしているのだ。

『最後の親鸞』の冒頭から少しすすんだところに、次のような有名な一節が出てくる。

《〈知識〉にとって最後の課題は、頂きを極め、その頂きに人々を誘って蒙をひらくことではない。頂きを極め、その頂きから世界を見おろすことでもない。頂きを極め、そのまま寂かに〈非知〉に向かって着地することができればというのが、おおよそ、どんな種類の〈知〉にとっても最後の課題である。》

さて吉本は、こうした自分の問題意識から、この〈知〉の頂きに登りつめることを、親鸞が『教行信証』の行巻で述べている「往相《おうそう》」という用語に託し、頂きから「寂かに〈非知〉に向かって着地する」過程を、やはり親鸞が述べている「還相《げんそう》」という用語に託す。これが仏教で使われる往相・還相という用語とまったく質の違った恣意的な読み替えであることについては、すでに宗教学者・田川建三氏の的確な批判がある。

《親鸞の前提している思想においては、「往相」とは、みずから功徳をつくりあげて極楽浄土に往生することである。「還相」とは、そこからもどって来て、すべての衆生を教化して、成仏できるようにさせてやることである。(中略)この場合、「成仏、往生する」とは、「知」の頂きにのぼりつめるということとはおよそ違う水準の問題である。(中略)吉本にとっては往相還相ともに、我々人間がたどるべき道筋と考えられている。しかし親鸞にとっては往相も還相も我々娑婆で生きている人間にできることではない。(中略)人間と超越的な救済者のあいだの主客を徹底して転倒しているから、この場合もまた、「往相」も「還相」も阿弥陀如来の行為としてしか考えないのだ。(中略)それを吉本隆明は、「知」をきわめていく特別に優秀な人間の行為、もしくは、その人間がそれでは駄目だと知って、「大衆」の中にもどって来る行為のことだ、と言いかえた。それでは話の水準も内容も全然違う。しかも全然違うところに、内容ぬきの図式だけは親鸞から借りてきてあてはめたのである。これは親鸞理解としては的外れであるだけでなく(それだけならどうということはないが)、現代人として我々が取り組むべき「知」の問題にそれそのものとして取り組むことなく、誤解された「親鸞」を横すべりさせるだけで話を終らせてしまう、目つぶしの危険な効果がある。「知」の頂きを極めるだの、そこからそのまま「非知」に着地するだのと言っていたのでは、我々現代人が直面している巨大な「知」の問題の横で空疎な図式を無為にあやつるだけで終るだろう。》

（『思想の危険について』インパクト出版会）

田川氏が指摘していることは、きわめて重要である。要するに、吉本が親鸞に託してやっていることは、知識人が知的上昇過程をたどることによって、大衆よりも存在として高い地点に立ったかのような錯覚に陥ることを徹底的にチェックすることである。そのチェックの対象には、当然自分自身も含まれる。だから自分が大衆から孤立した孤独な知識人になってしまったことに対する過剰な自己批判の試みと言ってもよい。その過剰さが思い余って、「寂かに〈非知〉に向かって着地する」などという奇妙な理念を言わせているのである。大衆偶像視の一ヴァリエーションと言ってもよい。

しかし、「寂かに〈非知〉に向かって着地する」とは、いったい何を意味しているのか。「おおよそ、どんな種類の〈知〉にとっても最後の課題」などと決めつけているが、そんな馬鹿なことがあるはずがない。人類の叡智は哲学的なものにせよ、政治や社会に関するものにせよ、自然科学的なものにせよ、歴史的な蓄積によって、どんどんと広がりと深さを増し、無限に発展していく宿命を担っている。それがいいことか悪いことかの判断はさまざまありうるだろうし、多くの「ひがごと」が混入することも避けられないが、人間の「知」というものは、ことがらの本性上、そうならざるをえないものである。吉本の言う「還相」の過程など、夢見ること自体、無駄なことなのだ。田川氏の言う「我々現代人が直面している巨大な『知』の問題」とは、おそらく、この「知」の無限発展の自然過程が、人間自身を必ずしも幸福にしないどころか、時には大きな不幸を作り出してしまうということであろう。

とすれば、「寂かに〈非知〉に向かって着地する」という吉本の夢は、ひとりの知的人間の生き方の理想を、彼らしい仕方で語っているにすぎないということになる。壮年期に知的仕事を旺盛にこなし、中高年期でその蓄積をさらに成熟させ、老年期に至って次第に自分の仕事の価値などにこだわらなくなり、最終的には呆けたり枯れたりして、ひっそりと知識人としての生涯を終える。そういうことを言っているにすぎない。事実、『最後の親鸞』では、最後に『末燈鈔』八の末尾を私訳しながら、次のように述べている。

《「思・不思」というのは、思議の法は聖道自力の門における八万四千の諸善であり、不思というのは浄土の教えが不可思議の教法であることをいっている。こういうように記した。よく知っている人にたずねてください。また詳しくはこの文では述べることもできません。わたしは眼も見えなくなりました。何ごともみな忘れてしまいましたうえに、人にはっきりと義解を施すべき柄でもありません。詳しいことは、よく浄土門の学者にたずねられたらよ

いでしょう。(『末燈鈔』八)〔私訳〕

眼もみえなくなった、何ごともみな忘れてしまった、と親鸞がいうとき、老もうして痴愚になってしまったじぶんの老いぼれた姿を、そのまま知らせたかったにちがいない。だが、読むものは、本願他力の思想を果てまで歩いていった思想の恐ろしさと逆説を、こういう言葉にみてしまうのをどうすることもできない。》

残念ながら、「どうすることもできない」のは、吉本のような的外れの思い入れを親鸞に対してなした者にとってのみである。『末燈鈔』のこの引用部分の直前には、浄土の教えに関する重要な名目が条文のようにずらりと羅列されている。この部分からは、京都に隠棲している晩年の親鸞の、力強く簡潔な教法解釈の雰囲気がひしひしと伝わってくる。それを無視して、最後の述懐に現われた、波瀾の生涯の終わりにおける疲労感と謙遜の情の表現だけを捉えて深読みをするのは、これまた見当違いというべきである。絶対他力はたしかに親鸞の宗教思想の要だが、親鸞自身は日ごろめったに自分のことは語らなかったと言われている。自分のことなど語らなくても絶対他力の信仰を説くことは十分可能であるし、事実親鸞はそういう必死の努力を積み重ねてきた。自分の老耄《ろうもう》の心境をぼそぼそとつぶやくように語った言葉に大げさに感じ入って、「思想の恐ろしさと逆説」などを読み取る必要はないのである。

共同幻想、対幻想、自己幻想

さて本章では、吉本隆明の主著とされる『共同幻想論』(一九六八年・河出書房)、『言語にとって美とはなにか』(一九六五年・勁草書房。以下、『言語美』と略記)についても語るべきだが、この二著については拙著『吉本隆明』で詳しく追究したので、関心のある方は、そちらを参照していただきたい。ここでは、『共同幻想論』についてはその理論の根幹をなしている原理について私が感じたすぐれた点と問題点のみをごく簡単に再説し、『言語美』については言語本質論の部分につき、次章の時枝誠記論に連続する限りで再説したいと思う。

『共同幻想論』の方法論は、人間の幻想(観念)領域の問題を、共同幻想、対幻想、自己幻想の三つの軸にもとづいて考察するというものである。共同幻想とは、複数の人間が何らかの観念によって寄り集まり、一定の言語活動や行動を行なうとき、その統一性を形作っている観念を指す。したがって、大は国家から、小は小さなサークルに至るまで、あらゆる集団(家族、夫婦関係、恋人関係は除く)のまとまりの原理をそう呼ぶと考えて差し支えない。ところが同じ集団原理でもひとつだけ例外があって、性の観念を原理としてまとまりを作った場合には、対幻想と呼ばれる(家族、夫婦関係、恋人関係を媒介する観念はこれに属する)。また自己幻想とは、文学や芸術などの観念世界を形作る原理を表わす。

ここで重要なことは、共同幻想と対幻想、また共同幻想と自己幻想とは、必ず「逆立」の契機を持つとされていることである。「逆立」という概念はわかりにくいが、たとえば対幻想の現象形態としての「家族」の共同性は、けっして順接で「国家」の共同性にはつながらず、そこにはそれぞれもとになっている原理の違いからくる「よじれ」が必ず出現すると考えればよい。

ところでこの発想は、やはりここでも吉本思想の根底的な動機にかかわっていて、それは、戦前の「家族国家論」的な捉え方（「臣民は天皇の赤子」！）に対する原理的な否定のモチーフである。両者を原理の段階から截然《さいぜん》と分離することは、きわめてすぐれた発想であると私は考える。

また、この三つの軸による観念領域の把握には、もうひとつの動機が絡んでいる。それは、彼がこの本を書いていた当時以前には、マルクス主義国家論やマルクス主義芸術論が学会、思想界、文学界で幅を利かせていて、それらは要するに唯物史観を根幹とするものであった。そこでたとえば国家はそれぞれの時代の経済社会構成からの反映とその逆作用として捉えられ、また文学も、当該社会の「生き生きとした」現実の描写が未来社会（共産主義社会）への発展に寄与する限りで、その価値が認められるとされていた。

吉本は、これらのいずれに対しても「闘い」を挑む強いモチーフを抱いていた。経済社会構成からの幻想（観念）領域の自立性を強調したのも、文学に政治的役割を押し付ける考えに反対したのも、そのためである。これも、大いに首肯しうる発想である。なお、『言語美』も、先に挙げた『心的現象論』も、すべてそのモチーフが、人間の観念領域の、社会的現実からの相対的な自立という観点を原理的な押さえとしている点で共通している。

ところで『共同幻想論』には、大きく言って三つの難点があると私は考える。

ひとつは、「自己幻想」なる領域の存立可能性の危うさである。この軸を共同幻想や対幻想と並列的かつ自立的に立てようとする発想は、人間をあくまで関係的な存在として理解する私自身の立場からは、論理的に納得しがたいものである。あらゆる幻想（観念）は個体の身体を通過点または宿り場所とすると考えてよいが、それはまた複数の人間に何らかの意味で通底することによってはじめて一定の幻想（観念）たりうるというのが私なりの考えである。その意味で「自己幻想」なる領域は他の二つと同じ論理的資格としては、成り立ちようがない。文学の領域も、そこに現われるのは、吉本用語をあえて使うなら、どこまでいっても共同幻想と対幻想の織り成す世界なのである。

もうひとつは、吉本はこの論で、主として国家の本質をその発生にさかのぼることによって見透かし、そうすることで国家の存在基盤そのものを相対化するという方法を取っている。叙述は難解を極め、細かいところでいくつもの論理的不整合が目立つが、さしあたりそれはどうでもよい。一番問題なのは、根本的に「逆立」するはずであった共同幻想と対幻想とが、どこかで重なり合う契機が存在したはずだという自問にみずから苦しめられ、およそ普遍性を持つとは思えないような自答を導き出している点である。それも論証ではなく、ほとんど断定である（この点についても詳しくは拙著を参照されたい）。

最後に、これも田川建三氏がすでに指摘していることだが、吉本は、社会的共同性（共同幻想と言い換えても大過ない）そのものを「悪」と考えている点である。一例を挙げると、この本には突如次のような一文が出てくる。

《わたしたちが現実の桎梏からの解放を願うならば、いずれにせよ共同幻想からの解放なしには不可能である。》

また少し進んで――

《共同幻想の〈彼岸〉に描かれる共同幻想がすべて消滅しなければならぬという課題は、共同幻想自体が消滅しなければならぬという課題とともに、現在でも依然として、人間の存在にとってラジカルな本質的課題である。》

すでに述べたように、人間は本質的に関係存在であると同時に観念をつむぐ存在である。そうである限り、人間同士が何らかの社会的かかわりを形成するためには、必ず何らかの「共同幻想」を媒介としなくてはならない。ということは、あらゆる社会的共同性は「共同幻想」を基礎として成り立つと言い換えてもおなじである。「共同幻想自体の消滅」などはありえないし、またあっては困るのだ。

吉本がこういう極端な表現をするに至ったその根本には、よほど深く戦争を遂行した国家（という共同幻想）への恨みがこもっていると考えるべきだろう。しかし私たちは、もちろん国家を単純に「悪」などと決めつけることはできない。国民国家形成の歴史的必然性を承認しつつ、よりよい社会的共同性とは何かについてたゆまず思索を深める課題が残されているだけである。

言語本質論に隠された吉本思想の孤独さ

最後に『言語美』について言及しよう。『言語美』は、言語芸術としての文学をどのように客観的に評価したらよいかという批評的な問いに答えるための原理の提出を核心的なモチーフとして書かれている。しかし吉本はこの大著を、その問いに直接答えることから始めずに、「言語の本質（発生・進化）」一般や、「言語の属性（意味・価値・文字・像など）」一般を確定するところから説き起こしている。このように、言語本質論から入っていく方法そのものが、この本にきわめて魅力的で大きな思想的スケールを与える力となっていることは疑いない。

しかし反面、次のことも指摘せずにはいられない。今述べたように、吉本の言語本質論、言語属性論は、はじめから「書かれた文学言語」に対する批評原理をどう確立するかという動機に強く裏打ちされている。このこと自体は、マルクス主義言語芸術論なるものとの闘いという時代的な要請から考えて、当然と言ってよいが、今の時点で言語本質論、属性論一般として改めてこれを眺めると、そこにその動機から発した特有の偏りが生じていることが確認される。言い換えると、彼の言語本質論、属性論自体が、「書かれた文学言語」の価値をスターリン的な「言語＝社会的効用、道具」説の圧制から救い出すという思想的なモチーフによって大きく引っ張られているということである。

ではそのことは、具体的にどんな偏りとして現われているだろうか。

吉本の読者にはよく知られているように、彼はまず、言語の本質を、「自己表出と指示表出の二重性」として描き出している。

《この人間が何ごとかを言わねばならないまでにいたった現実的な与件と、その与件にうながされて自発的に言語を表出することとのあいだに存在する千里の径庭を言語の自己表出(Selbstausdrucken)として想定することができる。自己表出は現実的な与件にうながされた現実的な意識の体験が累積して、もはや意識の内部に幻想の可能性として想定できるにいたったもので、これが人間の言語の現実離脱の水準をきめるとともに、ある時代の言語の水準の上昇度を示す尺度となることができる。言語はこのように対象にたいする指示と対象にたいする意識の自動的水準の表出という二重性として言語本質をなしている。》

この本質規定、特に「自己表出」という規定にありありとにじみ出ているのは、人間の観念構成力とか、現前している知覚世界とは次元の異なる「非在」のものを想像する力とかを、言語成立の条件として強く打ち出している点である。その限りでこれはまったく正しい。

さらに『言語美』では、時枝誠記の言語過程説（『国語学原論』一九四一年・岩波書店）に多くを負いつつ、しかし時枝の「意味」論を退けて、その延長上で言語の「価値」と言語の「意味」とを、やはり「自己表出と指示表出の二重性」という自前の本質規定によって振り分けている。吉本自身の言葉によれば、言語の「価値」とは、「意識の自己表出からみられた言語構造の全体の関係」であり、言語の「意味」とは、「意識の指示表出からみられた言語構造の全体の関係」である。

このように本質規定の部分を抽出しただけでは、吉本の言わんとするところがわかりにくいかもしれないが、彼はここで、文学的文章の実例や、よく考え抜かれた図表を駆使して、価値と意味の関係が、自己表出と指示表出の関係に対応するものであることを詳しく解明している。これはたいへん説得力を感じさせる部分である。

なお大切なことは、彼が単純に「価値」を「自己表出」に、「意味」を「指示表出」に対立的に振り分けているのではなく、両者ともに「……からみられた言語構造の全体の関係である」という言い方をしていることである。ある言語の「意味」を読み取ろうとすることは、ただその言語が記号的に指し示す「内容」を機械的にたどることを意味するのではなく、どんな場合にも（格別文学表現などではなくても）、同時にその言語の示す自己表出性（表現主体の思いの高さ・強さ・深さ）をも展望することである。逆も真なりで、ある言語の「価値」を量り取ろうとするのに、何がどんな広がりをもってどのような仕方で指示されているかという探索作業を抜きにしては不可能である。

こうした言語総体のつかまえ方は、吉本ならではの発想であり、きわめて独創的なものであると評価できる。そしてこの独創は、政治的観念や社会的効用によって言語の価値を理解しようとする観点から、文学そのものの価値を守らなくてはならないという彼の思想的な執着に根を持っている。

しかし、では、時枝、三浦つとむその他の言語学者の発想の限界を見極めて突き進んだ吉本の文学論的執着の仕方に、言語の本質について考察を深めるという観点から問題がなかったかといえば、それが大ありなのである。

結論から言うと、現在の私には、吉本が『言語美』で突き進んだ方向は、その突き進み方そのものによって、言語一般の像をつかむことを阻害していると思われる。極論するなら、吉本の「自己表出」概念への過度の固執傾向は、「言語一般」（この言葉で私は、言語の日常的実現のレヴェルを軸においている）の本質論を深めることにとって、時枝の言語過程説に比べると、むしろ偏向と後退を示している。だがそれは、どんなところに顕著に現われているだろうか。

『言語美』では、「自己表出－指示表出の二重性」としてつかまれた言語の本質規定を、「文学言語－生活言語」の対立関係の理解に連続させている。この対立関係への展開は、「文字」の成立を意味付けるところからはっきりと現われてくる。

《言語は意識の表出であるが、言語表現が意識に還元できない要素は、文字によってはじめて完全な意味でうまれるのである。文字にかかれることによって言語表出は、対象化された自己像が、自己の内ばかりではなく外に自己と対話するという二重の要素が可能となる。》

一見すると、文字の出現の意味を的確に言い当てているように読める。たしかに文字は音声言語に比べて、外的表現としての空間的な定着性と拡張性、また、記録として残る時間的な永続性を持つという意味で、「外に自己と対話する」可能性を大きく広げると言える。しかし私の考えでは、それは相対的な「効果」の問題にすぎず、言語の本質や属性を大きく変えてしまう問題ではない。

文字がなくても（音声だけでも）、「対象化された自己像」は存立する。たとえば「お前を処刑する」という音声による宣告は、判決文がなくても、聞き取りの過程（理解）をかいくぐることによって、「対象化された自己像」を持つし、「外に自己と対話する」過程を必然的に要請する。現に録音技術の発達した今日では、書き言葉よりもむしろ記録された音声言語のほうが、発語者の「真意」は何かという探索に対してより確実な信憑を与えることが多い。それは、音声言語が、そのやり取りが行なわれた直接的な生活文脈と発語者の身体性との関係を保存するからである（例：「メールでは誤解が生じやすいから、直接会うか、電話で話したほうがいい」！　あるいはまた、麻原彰晃の「さあ、修行するぞ、修行するぞ、修行するぞ」！）。

あら探しをしてからんでいるように思われるかもしれないが、そうではない。言うまでもなく、ことに発達した文明社会においては「書き言葉」と「話し言葉」とは、その「作法」がまったく異なっているから、受け手における「効果」の点で大きな違いがあることを無視してはならないが、後に述べるように、いかなる文字表現も、「読まれる」（受け手の身体機能によって把握される）ことなしには、言語表現としての使命を完成できないという制約を免れないのである。

文学言語の批評基盤を確立させたいという『言語美』の論述は、これ以降、その強い動機によって、簡単に言えば、次のような強引な図式論理に拘束されることになる（吉本自身、この図式のように明言はしていないが、『言語美』におけるその後の記述のベクトルは、明らかにこの図式に従っているのである）。

自己表出―文学言語―書き言葉

指示表出―生活言語―話し言葉

だがこれはよく考えるとおかしい。「自己表出」概念が「何事かを言わなくてはならないと感じたときに思わずこぼれ出ざるをえない主体の表出意識の思いの高さ」を意味するとすれば、日常生活言語において自己表出性が不断に、しかも頻繁に実現されるのは当然であり、また実態的にもそうである。たとえば怒りの爆発の表現などは端的にそうであるし、また、単に「あそこに高い木がある」と指示的に言わずに「あそこに高い木があるねえ」と言ったとき、「ねえ」の部分に自己表出性が濃厚に現われる（もちろんこれは、「ねえ」がないほうが自己表出性が低いという単純な意味ではない。もっと大きな前後の言語文脈との関係で、前者の表現が、そのそっけなさのゆえに、かえって高い自己表出性を示すということもありうる）。

また、生活言語という概念を話し言葉に追い込むのも強引であって、私たちは、日常の事務処理活動などにおいて、書き言葉を常用している。このケースにおいては、味も素っ気もない伝達を目的とする表現者が、むしろその味も素っ気もなさこそが持つ利便性のために、書き言葉を選択することがいくらでもありうる。こうした場合、自己表出性は最低水準に抑えられてしまうのである。

さらに、世界史の黎明期において、どの民族の文化も口承文芸（歌、説話、神話、叙事詩、物語など）の伝統を長く保持してきたことは常識である。文字を持ったとき、言語は単なる想像的「表出」の次元よりも高次の「表現」としての水準を「初めて」獲得したことによって二重化したという、吉本の「進化論」的な把握にはさしたる根拠はないのである。

そもそも、言語の本質が自己表出と指示表出の二重性として捉えられたはずなのに、その二項の一方をある言語様式に、他方を別の言語様式に振り分けることができるという考え方自体が、せっかくのすぐれた本質規定を自ら破ってしまうことである。

それでは吉本の言語本質規定には、いったい何が欠けていたのだろうか。時枝の言語論には一般的な言語本質論として保存されていたのに、吉本が振り捨てたものとは何であろうか。これをはっきりさせることは、吉本思想全体の限界を指摘することとほぼ同じであると言っても過言ではない。

先に述べたように、吉本が、言語の本質を「自己表出と指示表出の二重性」と捉えたこと自体は正しいが、その二重性を「書き言葉と話し言葉」の区別に照応させようとしたことには、思想的な動機にもとづく無理があった。時枝の言語論にはかろうじて保存されていて、吉本の言語論に欠落していたのは、言語とは、発話と受話のやり取りの過程そのものであって、受話そのものが主体の言語行為であるという視線である。そしてこの欠落は、彼が言語論を構築しようとした積極的な動機と表裏一体の関係にある。

わかりやすく言うなら、彼の打ち立てた自己表出という概念は、ほとんどもっぱら、発語者（能動的な表現者）のそれとしてしか考えられていないのだ。『言語美』の中に、「書き言葉は言語の自己表出につかえるほうにすすみ、話し言葉は言語の指示表出につかえるほうにすすむ」といった強引な引き寄せの論理が出てくるのはそのためである。

たしかに書き言葉は、それが構成されるときには相手の不在を前提とするために、発語主体の自己意識の時間的な展開をより強く、長く維持でき、またその維持を必要とするという特性が強い。このこと自体は、事務的な書き言葉の場合でも変わらない。味も素っ気もない事務的な伝達言語を書き言葉で果たそうとする場合でも、その能動的な表現者は、直接身体を突き合わせて交わすコミュニケーションの場合に比べて、たっぷり時間をかけて、いろいろな配慮をめぐらせ、よく考えて言葉を選ぶことが相対的に多いからである。しかしだからといって、その事実は、書き言葉にこそ、言語本質としての「自己表出性」の側面が積み上げられるということの根拠にはならない。むしろ、「音声」による話し言葉での日常的な能動・受動のやり取りにこそ、一般的な言語における自己表出の普遍的な契機がはらまれているのである。

吉本は、書き言葉としての文学言語による感動が何に由来するかを根拠づけたかった。そしてその動機に剝離しがたく結びついていたのは、文学が、「自己幻想」や「個体の幻想」の所産であって、「共同幻想」からは絶対的に自立した（逆立する）領域の作業の結果であるという固定観念である。ここに私は、吉本思想の本質的な孤独さと、それゆえの一種の内閉性をみる。つまり、「自己表出と指示表出の二重性」という彼の言語本質論は、はじめから、「文学表現としての書き言葉」こそは自己表出性の高みや深みや力の純粋な実現であると考える隠された発想に強く色づけられていたのである。

吉本の強烈な思想体質の淵源は、戦争体験における「身近な死者たちに対する深い負い目意識と羞恥」にあり、そこから醸される一種独特な孤独さと執念とは私などの想像を絶している部分がある。しかし私自身は、ご多分に漏れずかつて全共闘世代の一員として吉本思想の影響を強く受けてきた。そして私淑と懐疑のない交ぜになったアンビヴァレントな心理状態の期間を長く閲するのち、オウム真理教事件に至って、ついにその呪縛から解き放たれざるをえなくなった。その結果、かなり無遠慮に彼の言説を批評する位置を固めることができたような気がするが、一方では、それだけで済ませてしまうには、何となく後ろ髪を引かれるような感覚がなくもない。そこでいまこの章を終えるに当たっては、そうしたロジカルな批評の手を離れ、少しばかり初心に返って情緒的な思いのうちにみずからを沈め、彼の残した言葉の中で、最も好きな言葉と二番目に好きな言葉を提示しておきたい。

最も好きな言葉――「ぼくがたふれたらひとつの直接性がたふれる／もたれあふことをきらつた反抗がたふれる」（「ちひさな群への挨拶」『転位のための十篇』より）

二番目に好きな言葉――「この世で為すに値しない何物もないように、為すに値する何物もない。それで僕は何かを為せばよいのだと考へる。」（「箴言I」『初期ノート』より）

第三章 時枝誠記
——一九〇〇〜一九六七

言語とは思想そのものである

本章では、国語学者・時枝誠記の所説の紹介に入る前に、まず私自身の言語観についてその概要を述べておきたい。

現代の思想や哲学の問題の多くは、言語というこの厄介な人間自身の産物をどう処理するかというところに焦点を結んでいるように思われる。だが、前期ウィトゲンシュタインやフレーゲ、ラッセルらの影響下に構築されていったヨーロッパの言語哲学の一部が、言語の本質を取り違えて常人にはとても理解できない隘路にはまってしまったことは否定すべくもない。

その取り違えの基礎にあるのは、ざっくり言えば、言語とは、あらかじめある現実（世界）の真理を論理的思考の手続によって客観的に映し出す営みであるという、ヨーロッパにおける伝統的な言語観の長きにわたる支配である。なぜこのような言語観がヨーロッパでは伝統となってきたのかについては、本章のテーマから外れるのでしばらく措く。

いずれにせよ、この言語観が錯覚にすぎないことは、私たちの日常言語の使用実態を考えただけですぐにわかる。現実（世界）の真理を論理的な命題によって客観的に表現する（陳述する）ことなどは、私たちの言語生活全体のごく一部しかなしていない。単に全体の中の一部にすぎないというばかりではなく、そういう営みはある生活上の必要が生じたときに合理的な説得の機能として時々引っ張り出されるだけで、その実相は、ほとんどの場合、ヒュームが喝破したように、論理が感情の奴隷として利用されているといった趣である。

具体的な言語活動には、陳述の他に、質問、命令、依頼、勧誘、忠告、叱責、謝罪、挨拶、感謝、追及、説明、教唆、語り、告白、宣言、口論、喧嘩、討議、感動表現、芸術表現、言語自身への自己言及など、ありとあらゆる「行為」が存在し、そのそれぞれにふさわしい言語の様式がある。言語の本質とその特性について語るには、これらの多様極まる使用実態をすべて包摂する形で探求されなくてはならない。前期ウィトゲンシュタイン、フレーゲ、ラッセルらに始まるヨーロッパの言語哲学は、この要求をほとんど満たしてくれないのである。

むろん、こうした生きた言語活動の場面では、取り交わされる言語について授受の主体同士が共通了解を持つことが前提となるので、その共通了解をなるべく正確なものに仕立て上げなくてはならない必要がしばしば生ずることは疑いない。だからヨーロッパの言語哲学において、命題の真理価値に対する執着がかくも支配的になったのは、おそらくこうした必要への哲学的執念の結果であろう。そこにはまた、古典ギリシア哲学的合理性やキリスト教のような一神教の展開が生み出した「世界はもともと真理によって構成されている」という信念がたぶんに作用しているかもしれない。だが私たちは、言語とは何かを考えるに当たって、そうした合理主義的確信や宗教的信念の力を借りるわけにはいかない。何よりも音声や文字や身ぶり、表情などを介した日常的に取り交わされる相互の複雑繁多なやり取りこそ、言語の本質が宿るべき中核の場所だからである。

では言語の本質は何かと言えば、主体的な「意」の現実化行為であり、同時にその現実化されたものを話し手の「意」として理解する聞き手の主体的な受け取り行為である。この営みによって、話し手と聞き手とは、相互に自己自身を未来に向かって「投企」し、相互の関係を創出したり、維持したり、改良したり、破壊したりするのである。具体的な言語行為の前に、探求すべき「あらかじめある世界の真理」が存在するわけではない。言い換えれば、言語行為とは、真理の発見のためにのみ行なわれるのではなく、むしろ私たち自身の改変をも含むところの、生の絶えざる発明行為のひとつなのである。

なお文字言語においては、話し手は書き手となり、聞き手は読み手となるが、文字とは、元はといえば時間的・空間的便宜のために固定化された音声にほかならず、書き手はいわば文字に観念化された音声を込めるのであり、読み手はいわばその観念化された音声を聞き取るのである。またここで、話し手は同時に聞き手でもあり、聞き手は同時に話し手でもある。というのは、話し手は自分の話す声を聞きながら思考を進めるのだし、聞き手は相手の話し声をみずからなぞりながら思考を受け取ろうとするからである。

このように言えば、言語を単なる意志伝達の一手段として捉える月並みな理解を難しく表現したにすぎないように思える。しかし、言語を単なる意志伝達の一手段として捉えた瞬間、その本質について軽薄な誤解の可能性が生まれるので、ここはどうしても厳密を期するに如《し》くはないのである。その誤解とは、話し手の中にあらかじめ伝えたい思想内容が荷物のように用意されていて、それが途中でほどかれることなく聞き手のもとに届くといったコミュニケーション理解である（情報理論の専門家・西垣通氏も同様の誤解について指摘している。『基礎情報学　生命から社会へ』〈NTT出版〉参照）。この理解は、言語は決まった思想を伝達する単なる「手段」「道具」「運搬機械」であるという考え方を導く。

しかし、言語は思想伝達の「手段」「道具」「運搬機械」ではなく、むしろ思想そのものなのである。というのも、もし言語が単に思想を伝える「手段」や「道具」や「運搬機械」にすぎないのだとしたら、言語表現以前に確固たる思想が（荷物のように）すでに存在していなくてはならず、言語は単なるその運び屋であって、言語自体には何らの思想も盛られていないと考えなくてはならない。また受け取る側も梱包された荷物をそのまま受け取って荷ほどきしさえすればよいことになるから、そこに自由な解釈や誤解の余地は生じえないことになる。

だが、こんな現実離れした考えはもちろん成り立たない。「私はどうも学問が苦手でして」とある人が言えば、まさにその発せられた言語こそは、ひとつの思想なのである。そして聞き手は、その言葉が発せられた状況に鑑みて、指示的な意味どおりに受け取るかもしれないし、謙遜の表現と受け取るかもしれない。かくして言語そのものなくして伝えるべき思想などありえないのである(内言や独り言も、人格の複雑化とともに起きる、いわば内部の他者、あるいはもう一人の私に対する発話である)。

だから話し手の側では話す時点において不断にみずからの「意」を構成しなくてはならず、また聞き手の側では、自分の受けとめが果たして相手の「意」をきちんと汲んだものであるかどうかにたえず気を配らなくてはならない。そこに当然、いかに双方が努力したとしても、唯一の正しい思想伝達が可能であるということが必ずしも成り立たない余地が生まれる。すなわち、正しい荷物が聞き手に届くのではなく、もともと言語行為には、誤解や曲解や話し手が予期しなかった聞き手の解釈・反応などが発生する必然性が備わっているのだ。だからこそ、生きた言語活動は、相互の関係の創出・維持・改良・破壊などの役割を常に担っているのであり、まさにそれこそが言語の本来的な機能なのである。同じことを「我思う、故に我在り」よりも「我話す、故に我在り」のほうが先立つ、と言い換えることもできるだろう。

人は「話す」――これは自己を自己から「離す」「放つ」ことである。動物はこれをやらない。また人は「沈黙する」。もちろん「話す」こととの関係において。「話す」やり取りの中で人が「沈黙する」のは、それ自体が言語行為（思想行為）、いわばマイナスの言語行為（思想行為）である。ゆえに、話さない動物が「沈黙する」こともしないのは理の当然である。「ワンワン」と吠えていた犬が鳴きやむのは、ただ別の行動様式に移行したにすぎない。

なぜ人は「語る」のか。「語る」は「騙《かた》る」に通ずる。つまり人は「語る」ことにおいて、事物を事物そのものではないものに仕上げる。言い換えると虚構するために話すのである。ではなぜそんなことをするのか。それは、社会の構成員としての人間が、その自己認識を自他に向かって常に新たに告げ知らせなければ、社会的存在としての自己を成り立たせることができないからである。そしてそのためには自己を自己から「放つ」ことが必要であって、またその「放つ」ことにおいて、世界の既定の事実にたえず自己を付け加えなくてはならないからである。

西洋近代に素手で格闘を挑む

さて本章の主人公・時枝誠記は、戦前から戦後にかけてユニークな思想活動を行なった国語学者であり、文法学者である。時枝の前には、明治以来の西洋文化の流入の影響を深く受け、日本語の文法を西洋のそれに倣って作り上げるべく苦闘した山田孝雄《よしお》がおり、また、言語の意味内容という観点をなるべく入れずに日本語の客観的な現象形式にもとづいて口語文法を整備した橋本進吉がいる。いずれもお手本は印欧語のそれなりに整合性を持った文法学である。特に橋本文法は、その表層的性格のために一見わかりやすくできているので、現在でも学校文法は、彼の構築した体系を基本にしている。この二人の努力は、他の諸学においてわが国の専門家たちがみな、西洋文化の吸収・咀嚼に苦闘したように、それなりに多としてよい。また橋本の上代音韻の研究は、いまさらことわるまでもなく、それ自体として国語学界における画期的な成果である（『古代国語の音韻に就いて』〈岩波文庫〉参照）。

しかし時枝は、二つの点で、この二人とは大きく違っている。ひとつは、文法というものは、本来、当の言語の伝統的な様式、固有の歴史を閲してきたその特質に沿って打ち立てられるべきものであり、けっして外国語の文法で使われている原理や用語や概念をそのまま当てはめて作ることのできないものである、という考え方をどこまでも貫きつつみずからの文法体系を創出したこと。もうひとつは、言語一般の本質を、話し手と聞き手との主体的な意識のあり方に焦点を定めて定義し、それを徹底的につきつめる中から、独創的・哲学的な言語思想を、これも西洋のそれを借りずに孤軍奮闘して取り出したこと。

前者については、時枝は、本居宣長・春庭、富士谷成章《なりあきら》、鈴木朖《あきら》といった江戸期国学系の学者の「てにをは」論の系統を受け継ぎ、彼らの日本語理解に近代的な思想的解釈を与えて、さらにそれを個性的な形で深めた（その意味では、橋本進吉はむしろ時枝のライバルであり、両者の発想の根本的な違いが際立つ）。また後者については、彼の壮年期に、鳴り物入りで紹介されたソシュール言語学を向こうに回して大いに対抗意識を燃やしつつ、言語過程説という独自の言語本質論を打ち立てた。

いずれもその骨格は戦前、戦中期に構想されており、両者の結晶である主著『国語学原論』（岩波書店）は、時あたかも真珠湾攻撃の二日後に発行されている。まさに西洋近代的なるものにほとんど素手で格闘を挑んだ気合いそのものの作品である。

『国語学原論』は、現在読み返してみると、細かな点で矛盾、難点をいくつか含むものの、それらは修正が不可能ではなく、今日でもなお世界的な意味で言語思想、文法思想のひとつの山《さん》巓《てん》を極めていると言ってよい。

なるほど、文法学の枠内で見ると、時枝文法はやや難解煩雑の弊を免れず、その点で橋本文法の平易さにかなわないところがあり、事実、どちらがより人口に膾炙《かいしや》するかという意味では、時枝は橋本に敗れたのである。しかしそのことは裏を返せば、時枝が形式主義に流れず、常に人間論的、意味論的、歴史学的な視点を文法学に盛り込もうとしたその思想的意気込みの証しであるとも言えるのである。また、たとえば時枝の後に、学者としての一生のほとんどを「日本語には主語がない」という事実の証明のために費やした三上章が現われた。これについても文法学の枠内で言えば、新しく出現したこの鬼才の仕事の精細さに、時枝はかなわないと言えるかもしれない。たしかに三上があくまで日本語の特質に沿った文法理論を打ち立てたという意味では、時枝の基本発想をさらに深化発展させた(たとえば時枝は年来の文法学的課題であった助詞「は」と「が」の根本的相違にほとんど関心を示していない)と言えるだろう。だが、時枝の論述には、三上には見られない、生きた人間の主体的行為としての言語に対する総合的視点が常に息づいている。

さて、主著『国語学原論』に盛られた時枝言語学、文法学の要諦は次のいくつかに集約される。

①言語過程説——ソシュール言語学を「構成主義的言語観」と批判して社会的構成実体としての「言語(ラング)」を否定し、これに代えるに実際の言語表現活動にのみ言語の存在を認めるという立場を主張した。

②言語の存在条件の規定——言語が実現する土台として、主体、場面、素材の三条件を規定し、同時に、「場面」を、客体界と、発話者の置かれた情緒、気分などの主体的側面とが不可分に融合した状態と考えた。

③「詞辞」論——時枝理論の白眉をなす主張であり、従来からの「てにをは」論に理論的根

拠をあたえたものである。大まかに言うと、単語の品詞分類のうち、助詞、助動詞、接続詞、感動詞などは「辞」と呼ばれ、その他は「詞」と呼ばれる。その根拠の説明には、すぐれた哲学的洞察が込められている。後述するように、彼の解釈には疑問の余地なしとしない部分もあるが、大筋において、日本語独自の基本構造を解き明かすとともに、他国の言語にも一般化できることを唱えたその功績は大きい。

④日本語は「風呂敷」型・「入れ子」型構造、印欧語は「天秤」型構造――両語の構造の根本的差異をよく説明しえている。現在の言語学上の通説では、日本語は膠着語、印欧語は屈折語（中国語は孤立語）という説明がなされているが、これは表面的な形態に着目した分類で、それぞれの言語の内部構造への切り込みという点で、時枝の説明のほうが一段と深められた考察となっている。

⑤「零（ゼロ）記号」論――陳述の最後に用言の終止形が使われたり（「桜は美しい。」）、連体修飾語に用言の連体形（口語では終止形と同じ）が使われたり（「逆巻く波が押し寄せてきた。」）する場合に、その直後に、表現されてはいないがそれ以前の部分の取りまとめ役としての「辞」が存在するという考え方。異論、批判が多いが、前の④の捉え方とのセットとして考えると首肯できるかもしれない微妙な論である。後述するように私自身は、「零記号」の設定が妥当である場合とそうでない場合とがあると考える。

⑥「述語格」論――文の基本はまず述語にあり、主語、客語、補語などは、述語の中に潜在していたものが必要に応じて後から表出されてきたものであるという説。印欧語の「主―述」対立構造を否定して大胆であるが、言語というものの原始的あり方に思いを深く寄せてみると、見事に本質を言い当てていると考えられる。次章で扱う哲学者・大森荘蔵の考え方にも通じている。

⑦意味論――時枝は「意味」を主体の把握作用と定義する。この簡明かつダイナミックな捉え方は、言語外の「意味一般」を哲学的に考える際にも、非常に示唆的である。これも大森荘蔵の考え方への橋渡しとなる部分を含んでいる。

⑧敬語論――これまでの敬語解釈に対して、話し手と聞き手、話し手と話題の中の人物との関係という視点を徹底的に貫いた、論理性のすぐれた論である。一読難解だが、ここには、あくまで話し手主体と聞き手主体との関係意識のあり方を第一義に考える時枝言語観が如実に反映している。ただし本書では、あまりに長くなることを懼《おそ》れて、残念だが言及を割愛する。

さてこれから、右に提示した時枝言語学・文法学の要諦の順序に従って、やや詳しく祖述するとともに、それらに対する私なりの評価を付け加えていきたい。

言語道具観の否定――①言語過程説

時枝は、当時小林英夫の訳によって流行したスイスの言語学者、フェルディナン・ド・ソシュールの『一般言語学講義』に盛られた言語思想に真っ向から反対した。時枝によれば、ソシュールの言語観は、言語を音声と概念の一体化した既存の社会的実体のようにみなすものだが、話し手（書き手）から聞き手（読み手）への現実的・物理的過程よりも前に、そういう実体的なものは存在しないというのである。簡単に言えば、言語とは、そのつど表現されてこそ何ぼのものだというわけである。

この時枝のソシュール批判の標的は、「ラング」というソシュール用語にある。ラングとは、一口にシステムとしてのまとまりを持つ静態的な「言語体系」を意味する。時枝は、そのような社会的実体として言語を固定化して考えるのは、人間主体の表現行為としての言語を無視することであると批判する。そして、この方法は、複合的な実体をその構成要素にまで分解し、それによって得られた音声と概念の結合という原子論的な単位から再び全体を構成するという方法であり、それは言語を客体として扱うことであるから、自然科学の方法と同じであるというのである。

炯眼《けいがん》な読者はすでにお気づきと思うが、この批判の仕方にすでに、明治以降の日本人が西洋的発想に対して取ってきた批判姿勢の一類型が見出されるであろう。西洋人が得意としてきた、観察者が考察のテーマを客体的に対象化して分析と総合によって料理するその方法は、一人ひとりの生きた主体の活動としての言語においては当てはまらないというのが時枝の言い分なのである。西洋文明と格闘する明治人気質のその心意気やよしと言うべきか。

しかし当時紹介されたソシュールの説は、じつを言うとごく少数の弟子たちのノートのかき集めによってできたはなはだ不十分なもので（ソシュール自身は、言語本質論に関する書物を著していない）、ソシュール自身の言語観は、時枝が眼の敵にしたほど単純な「構成主義的言語観」ではない。のちに新たな弟子のノートも発見され、それらをも合わせた綿密な研究がなされた結果（わが国の丸山圭三郎の研究は、世界的なものである。『ソシュールの思想』岩波書店）、ソシュール言語学の全体像は、時枝が考えていた「主体表現としての言語」という概念をも包摂するものであることがほぼ明らかとなった。

ソシュールは、言語の総体を「ラング（言語体系）」と「パロール（はなし）」との相互依存関係として捉えており、時枝が攻撃したのは、もっぱら前者の「ラング」、つまり規範として静的に存在していて、表現主体にとっては不自由な規則への遵守と感じられる側面であった。じつは時枝がみずから言語過程説で力説したのは、ソシュールの「パロール」の部分をより理論的かつ精緻に展開・発展させたものとみなすことができるのである。

またソシュールは、言語の実態を、人間が事物に対してなす「恣意的」な切り分けの行為とみなしていた。「恣意的」とは、反自然的と言うに等しい。虹を七色と捉える民族もいれば、三色と捉える民族もいる。羊と羊肉とを同じ一語で mouton と呼ぶ語族もあれば、両者を sheep と mutton の二語に分けて表現する語族もいる。近接した事物の差異が人間の意識にとって気になるようになれば、それまでは一語で括られていたその事物が、まさに人間の「恣意的」な観点によって二語に分けられることにもなる。つまりそこにはそれぞれの言語を話す人間の主体的な関心にもとづく関与が刻印されているわけだから、言語は自然科学の対象のようなものではなく、すぐれて文化的な産物であり、そういう対象には独特の人間論的・文化学的アプローチが必要である。このことをソシュールは十分にわきまえていた。だから、基本発想において、時枝とソシュールとはほとんど対立していないのである。

ここでもうひとつ押さえておかなくてはならないことがある。ソシュールが「音声と概念の結合」をラングの要素、または原子論的単位とみなしたとして時枝によって批判されている、その考え方の正否についてである。

言語にかかわる音声はソシュール言語学の場合、「シニフィアン」と呼ばれる。これは指し示すという意味のフランス語 signifier の現在分詞であり、ニュアンスとしては、音声によってある事物を現におきかえていることとそのことを意味し、「指し示し」といった言い方が適切であろうか。音韻を具えた「響き」と言ってもよい。犬を指して〔i-nu〕と呼んでいるその聴覚印象（＊）それ自体のことである。また概念とは、「シニフィエ」と呼ばれ、signifier の過去分詞であり、「指し示され（事物の概念）」を意味する。〔i-nu〕という聴覚印象を聞いてただちに思い浮かべることのできるその当の動物（一般）のことである。間違ってはならないが、そこにいる個物としての犬を指して〔i-nu〕と呼んだからといって、その個物としての犬がシニフィエなのではない。シニフィエは、あくまでも言語内部の用語であって、犬一般の概念を表わしているだけである。

（＊──「聴覚印象」という言葉は筆者〔小浜〕の造語である。当時ソシュール言語学はなやかなりし頃、「聴覚映像」という言葉が使われていた。しかし映像という言葉は、視覚的イメージを喚起するもので、ここでの本意にふさわしくない。この語は音韻を具えた音声の響きそのものを指すので、「印象」と改めるほうが適切であると考えたのである）

ソシュールは、言語の形式的な本質を考えるに当たって、この両者の不可分の結合を「シーニュ」と呼んだ。彼は次のような巧みな比喩によってこの両者不可分の関係を説明している。水面と空気が接するところに波立ちが起きる場合、その波立ち自体がシーニュであり、水が波の本体であるとも、空気の流れが波の本体であるとも言うことができない。また、葉っぱの裏を切らずに表を切ることはできない。まさに両者の不可分の結合こそは言語である、というのである。

この考え方は、たしかに時枝の言うように、言語なるものの形式的な単位のあり方についてだけ本質を述べたにすぎないかもしれない。しかし、私たちが言語を流通させている実態に思いを馳せると、現に私たちは、言語をそのようなものとして了解しつつ使用しているのである。というのも、〔i-nu〕と聞けば、その聴覚印象から必ず決まった事物の概念を得、〔ne-ko〕と聞けば、他には絶対に考えようのない一定の事物の概念を得るからである。たとえば〔wan-wan〕と聞いても〔i-nu〕と同じ概念を得るじゃないかという人がいるかもしれない。しかし、おおよそ同じ意味を表わしているとは言えても、厳密には〔i-nu〕と〔wan-wan〕とでは「概念」はけっして同じではないのである。シニフィアン（聴覚印象）が少しでも違えば、シニフィエ（概念）もまた必ず違ってくるのだ。それはちょうど、私たちが人の顔立ちの違いによって、万人の中からその人がだれであるかを特定できるのと同じである。

なお、ある語、たとえば「苦しい」という単語がいくつもの用法を持っており、それゆえ意味が多義的であるということはあるが、そのことは〔ku-ru-shi-i〕というシニフィアンに対応するシニフィエ（概念）がただひとつであるということと矛盾しない。「苦しい」の概念は概念としてもともと幅広く、その領域内にいくつもの外延が考えられるということを意味するにすぎないからである。

そういうわけで、ソシュールの言語本質規定は、形式的には、あくまで正しいとしなければならない。

では、以上のことを押さえた上で、時枝の言語過程説とはどういうものか。

簡単に言えば、まず話し手が事物や表象を素材としてそれを一定の概念にまとめる。次にそれを脳の中でその概念に対応する聴覚印象に転化する。それは音声として聞き手に向かって表出される。空気を隔てて音波として物理的に聞き手の耳にその聴覚印象が伝えられたとき、聞き手は、話し手とは逆の過程をたどって、聴覚印象↓概念↓事物・表象へとたどり着き、聞き手は話し手の言わんとすることを理解する。そうしてはじめて言語が成立する、というのである。また、文字言語の場合には、書き手の聴覚印象の形成ののちにもうひとつ文字に転化するという過程が加わり、聞き手のほうも、それを読むという過程を付け加えなければならない。

時枝は、時間的に継起してゆくこのすべての過程以外に、「言語」なるものは存在しないと考えた。一見、コミュニケーション成立の順序を説明しただけで、当たり前のことを言っているにすぎないように思える。しかし、彼がなぜこの言語表現の授受過程それ自体をあえて言語の本質と考えたのかには、それなりの理由がある。

すでに述べたように、ここには、ソシュールがシニフィアンとシニフィエの結合態を言語の要素（原子論的単位）とみなし、その要素の集合体としての社会的所産を「言語（ラング）」としたことに対する方法論的な批判が込められているのである。時枝は、表現行為の以前に存在する社会的実体としての「言語」という概念を認めなかった。右の説明でわかるように、言語過程説では、言語の成立は、すべて話し手（書き手）と聞き手（読み手）との間に存在する心理的・生理的・物理的過程にゆだねられている。そして、特に重要なのは、概念から聴覚印象への転化をひとつの継起的過程とみなして、両者を不可分の結合とは認めていないことである。それは言い換えれば、シニフィアンとシニフィエの結合態をひとつの要素または単位としてそれらをいわば算術的に構成したところに成り立つ「言語（ラング）」なる概念を否定することと等しいのである。

しかし、この両者の対立と見えるものは、よく考えると対立ではなく考察方法の次元の相違と言うべきものである。なるほど、時枝の説くように、言語表現を心理的・生理的・物理的過程と考えるかぎり、脳の中での概念形成とその聴覚印象への翻訳との間には、時間的継起が認められるから、それらを切り離しえない平面的な結合態と考えることは、脳科学的には誤りだと言えるかもしれない（ある概念を確実につかんでいながら、それを音声に転換できない脳傷害というものも確実に存在するだろう）。

だが、ソシュールは、そういうところに目をつけているのではない。言語を人間の文化的産物、文化的営みとみなすところに重点を置いて、言語の本質を考えようとしているために、脳の中での時間的段階の違いというようなことは彼にとってどうでもよいことなのである。そうではなく、私たちが実際に言語を使って交流を実現しているときに、その言語使用の前提となっている社会的共通了解の根底にあるもの、すなわちある言語をまさに言語として流通させている文化現象の最も基礎にある法則は何か、というところに関心を集中させた結果、シニフィアンとシニフィエの不可分の結合態という原理が抽出されてきたのである。両者は言語現象に接近するアングルが違うのであって、正否を決定するような関係にはないと言うべきである。

さて、時枝説の当否はしばらく措くとして、ここではむしろ彼のソシュールに対する対抗意識のモチーフがどこにあったかをきちんと知っておく必要がある。時枝のソシュール批判は、言語を社会的実体として自然科学的研究対象のように扱う西洋的な方法論に向けられている。だがこの批判の矛先をソシュールに向けるのは、やや見当はずれであり、むしろ彼はフランスの社会学者デュルケームの社会観、言語観を標的にしているのである。

そう考えると、彼が直観的に何に反発しているかは、私たち日本人にはよく理解できるところがある。いったん言語を固定的な要素によって構成された社会的実体とみなすと、主体同士の間で交わされる実際の生きた言語活動の意味や価値がないがしろにされてしまうことを、彼は極度に警戒しているのである。また、ひいては、社会的実体としての言語を認めることによって、古くからある言語道具観が導かれてしまうことを懼れているのである。その意味で、私自身が先に否定した、言語を思想を運ぶ手段、道具、運搬機械とみなす考え方に対して、時枝は有効な対抗論理を対置しているのだとも言える。ただし後述するように、彼の言語観は言語道具観に対する批判としてははなはだ不徹底なもので、いくつかの箇所でボロを出してしまっている。

いずれにしても、言語主体同士の生きた表現行為以外の場所に言語など存在しない――これが時枝の打ち出した強力なテーゼであった。

「概念」は言語の外にあるのか――②言語の存在条件の規定

さて彼のモチーフをそう理解した上で、言語過程説そのものに落ち度がないかどうかを検討してみなくてはならない（以下、引用は特に断らない限り『国語学原論』による）。

まず、時枝が、②「言語の存在条件の規定」として挙げた三つの要素のうち、「素材」にかかわる部分と過程説との整合性を問題にしたい。ここでもう一度、先の規定を再現しておこう。②言語の存在条件の規定――言語が実現する土台として、主体、場面、素材の三条件を規定し、同時に、「場面」を、客体界と、発話者の置かれた情緒、気分などの主体的側面とが不可分に融合した状態と考えた。付け加えるなら、これら三条件は、すべて言語の外側にあって言語行為を支えるものと考えられている。

この存在条件の規定そのものは、発話主体の表現行為から受話主体の聞き取り行為への過程こそを言語とみなした時枝の言語観にとって、言語行為が成立するためのまことによく考え抜かれた前提条件である。ことに「場面」についての記述には、彼の面目が躍如としている。

発話主体は、彼を取り巻く「場面」のうち、純客体界に向かって、みずからの志向作用を行なう。このとき純客体界はそれに対する志向対象となる。この志向作用と志向対象とが不可分に融合した世界が、彼の言う「場面」である。したがってそこには発話者の置かれた生理的、心理的、状況的な条件の一切もまた含まれることになる。そして、話し手にとって最も重要な「場面」とは、「聞き手」の存在である。逆に聞き手にとって最も重要な「場面」は、「話し手」の存在である（聞き手も言語の主体であるので）。

この捉え方は、こと言語行為に限らず、私たちが生きて、世界に向かって何ごとかを志向するときの、主体と世界との関係の普遍的なあり方をわかりやすい仕方でよく描き出しており、現象学の方法に近いと言ってよい。「場面と表現との関係は、これを譬えていうならば、軌道と車両との関係に等しい。」「換言すれば、言語は場面に向かって自己を押出すこと、宛も鋳型に熔鉄を流し込む様なものである。」

ところが、時枝は、三条件のうちのひとつ、「素材」として何を考えていたかというと、言語によって理解される表象、事物、概念などを挙げている。表象、事物に関しては「素材」とみなして問題ないだろう。しかしここで疑念がきざす。概念もまた「素材」として言語の外にあるのだろうか。時枝自身もこの自説に対して気になったとみえて、概念が言語の構成要素であるかという自問を発し、結局はそれを否定し、「表象や概念が心的内容であるからとて、言語の内部要素と見ることは出来ないのであって、言語主体から見ればやはりこれに対立した外のものと考えなくてはならない。」と答えている。

おやおや？　である。言語過程説では、素材から概念へ、概念から聴覚印象へ、さらに音声としての表出へという継起的過程こそは、言語そのものではなかったのか？　それならばすでに「言語」の中に「概念」はその内部要素として組み込まれているではないか？　この疑問に対しては、二つの可能性しか考えられない。ひとつは、過程説において使われている「概念」と、存在条件である「素材」において使われている「概念」とでは、その意味内容が異なっていること。もうひとつは、同じ意味内容で使っているのだとすれば、時枝の思考が混乱をきたしていること。だが、前者の可能性は、時枝自身が何の説明も加えていないことによって否定される。

細部にこだわっているようだが、ここは「言語の本質」にかかわる理論の厳密な吟味を要するところである。時枝自身、「概念」を「素材」として言語の外に追い出すかどうかについては、相当力説しているので、彼もまた、この問題にこだわっているのだ。しかし論理の破れは覆うべくもない。委細は省くが、彼は次のような苦しい結論に達している。

《言語の本質的要素は、素材を伝達し得るように加工変形さす主体的な機能の上になければならない。そこで私は、言語における本質的なものは、概念ではなくして、主体の概念作用にあると考えるのである。》

このようにして、時枝は「概念」を「素材」のひとつとして言語の外に追い出した。しかし、私の考えでは、彼がここで試みているような「概念」と「概念作用」との区別は必要のないものである。そもそも「概念」という概念のうちには、主体が「ある特定の思考によってある事物をつかみとらえること」という動的な契機が含まれている。ドイツ語を援用するなら、「概念」を意味するBegriffは、日常語である「理解する」「把握する」を表わすbegreifenという語と深い関連を持っている。つまり「概念」とは、まさしく主体の動的な志向性を含む「概念作用」にほかならない。そしてそうみなすほうが、時枝自身の言語過程説に見合うばかりでなく、常に主体的な行為として言語を動的に捉えようとする彼の基本的な考え方にも（ついでに言うなら私自身の考え方にも）よくマッチするのである。

ここで、時枝が他の箇所で「言語は宛も思想を導く水道管のようなものであって、形式のみあって、全く無内容のものと考えられるであろう。しかしそこにこそ言語過程説の成立の根拠があるのであり……」「言語によって或る事物や概念が理解されるのは、宛も為替によって金銭が支払われるのと同じ趣であって、為替は金銭が支払われるまでの手続きを示すに外ならいのである。」といろいろな比喩を使って述べていることに注目しよう。言語の内部から内容に相当するものをすべて追い出してしまって、「思想を導く水道管」や「為替で金銭が支払われるときの手続き」それ自体こそ言語であると決めつけるのはいかがなものであろうか。

私はここに、言語道具観を退けようとした当の時枝自身が、それに類する言語観に覚えずしてはまりかけてしまっている危ういさまを見出さざるをえない。というのも、水道管や為替手続きに比せられるような「形式」のみが言語の本質であるなら、それは要するに単なる思想の運び屋ということじゃないかと問い詰められても応えるすべがないからである。

問われるべきは、ある形式化（表現化）されたものの「背後」または「以前」に、変形加工されない「思想内容」のようなものがあるのかということであって、時枝はおそらく、この問いに対して、素朴に「ある」と考えている（あるいは、そこまで哲学的に論理をつめていない）。「思想を導く水道管」という純形式的な言語把握（思想と言語との分離）がそれをよく表わしている。だが私の考えでは、すでに述べたように、思想とは表現された言語それ自体であって、言語の外側や表現以前の「内面」などに、素材としての「思想」を求めても無駄である。心的なものとして言語の外側にあると考えて間違いないのは、「思想」ではなく、「気分、情緒、意、表象」、またせいぜい譲歩して、「思想に熟しそうな地点にまでたどり着きつつあるような感慨、心境」といったものであって、それらがまさに時枝の言う「場面」の力となって、主体をして言語表現者＝思想実現者としての状態にまでもちきたらすのである。

この問題は、じつは哲学そのものの大きな問題である。哲学者たちはことの真実を求めようとして厳密な思考に夢中になるあまり、しばしば、その「求め」という行為自体が言語以外の何物によっても行なわれえないことを忘れる。彼らは言語のみによって思想をつむいでいるのに、「考えの絶対的正しさ」という観念に災いされて、いつしか「言語を道具のように〈使って〉真理に到達した」と無意識に考えるようになる。ちょうどテニス・プレイヤーがラリーに集中しているときにラケットのことを意識しないように、道具は使用中は意識されない。だからやがて、その「真理」がどんな言葉の構築物であるかを無視することになり、「私は真理それ自体を見出した」と信じ込むことになる。その結果、異なる言語文脈に出会うと「それは真理ではない」と結論することになる。そこに非妥協的な永遠の論争が生まれる。論争が生まれる前提は、「スコップを使おうが掘削機を使おうが掘り出される真理はひとつである」という信念以外のものではない。しかし彼らが実際に行なっていることは、言葉を手段として用いて言葉とは別のどこかに存在している「真理」を探求することなのではなく、言葉そのものであるところのひとつの思想、ひとつの「考え方」の提示なのであって、それが強い説得力を持って多くのゆるぎない賛同を得たとき、「真理」（あくまで一応の）として認められるにすぎないのである。

話が横道にそれたが、時枝は、当時紹介されたソシュール言語学への対抗心のあまり、言語過程説を強く押し出すことによって、一方で「概念」を言語内部の不可欠な一過程としながら、他方では同じものを「素材」という言語外のものに押し出してしまう矛盾を犯した。そしてこの点において言語道具観に堕しかねない弱点を抱えたことは否めないのである。

ところで、時枝のラング否定によるソシュール批判は執拗に続けられる。

《ソシュールによって雑作なく取除けられた物理的部分こそ、却って個人間を結ぶ思想の伝達の媒体でなければならない。(中略) 乙が甲と同様な記号を再生し得るのは、言語活動の循行中に座を占めると考えられる「言語 (ラング)」の力でもなく、又、意味を持った音声の力でもなく、実に、受容された音声が、甲と同様な概念を喚起し得る聯合の習慣を、乙が持っているからである。かくして万人に殆ど同一と思われる記号の成立するのは、「言語(ラング)」それ自身が媒体としての職能を有するからではなく、生理的物理的過程を媒体として同一概念を喚起し得る習慣性が万人の間に成立しているからである。かかる習慣性の成立には、勿論条件としては個人間の社会的交渉ということが必要であるが、本質的には、個人の銘々に、受容的整序の能力が存在することが必要である。》

時枝はここで、「ラング」が媒体としての自立的な力を持つという説を退け、代わって、物理的過程を不可欠の媒体として救い出すとともに、「個人の受容的整序の能力」にもとづく

「普遍的な習慣の成立」を持ち出している。しかし、物理的過程を捨てないことは、言語過程説にとって不可欠であるからよいとしても、習慣が成立していることは、同時に社会的な共同規範が成立していることも意味するはずで、その共同規範を「ラング」と呼んだからといって、別段コミュニケーション成立の過程に不自由な圧迫を加えるものとは思われない。連合の習慣を共同体のメンバーが共有することは、すなわち一定の「ラング」がそれぞれの個人の言語意識のあり方を共通の構造として規定していることを意味する。ゆえに、「個人の整序能力」の存在と、言語活動において「ラング」が現実に定まっていてそれが大きな力を振るっていることとは別に矛盾しない。

ソシュールが物理的過程を軽視したとすれば、それにはおそらく理由がある。言語記号の体系は、いったん定まると、あたかもそれ自身で法則を持つかのように観念化した自立世界を個人の心的な過程において持ちうるし（内言や黙読のときのように）、別の物理的手段による代替（書記や手話のように）も可能となる。もちろんこれらの根底には、音声交換という基礎的なやりとりがあるが、ラングというシステムの自立的な力を、社会的人間本質のひとつの大きな象徴として認めることも重要である。時枝の言う「連合の習慣の成立」とか「個人の受容的整序の能力」とかは、それこそが文化現象としての「ラング」の存在を証拠立てるものでこそあれ、けっして「ラング」の力を否定することにはならない。つまり時枝の批判は、「ラング」の存在を個人の立場から言い換えたものにすぎず、批判になっていないのである。もう少し穏やかに言えば、言語の本質に関する時枝説とソシュール説は、同じ言語現象を別の角度から追いかけて理論化したものであって、互いに排他的な関係には立っていないと言うべきである。

時枝は、主体表現としての言語行為と、「ラング」の厳然たる存在とをあくまで二元対立の相の下に、後者を捨て前者を採るという発想にこだわっている。しかし主体的表現の自由を駆使するためにこそ、私たちは、「ラング」の下に整序されている音韻の限定や統辞規則や特定の語彙やリズム的統制などを学ばなければならないのであって、これらの規則の「拘束」を甘受することは、ちょうど社会的な自由と権利を手にするためにこそ法を承認しなければならないのと同じである。両者は二者択一の問題ではなく、言語が不可避的に持つ「二重性」の問題なのである。

日本語文法の特性を理論化――③「詞辞」論

日本語の文は「詞」と「辞」の区別とその連関によって成り立っている。この事実は、時枝の独創的発見というわけではなく、すでに述べたように、宣長、春庭、富士谷成章、鈴木朖らの「てにをは」論によって、さまざまな形で気づかれ指摘されていた。たとえば宣長は「詞」

的中している。
を玉に、「辞」を玉をつなぐ緒にたとえて、両者相まって日本語（やまとことば）の文が成立すると説いた。たとえとしては最高級の表現であり、詞と辞の区別とそれぞれの特徴に見事に的中している。

日本語は膠着語であるために、その品詞分類を体系的に整理することが難しく（たとえば時枝は形容動詞の存在を認めていない。これには十分な根拠がある。『日本文法　口語篇』〈岩波全書〉参照）、何詞を「詞」と呼び何詞を「辞」と呼ぶべきかという厳密な区別もまた難しい。しかし、それぞれの概念としては、これを理論的に明らかにすることは可能である。先人たちはこの現象的事実に気づいてはいたものの、この区別に理論的根拠をあたえるところまではいかなかった。それをなしたのが時枝である。

『国語学原論』またはそれに先立つ論文で、時枝は次のような定義をあたえている。

一、詞――概念過程を含む形式
二、辞――概念過程を含まぬ形式

こう規定した上で、彼は次のように述べている。

《一は、表現の素材を、一旦客体化し、概念化してこれを音声によって表現するのであって、

「山」「川」「犬」「走る」等がこれであり、又主観的な感情のごときものを客体化し、概念化するならば、「嬉し」「悲し」「喜ぶ」「怒る」などと表わすことが出来る。（中略）二は、観念内容の概念化されない、客体化されない直接的な表現である。「否定」「打ち消し」等の語は、概念過程を経て表現されたものであるが、「ず」「じ」は直接的表現であって、観念内容をさし表したものではない。同様にして、「推量」「推しはかる」に対して「む」、「疑問」「疑い」に対して「や」「か」等は皆直接的表現の語である。（中略）それは客体界に対する主体的なものを表現するものである。助詞助動詞感動詞の如きがこれに入る。》

たとえば、「川が流れています」という文では、「川」「流れ」「い」は「詞」であり、「が」「て」「ます」は「辞」である。結局、個々の事物、観念、表象などを指し示すはたらきを持つ品詞は「詞」に属し、それらの間や終わりに付いて文としての統制をもたらすはたらきを持つ品詞が「辞」に属すると考えて大過ない。時枝はみずからの言語過程説とのつながりにおいて、概念過程を含むか含まないかによってこの二つの語群に理論的な根拠をあたえたのである。

なお、「詞」に属する品詞は、便宜上、名詞、動詞、形容詞、副詞、連体詞などを指すと考えてよい。また接続詞は詞と詞とをつないで文の展開を担う役割を持つから「辞」ということになる。ただし厳密を期そうとすると、こうした品詞分類そのものの適否も絡んでくるので、そうすっきりとは言えない事情が発生する。これについては後述する。

ちなみに前章で扱った吉本隆明の『言語美』において「指示表出と自己表出の二重性」に言語の本質を見出していた理論は、この時枝の二大別にほぼ相当することが納得されるであろう(詞—指示表出性が強い。辞—自己表出性が強い)。事実『言語美』では、指示表出性の強い品詞から、自己表出性の強い品詞にまで座標軸上に段階的にたどった図が設けられており、この系列は、時枝の言う「詞」と「辞」の区別にほぼ対応している。ただ違うのは、吉本がすべての語は指示表出性と自己表出性を二重性として保持すると考えているために、詞と辞との区別は相対的な濃淡の問題であるとしているのに対し、文法学者である時枝はこの両者を品詞としてではなく、概念として峻別している点である。この点は議論の分かれるところであろうが、時枝の文法思想的関心と、吉本の文学思想的関心とはまったく同じではないので、ずれが生じてくるのは当然であろう。ただ、ここでは、時枝の文法学的厳格主義は、あくまで話し手主体の意識に焦点が当てられていて、そのことを承認するならば、論理的整合性を持つものであると言える。

ところで、時枝の「概念過程を含む・含まぬ」という区別であるが、言語過程説との関連で言えば、「含まぬ形式」というのは変ではないかと感じられた読者もいるのではないかと思う。というのは、過程説では、素材から概念までを言語の一次過程、概念から聴覚印象までを言語の二次過程としており、言語の本質とはこれらの段階を踏む一連の過程そのものとされていたからである。概念過程（作用）は、言語の本質にとってここではずすことのできない一段階と考えられている。

また私自身は、ソシュールのシニフィアンとシニフィエの不可分一体性の理論を是とするので、その意味からも概念過程を含まない形式の語があるという規定自体に、躓《つまず》きをおぼえずにはいられない。「は」や「です」など、助詞、助動詞も、それなりに概念（意味内容あるいは主体の具体的志向性）を持っているのであり、ただそれが見えにくいのは、これらが時枝の言うとおり、主体の直接的な表現であるために、その概念をわかりやすく説き明かすための客体的な類比物を見出しにくいからである（やろうと思えばできるはずである）。「は」や「です」についいて容易に用法を例示することができるとか、こういうときは「が」でなく「は」を使うということを普通の日本人ならけっして誤らないといった事実は、それらが概念を持っている（主体が表現において概念作用をはたらかせている）ことを表わしている。「です」は断定の敬語的表現であるというような説明が可能なのも同じことを証拠立てている。

この問題は、次のように解決すべきであると私は考える。まず時枝は、じつは「辞」の表出において、素材から概念（作用）に至る一次過程の欠落を認めている。「辞によって表現されるものは、主体それ自体であって、素材ではないといった方が寧ろ厳密に近い」として、第一次過程である概念過程を経ずに、直接に音声へと表現されることを示した図をわざわざ掲げて

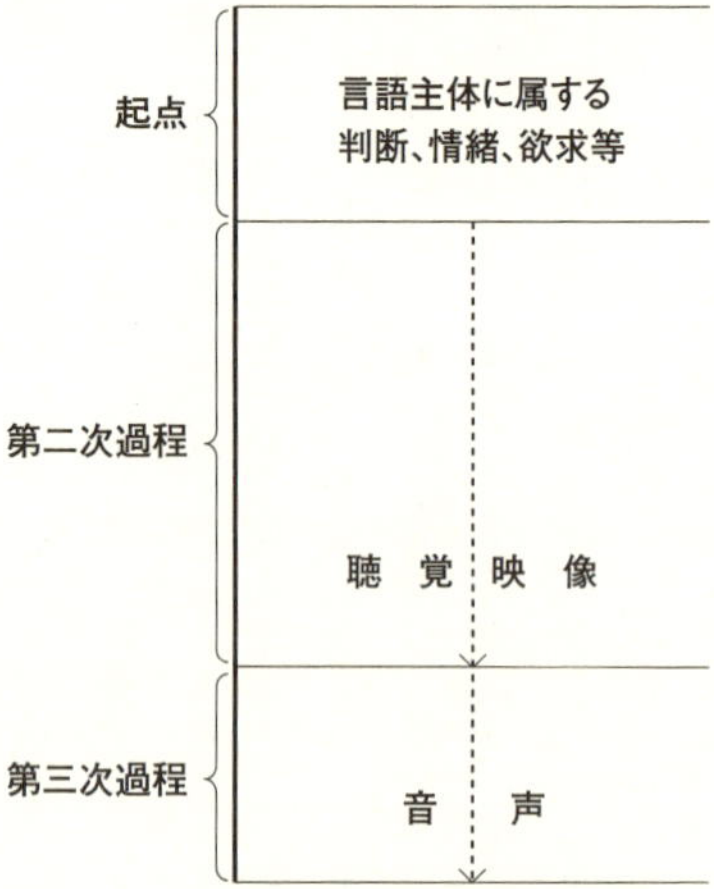

辞の過程的構造形式
（『国語学原論』p236第二図）

いる（『国語学原論』）。概念過程を脱落させたこの図（上掲）は、しかし言語総体の本質として示したはずの先の過程説（この場合にも詳しい図がある）の理論からすれば、どう見ても論理として苦しい。そこで、「詞」と「辞」を区別するのに、「概念過程を含む形式、含まない形式」といった無理を冒すのでなく、「詞」を「客体化・対象化を経た形式」、「辞」を「客体化・対象化を経ない直接的表出の形式」としてはどうであろうか。

　これについては、時枝も、説明の部分では同様のことを述べているのである。なおまた、『国語学原論』の八年後に出版された『国語問題と国語教育』では、「詞」を「思想を対象化して表現するところのもの」と呼び、「辞」を「思想そのものの直接的表現」と呼んでいる。この修正のほうが過程説との矛盾を避けることができていて、よほど妥当に思われる。

　いずれにせよ、この詞辞の二大別にしたがって日本語文法の特性を強調したことは、日本語の伝統に忠実に沿った学説として高く評価されるべきだし、さらにそれに則って日本語の構造を、先に挙げた④の風呂敷型、入れ子型構造として説き明かした功績はたいへん大きいと言うべきである。また時枝は詳しく言及していないが、「詞」と「辞」の区別は、日本語ばかりでなく、およそ言語と言われるものには通有の事実であると述べており、ただ日本語はこのような理論を導き出すのに都合のよい構造をしていたために、古くから学者の注目するところとなっていたと付け加えている（『日本文法　口語篇』）。たしかにラテン語、印欧語のような屈折語においては、格変化、活用形、接尾辞、前置詞、接続詞、感動詞などにおいてそれを確認できるだろうが、孤立語である中国語などにおいてはどうなのであろうか。この点については筆者の理解を超えている。

次に、言語思想の基本概念として「詞」と「辞」の区別の存在を認めることが重要な意味を持つことは首肯しうるが、文法学の範疇にこの区別を持ち込んだときに、どこまでを「辞」とし、どこからを「詞」とすべきかという線引きの問題が発生する。品詞分類そのものに定説がない以上、これはきわめて難しい問題である。少なくとも何詞は「辞」だが、何詞は「詞」であるといった、厳密な確定はできないであろう。

時枝自身は、『国語学原論』においては概念上の区別は厳密でなければならないという立場を固守しているが、そのことは品詞上の区別には結びつかない。『日本文法　口語篇』では、用言の活用現象（たとえば「読む」の未然形が「読ま」となるような場合）は、辞の機能に相当するということができるとされており、概念的区別と品詞分類とが一致しないことを認めている。「辞」の機能が、立ち並ぶ「詞」を前にして表現主体が適正な順序と統括を施すところにあるという点から見て、この柔軟な指摘はよく納得できるものである。文法学者の阪倉篤義氏も『日本文法の話』（教育出版）の中で、この柔軟な考えを受け継いで（？）さらに発展させ、随所で修正案を提出している。その適否はともかく（話が細かくなるので割愛するが、時枝は阪倉氏の考えを肯定していない）、「詞辞」論に対する時枝のややもすれば教条主義的に見える主張に対して、いくつもの批判や修正案が提出されてきたことは事実である。その中で重要なものに、詞辞の連続論（両者の次元は峻別されない）というのがある。これについて時枝自身は、まず次のようにまとめている（引用文中、カッコ内は引用者の注）。

《要するに、詞辞の連続論と云っても、簡単でなく、そこには、種々な現われ方の相違が認められる。「あり」「なし」の場合のように、詞的なものより、辞的なものへ移動する場合（存在、非存在を表わす場合は「詞」、「である」のように陳述を表わす場合は「辞」）、または、共時的に詞辞両様の用法を兼有する場合（「さびた刀」と「雨が降った」のように同じ「た」が「ている」の意味と「過去・完了」の意味を表わすような場合）、或は、複語尾のように、用言の活用語尾に付く語に、詞的なものと、辞的なものを区別し、しかもこれを一括して複語尾として認めようとする場合（「る」「らる」

「す」「さす」など受身、可能、尊敬、自発、使役は前者、「つ」「たり」「き」「めり」「らむ」など過去、完了、推量は後者）、或は用言におけるように、詞辞両性質が一語に混在することを認めようとする場合（大野晋が唱えた説）等の如く、種々の場合があり得るが、私はこれを一括して、詞辞連続論の立場と呼ぶことにする。》（「詞と辞の連続・非連続の問題」『文法・文章論』岩波書店）

こう述べた上で、時枝は、山田孝雄の次のような説を紹介する。すなわち、主位と賓位の対立を繋辞（コプラ）がつなぐことによってはじめて陳述（文の統一）がなされるので、主格と述格とがただあい対しているという説明は通俗的で無意味である。つまり主格と述格が並立しているだけで、それを取りまとめる繋辞がなければ文としての統一はなされない。この説を指して、時枝は、これは明らかに詞辞の不連続を認めたことを意味するとした後、ところが山田はそのあとすぐ用言に陳述が具有されるとしてしまったために、その後の文法学の方向がまったく反対に歪められたと嘆いている。大方の詞辞連続論はそこに起因するというわけである。

この問題は、時枝の詞辞不連続論（両者はそもそも次元を異にする）の徹底性をよく物語っている。なお、先に用言の活用形を「辞」として認める柔軟性を指摘したが、それとこれとは矛盾しない。山田のように、用言に陳述機能が備わっていると考えることは、ある用言の活用形（たとえば「読まない」の「読ま」）が「辞」的機能を持っていることとは違う。想像するに、時枝の考えでは、「読ま」は「辞」的機能の一部を担うことはできているが、「読ま」だけでは何ら陳述機能は完成していないのである。

ちなみに「辞」の機能は言うまでもなく「陳述」のみにとどまらない。話し手主体の直接的「思い」の方向性を示すのが「辞」一般の機能である。たとえば格助詞「の」は、「辞」であるが陳述機能などはない。その意味で時枝の詞辞不連続論の厳格主義は、それなりに首尾一貫しているのである。

要するに、時枝は、「ある」「ない」のように、同じ語でも用法によって「詞」にもなれば「辞」にもなることを認めているのだが、ある決まったひとつの用法の場合に、それがどちらに属するかは、厳密に規定できるし、すべきであると考えたのである。たとえば、「これは私の本です。」の「の」は明確に「辞」であるが、「そこにおいてあるのは何？」の「の」は、体言に準ずる語で、客体化されていると考えられるから、「詞」である。

時枝のこのこだわりは、やがて⑤の「零記号」論を導き出さざるをえなくさせることとなった。その妥当性については、該当部分で検討することにしよう。

主述対立構造の否定——④日本語の「風呂敷」型、「入れ子」型構造

次に、この「詞辞」論にもとづいて、さらに深く日本語の文の構造を説いたのが、④である。

まず「風呂敷」型説の要点は、「辞」がその上にある「詞」または文節の群を風呂敷のよう

に包み込んで統括しながら次の部分に連接していくという点である。たとえば、「花が咲いた。」という文で、「花」「咲い」という詞がそれぞれ「が」「た」という辞によって包まれ統括されることになる。図でこれを表わせば、

しかし、主語と述語とがそれぞれ独立しているのでは、この文の構造を全体として捉えたことにはならない。時枝は、橋本進吉の、文の成分としての文節への形式的分解による構造理解と違って、文や文章の統一性がどのように生まれるのかというところにまで文法学上の関心を深く示した。それがこの「風呂敷」型、「入れ子」型構造を考案させる結果となったのである。そこで文が上から下へ接続していく関係は、単に連体修飾・被修飾、連用修飾・被修飾のような文節単位の関係構造ではなく、「辞」がその上の「詞」を包み込んで統括しつつ、次に進んでいく形を取ることになる。

　右の例で言うと、いったん「花が」としてまとめられた部分が、さらに「咲い」という部分によって包まれて、最後に「花が咲い」全体が「た」によって包まれて統括される。これが「入れ子」型構造である。図示すれば、

花が咲いた

この理論の特徴は、ふつう私たちがなじんだ主語－述語の対立構造（対応構造）として日本語の文を見ないというところにあり、印欧語の文法において基本とされるＳ－Ｐ構造の借用を拒否することを意味する。学校文法（橋本文法の簡略版）では、主語、述語、修飾語、独立語による文の構成は自明なものと考えられているが、よく考えてみると、時枝のこの入れ子型構造によって文を理解するやり方のほうが、日本語の性格をはるかに的確に言い当てていると言うことができる。しかもこの構造を理解する上で重要なことは、時枝が、第三者的な観察的立場から文の構造を解明するのではなく、あくまで話し手主体の表現意識がどのように展開されていくかという道筋に沿って日本語の構造を考えようとした点にある。自然科学的アプローチを拒否した時枝の面目が、ここにもよくうかがえる。

たとえば、「そんな話は聞いたことがない」という文で、普通に流通している文法によって形式的に主部を求めるならば「そんな話は」であり、述部は「聞いたことがない」ということになるであろうが、この解釈は、直ちに厄介な問題を引き起こすことになる。

というのは、考え方によっては、第一に、「ことが」が主語でありそれ以前はすべて「ことが」にかかる連体修飾句で、「ない」だけが述語（述部）であるともみなせるからである。また第二に、意味上の主語（動作主）を重視するならば、「聞いたことがない」のは、明らかに「私」であって、しかもそれは文中に表わされていない。これを主語の省略と説明するのはいかにも苦しい。こんな日本語は、至るところにあって十分に通用しているので、それらをすべて主語が省略されている例外的状態とみなすなら、日本語は例外だらけということになってしまう。

現にいま私が述べた「これを主語の省略と説明するのはいかにも苦しい。」という文も、「説明する」という用言に対応する主語、また「苦しい」という用言に対応する主語は、どちらも明示されていない。しかしこれを「主語の省略」と考えるような日本人はまずいまい。いるとすれば、よほど欧米語文法に毒された人である。

さらに、学校文法では「何々は」または「何々が」にあたるのが主語であると教えているようだが、そう説明されたら、「そんな話は聞いたことがない」という文の主語は「話は」なのか「ことが」なのかわからなくなる。「は」については次に述べるように、けっして主格を作る機能を持っていないが、「が」の場合も必ずしも主格を作るとは言えず、「これがほしかったんだ」というような文では、「これが」はとても主語とは言えない。ちなみに時枝は、こういう場合の「これが」には、「ほしかったんだ」という述語に対する「対象語」という新しい文法概念を設定している。傾聴すべきである。

それにしても、なぜこのようないくつもの混乱が起きるのか。

まず「は」という助詞は主語を作る格助詞ではなく、主題を提示する係助詞である。この点はすでに定説となっていて、よく言われる「うなぎ文」(食堂で注文するときの「僕はうなぎだ。」)や「象は、鼻が長い。」などの「は」は、何ら主格を示さず、「〜に関して言うならば」の意味である。

また、そもそも「主語」とは何かと考えると、それが主格を表わす格助詞の存在によって形式的に文の中に明示されていなければならないという規則にしたがうべきなのか、それとも動作や状態を表わす用言に対応する意味上のものを指すと考えるべきなのかは、日本語では決定できないことになる。要するに、日本語の「文」というものを、主‐述の基本図式にさまざまな修飾語が付いた構造として理解しようとすることにもともと無理があるのである。

これに対して、時枝の考えた入れ子型構造は、文の最後にくる「辞」によってそれよりも前の全体が統括されて、そこではじめて意味理解が完成するという日本語の根本的な特徴と、話し手主体自身の意識の流れ方とを見事に言い当てているのである。さらに進んで時枝は、日本語の入れ子型構造に対して、印欧語は、基本的に主部と述部の間を繋辞(コプラ)でつなぐ「天秤型構造」と呼んでいる(先に例示した山田孝雄説はこれに則っていたのである)。この日本語を入れ子型構造と見る見方は、さらに発展して⑥の「述語格」論に至ると、いよいよ精彩を放つことになるのだが、その前に、「零記号」の問題を解決しておこう。

意図はわかるが微妙な論――⑤「零記号」論

零記号論は、陳述の最後に用言の終止形が使われたり（「桜は美しい。」）、連体修飾語に用言の連体形（口語では終止形と同じ）が使われたり（「激しく逆巻く波が押し寄せてきた。」）する場合に、その直後に、表現されてはいないがそれ以前の部分を取りまとめる役としての「辞」が存在するという考え方である。異論、批判が多いが、前の④の捉え方とのセットとして考えると首肯できるかもしれない微妙な論である。先に述べたように、私自身は、これはある場合には適切だが、別の場合には不適切であると考えている。

とまれ、この零記号は、図では■を用いて次のように表される。

桜は美しい■。

激しく逆巻く■波が押し寄せてきた。

前節の、文の「入れ子型」構造とあわせて図示すれば次のようになる。

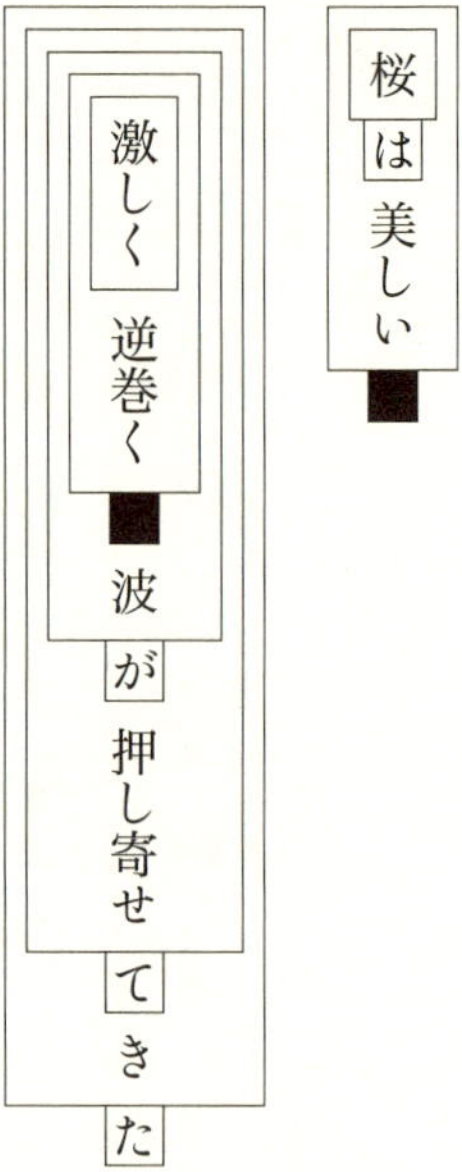

さて、なぜ時枝はこのようなものを設定せざるをえなかったのか。それは、先に述べたように、日本語を大きく「詞」と「辞」に分類する考え方から来ている。そしてその「詞－辞」分類が、そのまま辞以前の部分を辞によってひっくるめて統括し、その上で次へ進む「入れ子」型構造の骨格になるという論理から必然的に導かれるのである。右の例で、「美しい」（形容詞終止形）や「逆巻く」（動詞連体形）は、それ以前の部分を統括して陳述の役割を果たさなければならないはずなのに、その役割に当たる「辞」が存在しない。にもかかわらず、そこには無音の「辞」が潜んでいるというのである。

この説も大きな議論を巻き起こしたようである。たとえば橋本進吉は、次のように述べて、零記号の存在意義をにべもなく一蹴している。敵愾《てきがい》心満々である。

《活用語が、それだけで文節を構成した場合は、体言が格助詞助動詞等と共に文節を構成したものにあたるのである。（中略）さすれば、時枝氏のゼロ記号なるものは無意義であり、まちがいである。》

（「文と文節と連文節」『国文法体系論』岩波書店）

橋本は、みずからの文法体系を、音韻のまとまりによる「文節」を基本にすえて考えているので、完全に時枝の言う「観察者的立場」に立ってものを考えており、話し手の意識の表出としての言語とか、文全体の意味内容とかに対する関心をすっかり無視してしまっている。

橋本の言っていることは次のようなことである。たとえば「彼女と一緒にコンサートに行き、最高の気分だった。」のような文において、「行き」は動詞「行く」の連用形として活用しており、しかもそれだけで文節を作っている。これに対して「気分だった」は、「気分（体言）」＋「だっ（助動詞）」＋「た（助動詞）」で一文節を作っている。両者はいずれも一文節を構成しているという意味において同じだから、文節としてのまとまりがありさえすれば、「行き」という連用形中止法の後に無言の「辞」としての零記号など要らないというわけである。

橋本には、異なる語の用法の背後に伏在する主体の「思い」の次元の違いという発想が皆無である。そのため、時枝がなぜこのようなものを設定せざるをえなかったかという動機をまったく理解していない。この形式主義者に零記号を理解しろと要求するほうが無理であろう。

繰り返すが、日本語の文は風呂敷型↓入れ子型として考えることによってその使命が果たされるので、統括の機能を背負う「辞」が露見していない場合には、詞辞の結合をもって文とするという時枝理論の原則を通すために、彼のような発想も必要になってくるケースがあるのである。

たとえば、右の「彼女と一緒にコンサートに行き、最高の気分だった。」のような文の場合、「行き」(連用形中止法と称せられる用法)の後には「辞」に相当する語がないが、ここでそれ以前の部分を一気に統括して次へ進むという発語主体の意識がはたらいていることは明瞭である。ゆえに「行き」の後に零記号を想定することはきわめて妥当である。しかし、時枝自身が例示している「淋しき雨」のような場合には、文語の形容詞連体形は、終止形「淋し」に活用語尾「き」が添加されることによって入れ子型統括機能を果たしている。もし用言の活用語尾に「辞」機能があると認めるなら、「淋しき■雨」とする必要は何らないわけである。

また、次のようなケースでは零記号を想定する意義はいっそう活きてくる。

ア　桜散る。↓桜■散る。

イ　曇りガラスの外は雨。→曇りガラスの外は雨■。

アは、格助詞「が」が意識的に省略されている（省略ではないという見方も成り立つ）。またイは、陳述の役割を果たす助動詞「だ」「です」がない。しかしこれらはけっして「不完全な文」ではない。むしろ、完全な文であるからこそ零記号の想定を許すのである。「桜が散る。」と言わずに「桜散る。」と言う。「曇りガラスの外は雨です。」と言わずに「曇りガラスの外は雨。」と体言止めにする。そのことによって、話し手の抒情的な「思い」が余韻を響かせる効果を出している。その余韻としての「思い」は、語られないことによってこそ逆説的に表現性を獲得するのである。

言語の本体は述語である――⑥「述語格」論

「述語格」論というのは、文の基本はまず述語にあり、主語、客語、補語などは、述語の中に潜在していたものが必要に応じて後から表出されてきたものであるという説である。印欧語の「主－述」対立構造を否定して大胆であるが、言語というものの素朴な・原始的なあり方に思いを深く寄せてみると、日本語に限らず、見事に言語一般の本質を言い当てていることがわかる。次章で扱う哲学者・大森荘蔵の考え方にも通じている。

時枝の言う述語格とは、詞辞統一構造において、詞と陳述の助動詞（「です」など）との結合によって作られる句のことを指す。たとえば「勉強家です」という句は、

［勉強家］［です］

という図によってその構造が示されるから、述語格であり、「勉強家」という詞は述語の役割を担うことになる。これだけなら、当たり前のことを言っているように聞こえるが、さらに句を付け足して「彼は勉強家です。」という文について考えてみると、ふつう、「勉強家です」という述語格に対して、「彼は」は主語格の関係に立つことになると考えられる。時枝は別にそれを否定しているわけではない。だが興味深いのは、「彼は勉強家です。」という文においては、「彼は勉強家」全体を述語とみなすことができるというのである。なぜそんなことが言えるのか。この疑問もまた、入れ子型構造の原則によって氷解するという。

『日本文法　口語篇』に、次の図とそれについての記述がある。

［［彼］［は］勉強家］［です］

《右の図形は、「です」によって統一されたものとして、「彼は勉強家」を述語と呼ぶことが出来ると同時に、その中から、「彼」を主語として取出した場合、その主語に対しては、「勉強家」を述語と呼ぶことができるという関係を示しているのである。この関係は、国語の文の構造として具体的に示すことが出来るのであって、たとえば、「芽生える」「歯がゆい」「腹が立つ」「気が長い」等の語が、それぞれに一の詞として述語に用いられると同時に、「芽」「歯」「腹」「気」を主語と見れば、それに対する「生える」「かゆい」「立つ」「長い」を同時に述語と見ることが出来る（中略）。次に、右の図形から結論することが出来る重要な点は、国語に於いては、主語は述語に対立するものではなくて、述語の中から抽出されたものであるということである。（中略）右の構造から判断すれば、主語は述語の中に含まれたものとして表現されていると考える方が適切である。必要に応じて、述語の中から主語を抽出して表現するのである。それは述語の表現を、更に詳細に、更に的確にする意図から生まれたものと見るべきである。》

この指摘がいかに独創的ですぐれたものであるかを私なりに批評してみると、次のような二つの連続した評価となる。

ひとつは、この指摘が言葉の最も素朴な・原始的な使われ方をよく保存した考え方であるということである。というのは、人間が何かに接して感動や驚きを表現しようとして思わず言葉を発するとき、それが「おやまあ！」「えっ？」のような感動詞（つまり直接表現としての「辞」）ではなく、何らかの「詞」である場合には、時枝の言う最も単純な述語形式を取るにちがいないからである。先の例で言えば、一所懸命勉学に励んでいる友人を見て、すぐに「勉強家！」と言うはずで、「彼は」とか「君は」などと余計な「主語」から言い出すということはまずありえない。印欧語でもこれは同じで、「He is……」などと発語するはずはなく、まず「Hard worker!」とその特性をじかに表現するであろう。

もうひとつは、最後に言及する⑦意味論にも通ずるのであるが、時枝のこの指摘が、私たちが世界をどう受けとめるか、世界とどう交渉するかという哲学的問題に対する重要なヒントをあたえているという点である。というのは、時枝の言う「述語格」という概念を最もよく象徴しているのは、あえて品詞に限定すれば形容詞であって、「勉強家です」というのも、一種の形容詞句とみなすことができるからである。

パニック映画の傑作『ジョーズ』で、人食い鮫・ジョーズ退治をもくろんだ荒くれ漁師が沖合いに出て、はじめてデッキのすぐそばでジョーズの突然の出現に出くわすとき、思わず「でかい！」と叫ぶ。原語がどうであったかつまびらかにしないが、「例の奴は」などと言う余裕はなかったに決まっている。また山田孝雄は一語文を立派な文であるとしたことで知られているが、たとえば「火事！」というような一語文も、述語的であると同時に、形容詞的表現とみなしうるのである。

このほど本書を書くにあたって参考にした時枝の早期（三十四歳）の論文に、「語の意味の体系的組織は可能であるか」（『言語本質論』岩波書店）という精細な作品がある。『源氏物語』における種々の形容詞表現を中心に、そこに登場する数多くの形容詞が、「物（客体）」の状態を表現したもの（たとえば「丸い」「赤い」）か、「心（主体）」の情状を表現したものか（たとえば「楽しい」「悲しい」）を見極めることによって、その主語がだれであるかを探り当て、正しい理解を深めようとしたものである。これはこれで学者の厳密な仕事であるが、私が思わず目を見張ったのは、そこで副産物的に指摘されていることで、形容詞には「客体」の状態と「主体」の情状を両方表わすことができるものがあって、どちらとも定めがたいと述べている点である。

いささかくちはばったいが、この問題は、じつを言えば期せずして私自身が知覚と情緒の関係について考えていたときに思い浮かんだ着想とぴたりとシンクロするものであった（拙著『エロス身体論』平凡社新書）。私が言いたいのは、形容詞という品詞または形容詞的表現は、もともとどちらかに分類可能なものではなく、「客体」とその知覚に不可分につきまとう「主体の情」とを二つながらに表現するに適した言い回しなのであって、そこにまさに「物心一如」の世界が出現していることを語ろうとした言葉（群）なのだということである。

吉本隆明流に言えば、それこそは理性によるコントロールを通過する以前の「自己表出」であって、「はじめに言葉《ロゴス》ありき」(ヨハネ伝第一章)ではなく、「はじめに言葉《パトス》ありき」なのである。私はもちろん、この指摘を、デカルト以来のヨーロッパ近代哲学が、主客二元論をその論理的骨格としていることに逆らいたいという欲望に利用したかったのだ。「いやいや、私たちの世界感受のあり方は、そういうふうに主体と客体とに分割して捉えきれるものじゃないんじゃないか。私たちはそんなふうに生きていないんじゃないか」というアンチテーゼを提出しようとしたわけである(主客二元論の問題点については、次章、大森荘蔵で詳しく取り上げる)。

たとえば赤ちゃんを見て「可愛い」と叫んだり、トラに接して「恐い」と叫んだとする。この場合、「可愛い」や「恐い」という形容詞は、対象の形容として「赤ちゃんが可愛い様子をしている」「トラが恐い形相をしている」というふうにも解釈できれば、主体の感じ方の形容として「私はこの赤ちゃんを可愛いと思う」「私は迫ってくるトラが恐かった」というふうにも解釈できる。まさにこの両様に解釈できるということが、私たちの世界把握の素朴かつ原始的なあり方一般を象徴しているのである。

そうして、じつは「赤い」「丸い」のように「物」の知覚にひきよせられた形容詞も、逆に「うれしい」「悲しい」のように「主体」の情緒にひきよせられた形容詞も、よく考えていけば同じように互換性があることに気づくのではないか、というのが、私なりの形容詞論であった。

たとえば、「私の心は怒りで真っ赤に燃え上がった」「あいつも近頃丸くなったな」。これは客体の状態から主体の情状への転用であるが、逆の場合もある。たとえば「明日は待ちに待った楽しい遠足です」「なんと哀しい光景だろう」。さらに言うなら、これらはじつは「比喩」や「転用」ではなく、むしろ主体の「思い」と「客体」の状態とをはじめから一体的なものとして表現できるという、形容詞本来の機能に根ざしているのである。これらを比喩や転用とするには、あまりにはまりすぎていると言うべきだ。その他、「冷たい表情」「固いタッチ」「寒々しい思い」「勇壮な音楽」「温かいまなざし」など、これに類する例は枚挙に遑《いとま》がない。比喩や転用のような、一見高度にみえる表現技術は、こうした場合、じつは高度なのではなく、むしろ逆に原始的な身体感覚にぴったり合うように訴えかけてくるのである（拙著『言葉はなぜ通じないのか』〈PHP新書〉参照）。

ちなみに英語では、主述の関係を明確化したいという強い欲求が文法のうちに潜んでいるので、トラの様相を形容するときには「The tiger is scary.」と表現し、自分が恐いと感じたときには「I am scared.」と受身表現として二分するのが普通である。

そういうわけで、時枝の「述語格」論、つまり言語の本体をなすものは述語格であるという説は、形容詞に見られるような、「物心一如」的な世界把握とまさに同じことを表現しているというのが、私の評価だったのである。この考えは、次項⑦の意味論と相まって、大森荘蔵の

「立ち現われ一元論」へと連続していく。このロジックのつなぎと方向性がうまくいけば、ヨーロッパ近代哲学の認識論的前提に対する、きわめて有効な反措定たりうる、というのが、私の見通しなのである。そこで次の意味論へと語り継いでいこう。

意味とは話し手と聞き手の把握作用そのもの――⑦意味論

前章で、吉本隆明が、時枝誠記の言語論に多くを負いつつ、時枝の意味論を退けて、言語の「意味」の問題をあくまで言語の「価値」（芸術的言語の価値）との関係で扱ったために、「書き言葉」と「話し言葉」、自己表出と指示表出、文学言語と生活言語の三対の概念を図式的な並行関係に置く結果となり、それが彼の立論に論理的な無理を生じさせている事情を述べた。そのこと自体は、吉本言語論の固有の問題であるが、今度は、吉本が時枝の意味論を退けたそのおなじ事情を、時枝の言語観を中心にして分析してみよう。

時枝の「意味」論は、「意味とは言語主体の把握作用そのものである」というところにその核心がある。ここには、形式的・静態的な言語観を批判して、言語をあくまでそれを用いる主体同士の動態的なやり取りの「過程」として捉えようとした時枝の面目が躍如としている。

吉本はこれに対し、「時枝のいう主体の意味作用を、〈馬鹿だなあ〉という外形的な表現とかかわりない愛情、いたわり、非難という内在的な意味作用と解すれば、なぜこういうちがった内在的な作用が、おなじ言葉としてあらわれるかを了解するのが難しくなる」(『言語にとって美とはなにか』)と批判している。だが、これは、時枝の言語観に対する誤解にもとづいた批判である。

吉本の時枝誤解のポイントは、時枝の言う「主体の把握作用」「主体の意味作用」という概念を、発話主体の「内面」における閉ざされた構成作用とだけ考えている点に求められる。誤解の根は、時枝の側にも皆無ではないとすれば、時枝は、「意味とは、言語をやり取りする主体同士のそれぞれの把握作用である」と言うべきであったろう。前に述べたように、話し手主体がある二ュアンスを込めて言った言葉を、聞き手主体が違った把握作用によって受け取れば、そこには誤解の余地、すなわち「意味」の齟齬が生ずるからである(ただしそういうことは、日常的な言語活動総体の中では、そうしばしば起こるわけではない)。

そういうわけで、時枝の「実存主義」的かつ関係論的な言語論・意味論には、けっして捨てがたい視点が含まれているのである。

時枝は、「意味」を発話主体の「内在的な意味作用」と考えたのではなく、むしろ表記された一般形式(外形的な表現)のみの共通性によって「おなじ言葉」と考える言語観そのものを否定したのであって、そのことは、まさに彼が言語を話し手(書き手)の言語構成から聞き手(読み手)の言語理解までの「過程」そのものと解したことと矛盾なくつながるのだ。その証拠に、『国語学原論』の意味論（第二編第四章）には、「意味」の定義のすぐあとに本居宣長の「凡て同じ物も指すさまによりて名のかはる類多し」という言葉を引きつつ、次の記述がある。

《宣長のいったことは、その逆にも適用出来ることであって、指すさまが同じであるならば、異った事物をも同じ語によって表現される訳である。山に遊んで昼食を取ろうとして、傍の石を指さして、「このテーブルの上で食べましょう」ともいい得るのである。疲れた山道で一本の木の枝を折って、「いい杖が出来た」ともいい得るのである。》

「テーブル」や「杖」が、聞き手によって、室内にあるテーブルや道具屋で売っている杖を指すのではなく、傍の石や折られたばかりの枝を指しているということが理解されるのは、話し手主体と聞き手主体のあいだに共通の「把握作用」が言語習慣によって確立されていて、「意味」の連係プレーが成立するからに他ならない。そしてこのことは、基本的には、〈馬鹿だなあ〉という外形的な表現が、まさにその表現のなされている生活文脈に応じて、愛情やいたわりや非難などの多義性を持ちうることと同じである。

なぜなら、ちょうど山登りで「傍らの石」や「折られる枝」という状況を話し手と聞き手が共有するように、〈馬鹿だなあ〉と語られたときに、聞き手が一義的意味として受け取る言語能力しか持ち合わせないのではなく、前後の生活文脈や語られた声の調子やそれに伴う表情などを受け取る感性と理解力を備えていれば、ほぼ間違いなく、それがどんなニュアンスを込め同士の感性的・肉感的な共有物となっているのである。このとき、表現され受け取られたものとしての言語は、全体として、あたかも自然物のように、しかし自然物とは次元を異にするあり方で、言語主体同士の感性的・肉感的な共有物となっているのである。

ここで、言語表現、言語活動の本質は、本来的には音声の授受にこそあるのであってそれ以外ではないという事実が含む重要な意味が仄見《ほのみ》えてくる。この問題は、さらに追究すると、音響的知覚が人間にとって持つ意味という別の重要な哲学的問題に発展するのだが、さしあたりそれは保留しておく（関心のある方は、拙著『人はなぜ死ななければならないのか』〔洋泉社新書y〕を参照されたし）。

ここでは、〈馬鹿だなあ〉という「文字形式として表記された言語表現」が、それ自体としては「意味」を一義的には決められないという事実に「謎」を感じることそのものが、言語の概念を、「書き言葉として表記されたもの」という先入観のうちに無意識に囲い込んで捉えようとする知識人的な（書き言説に慣れた）錯覚を表わしていること、そして「戦後知識人批判者」としての際立った思想を確立したあの吉本さえも、この一種「ポストモダン」的な錯覚から自由ではなかったことを指摘するにとどめよう。

簡単に言えば、「馬鹿だなあ」という表記そのものだけでは、言語の条件を満たしてはいないのである。それを孤立したサンプルとして抽出すると、そのサンプルはサンプルのままですでに言語の条件を満たしていると つい考えてしまうところから、言語一般には、同じ表現なのに多義性が付きまとっているのはなぜかという過剰な問いと懐疑が湧き起こってくる。しかし、この種の問いと懐疑は、言語の本質を考えるに当たって、じつはなくもがなの問いと懐疑なのである。

このなくもがなの問いと懐疑に対して、時枝の言語過程説は、それを封じ込むだけの動的な言語観を十分に示しえている。

繰り返すが時枝は、言語は話し手の「意」の表出が聞き手の「理解」に達するまでの過程によってのみ実現すると考えた。聞き手が「発話を受けて理解する」聞き手として存在しなければ、言語表現は言語表現としての条件を満たさないのである。重要なことは、彼が意味を「主体の把握作用そのもの」と捉えたとき、その「主体」とは、単に話し手のみを指すのではなく、聞き手もまた言語主体と考えていた点である。

このことを私なりに少し敷衍《ふえん》してみよう。

聞き手は、なぜ話し手の言葉を理解するのだろうか。もちろん、技術的な意味では、彼もまた同じ言語体系（ソシュールの言う「ラング」）を有する文化圏で生活経験を積み重ねてきたからに他ならない。しかし私がここで言おうとしているのは、そういうことではなく、ある言葉を聞いたときの聞き手主体が、どういう心的なメカニズムによって、「わかった」という言語経験をするかということである。
　聞き手は、相手から発せられた言葉をそのままなぞり、あたかも瞬間的な内語のように「自分に向かって」再び表現することによって、自分が漬かっているラングとの関係をそのつど作り出すことで理解に達するのである。こういう過程は、日常的な言葉のやり取りにおいて、いちいち反省的に意識されない。それは、私たちがある文化圏の中での言語生活に習熟しているために、この過程があまりに瞬間的に（ほとんど無意識に）行なわれるからであって、また、ある発話がなされるときには、それがなされることを必然と感じさせるような、その時々の生活文脈（状況コンテクスト、そして時枝の言う「場面」がまさにこれに相当する）の共有が前提になっている場合が大部分だからである。

A「この絵、なかなかいいね」
B「うん、なかなかいい」

　この例で、Bは、Aの「この絵、なかなかいいね」を聞き取ることにおいて、即、自分に向かって「この絵、なかなかいいね」と語りかけているのである。そのとき自分の応答を構成する以前に言語主体としてのBに起きていることは、自分が浴してきた言語体系と自分の表現意識とを、ほとんど身体化した言語習慣を媒介として瞬間的に照応させることである。「聞き取り」において言語主体は、相手の言葉の時間的流れに注意行動を密着させつつ、あたかも相手の言葉を演じなおすかのように、自分に向かって内的に「表現」しているのである。この過程をあえて詳しく表示すると、次のようになる。

A「この絵、なかなかいいね」
↓
B（a）「この絵、なかなかいいね」
↓
B「うん、なかなかいい」

このことは、聞き慣れない外国語を話す相手の言葉を聞き取る場合を想定するともっとよくわかる。私たちは、相手の言葉を聞き取るとき、その直接的な聴覚印象と、理解しなくてはならない概念との隙間を埋めるために、相手の発する音声の聴覚印象を急いで自分の中で反復するであろう。

また、幼児が大人の会話から言語を習得していく場合を想定してみよう。彼は自分の中にまだ「内なる他者」(自分を自分として対象化でき、内語が可能となるような関係意識の構造)が十分に形成されていないので、大人が発した「ほら、ワンワンよ」といった音声を受けて、実際に声に出して「ワンワン」と言ってみる。この反復行為、つまり自分に対する言い聞かせこそは、聞き取りそのものなのであって、それはすなわち、「ワンワン」という外的表出を自分に照り返させることをとおしてしだいに「内面」を形成していくための、初発の行為を意味する。発達心理学者の浜田寿美男氏が『「私」とは何か』(講談社選書メチエ)の中で述べている、「聞くことは話すことである」という名言は、このことを指している。

このようにして、言語の意味がもともと多義的であるのは、「主体の把握作用」であるかぎり当然なのである。なぜなら、時枝の指摘するとおり、「話し手の表現とそれを受け取って理解する聞き手とのやり取りの過程」こそが言語の本質だからである。言い換えれば、そこには、時枝の言う「場面」、つまり言語表現の行なわれる状況コンテクスト、それを聞き手と共有しつつそれにあわせて発語する話し手の心理的なモード、聞き手の側の理解力や話し手に対する構えや気分、といったものが不可分に伴うからである。

ちなみに、この時枝が規定した「意味」概念は、ソシュールのそれと反するのではなく、むしろまさに同じことを違った言い方で捉えたものにほかならない。というのも、すでに述べたように、ソシュールの「言語の意味」概念とは、言語以前の混然とした事物の群れ(観念的なものも含む）に対して、ある文化共同体に属する人間が、事物間（たとえば、犬と狼との間）に差異の境界を「恣意的」に設定し、それぞれに異なる指示を付与することで生じる一連の分節（切り分けと画定）行為の体系のことにほかならないからである。だから、文化共同体が異なれば、必然的にこの意味の体系は異なることになる。すぐ了解できるように、このソシュールの「意味」概念を、個々の主体の言語使用の場面に置きなおせば、それは直ちに時枝の言う「主体の把握作用」ということになるであろう。

こうして、時枝の意味論は、世界に対して主体がみずからあたえる「方向づけ」というところに重点を置いた、すぐれて人間論的・実存論的な特性を示しているのである。そしてその「方向づけ」とは、言語に表現された指示対象だけにかかわることなのではなく、言語行為の主体自身（聞き手も含む）を「どこに向かって」導くのかということにもかかわっている。時枝の意味論は、ハイデガーが『存在と時間』において、「意味する」とはいったい何を意味するのかと自問し、それに対して、「意味とは、投企がどこに向かっているかと考えるときの、その『どこに向かって』ということである。……人間だけが意味に満ちていたり、意味を喪失したりしうるのである。」と答えていることと正確に呼応している。

このことをさらに敷衍すると、言語に限らず、およそ私たちの周りに存在するあらゆる事物は、たとえば路傍の石ころひとつにしても、人間精神のはたらきの結果生まれた、人間自身にとっての「意味」を例外なく帯びている。そしてそうであるかぎり、あらゆる事物は、人間主体の外側にあると同時に、すべて人間主体の内側にあるとも言いうるのである。ここからもやはり、ヨーロッパ近代哲学の基礎にある「主客二元論」的な認識論図式を根底から超克すべき動機が生まれてくる。しかしこの問題は、すでに言語学の領域を超えているので次章の大森荘蔵にバトンを渡すことにしよう。

第四章　大森荘蔵

——一九二一〜一九九七

主客二元論克服への情熱

西洋哲学は、ふつう、ひとつの情熱、つまり真理への意志という情熱に憑かれてきたと考えられている。しかし少し分け入ってみるとわかることだが、じつは「真理」という概念そのものが、大きく二つの情熱によって支えられていたのである。あるいは、「真理への意志」というひとつの情熱が、はじめから二つの互いに相容れない情熱を含んでいたのである。ひとつは、この世界がどうなっているかを極めようとする情熱、そしてもうひとつは、人はいかに生きることが最善であるのかを定めようとする情熱。後者を「真理への意志」と呼ばずに、「善への意志」と倫理学風に呼んでもよいのだが、管見の及ぶ範囲では、キリスト教世界においては長らくこの二つは、前者あっての後者、後者あっての前者というように、分かちがたく結びついてきたように思われる。あるいは、この関係を裏返して、両者は互いにいがみあう一身二頭の怪物であると言ってもいいかもしれない。キリスト教のいただく神は、全知全能であると共に、そのことによって至高の善を体現する存在でもあるからだ。

しかし近世を経て近代に至ると、自然科学や合理主義の台頭によって、神にもとづく「真理」概念がいろいろな形でぐらついてくるようになる。つまり「真理への意志」と「善への意志」との分岐が際立ってくるようになったのである。そのことを身をもって示したのがカントだった。彼の『純粋理性批判』は、前者の情熱の限界を定めたものであり、『実践理性批判』は、後者の情熱の、前者に対する優位を説いたものである。

さらに事態は一変し、現代では、「科学」が知の世界を席捲《せつけん》するようになった。この「科学」と称する学問分野は、けっして何が善であるかとか、道徳的な真実とは何かというような倫理学的な主題については語らないようになってしまった。あたかも価値にかかわる問題については中立を守ることが、学問の誠実さの証しであるかのように。

しかし科学の片隅に追いやられて、孤独をかこっている現代の哲学もまた例外ではない。宗教の衰退と共に、それに代わって価値の領域を受け持つはずであった哲学も、今日では一専門分野としての体裁を深め、言葉の厳密さと難解さがその深まりの指標であるかのような様相を呈する一方で、「何が善であるか」「人はどう生きるべきか」といった倫理学的な主題については、極力禁欲を決め込むようになった。

本章で取り上げる大森哲学も、もっぱら前者の情熱、すなわちこの世界がどうなっているかを極めようとする情熱のみによって成り立っていると言っても過言ではない。後述するように、大森哲学のこの事情に対して私は不満を持つものであり、その根本的な理由をはっきりさせたいと思うものである。しかし当面、現代で学問としての「哲学」と呼ばれる分野が、こうした禁欲の枷をはめられていて、その中で細々と「同好の士」を集めてしか思考できないようになっている事実を容認した上で、その範囲内での大森の独創的な業績を追いかけてみたいと思う。

大森哲学の主題は、一言で言えば、西洋においてガリレイ、デカルト以来、主観客観図式による二元的な認識論的「誤謬」が定着し、現代の自然科学（ことに生理学）もまたこの「誤謬」図式の延長上にある事態に対して、徹底的な破壊と代案の提示を目論むところにある。彼はほとんどみずからの哲学人生をこのテーマに賭けつくしたと言ってもよい。そしてすぐに納得してもらえると思うが、このテーマは、長らく近代以降の日本の哲学の徒にとって、西欧への対抗という生臭い意味を潜在的にはらみながら、形而上学的なレベルで最も挑戦に値するテーマのひとつであった。

私はほとんどまったく追究していないが、西田幾多郎や田辺元《はじめ》などの「京都学派」も意識的にと無意識的にとを問わず、この「見えない敵」に対して「見えない敵」の武器を借り受けつつ格闘したのではないかと考えられる。

食わず嫌いと批判されても甘受する以外ないが、私を彼らに接近させることを阻んでいるのは、そのなんとも言えない「西洋型」の形而上学臭であり、それを振りまきつつ西洋に対抗するものとしての「東洋」に帰着させようとするカウンター的な意図である。この意図は、敗北必至というよりも、そもそもつまらないものである。なぜなら、哲学とは、言葉の本来の意味からすれば普遍学であり、西洋対東洋といった対立図式を提示することを目的とするものではないからである。もし私たちが日本的思考や感性を用いて西洋出自の哲学に何ごとか貢献できることがあるとすれば、それは、哲学における西洋的思考（言葉）の限界を見定めた上で、それを克服しうる、より普遍的な世界把握、人間把握の可能性を指し示すことである。

大森は、ことさらこの種のことに触れたことはないが、日本人として哲学することの意味をよくわきまえていた。彼の文章は、わずかな例外（主著『新視覚新論』〔東京大学出版会〕の一部など）を除いて、日常的なごくわかりやすい言葉で説かれており、豊富な実例と的確な比喩に満ち、ありがちな妙な衒学《げんがく》趣味からは限りなく遠く、その問題意識の所在も明瞭である。時には、自然世界に対する私たちの漠然たる常識を覆し、時には、哲学者たち自身の病的な自縄自縛を解きほぐして常識に返そうとする。

ところで大森がガリレイやデカルトの提出した主客二元論図式に対して、当面、対抗者としてみずからの陣営に引き寄せるのは、十八世紀アイルランドの哲学者、ジョージ・バークリである。

周知のように、デカルトはこの世界を「思惟する実体」(精神)と「延長としての実体」(物体)との二つに分け、両者の間には共通する何物もないと「明晰に」論じた。ところがここに、ひとつの(後にはもうひとつの)難題が持ち上がった。私たちがある延長体を知覚するとき、その大きさ、形、運動状態、色、音、匂い、触感、熱などが、五感を通じて感知されるが、前三者はだれが捉えてもどんな環境でもそのもの自身に属していると思えるのに、後五者は、感ずる人、その物の置かれた状況などによってさまざまに変化する。たとえば白昼光の下では白く見えるものも、赤い光線の下では赤く見える。

デカルトはそこで、前三者こそが延長体の持つ本来的な特性であり、後五者は、「心」または「精神」が時に応じてそう捉えるあり方なのだとした。ここに知覚対象の性質のうち、一方は延長体そのものに、他方は「心」または「精神」に、というようにその帰属場所が分けられることになったのである。また後にロックがデカルトのこの考えを妥協的に継承して、大きさ、形などを物体の第一性質、色、匂いなどを物体の第二性質と呼んだ。

さてこの分岐に猛然と反発したのがバークリである。彼によれば、およそ色や触感を持たない形や大きさだけの物体など考えることができないし、形や大きさを持たないただの色とか触感だけの物体なども考えることができない。われわれは知覚を通じてこそ物体の諸性質を認識するので、知覚されない物質、つまり「心」の外側に実在する物質世界などはありえない。事物はすべて知覚される（「心」によって「観念」として捉えられる）限りにおいてその存在を知られる。その意味では、大きさや形も、色や音や匂いとまったく等価な資格で知覚された性質にほかならない。かくして「存在とは知覚なり」が、彼の有名なテーゼとなる。

ヒュームもまた、バークリのこの考えを受け継ぎ、さらにデカルトの二元論は、その内部に懐疑論、不可知論を内包していることをはっきりと指摘する。知覚によって捉えられない外的な対象世界があるなら、われわれはどうやって、その対象に到達することができるのか。デカルトは感覚によってではなく「精神」の洞察によって、と答えるだろうが、その「精神」は、外的対象が全体として（形や大きさも含めて）送り届ける作用をわれわれが感覚として受け取る複雑な「印象」を手がかりにするのでなかったら、どうやって洞察すればよいのか、まったくわからないではないか。

大森は、このバークリやヒュームのデカルト・ロック批判を土台として、デカルトが行なった「外的対象」（延長実体）と、「心」のうちに取り込まれた「感覚」「印象」との分離こそ、主客二元論の犯した最大の誤りであるとし、その「罪状」は現代の自然科学の発想をも深く規定していると、議論を発展させる。

《現代科学、そしてそれと切り離せない現代思想の根幹を最も単純明確に表現したのがデカルトであった。しかし（中略）、このデカルトの考えには根本的な欠陥がある。その欠陥の核心は、色、音、匂い、のような感覚的性質を主観の側に、そして形状や運動を客観の側にとりわけた点にある。（中略）この一見何でもない区分こそ、一方では近代科学の発展を支えてきたものであり、他方では、現代のわれわれの自然観と人間観とを呪縛している区分なのである。この区分こそ「客観的自然」を素粒子や電磁場という「死物」とし、それによってその自然の中の一物体としてのわれわれ自身の身体もまた「死物」とし、それに対して居所不明の「心」を考える、という結果を生んだものなのである。

（『知の構築とその呪縛』ちくま学芸文庫）

ここでは、「客観的自然」として考えられた素粒子や電磁場を「死物」とみなしていることが重要である。自然のすべてを「死物」とみなす限り、自然の一部である私たちの身体もまた「死物」にほかならない。現に身体医療では、人間の「身体」は、検査から診断、治療に至るまで、その手つきは岩石や鉱物と同じように「死物」として扱われる。

しかし大森は、現代科学のそうした認識の仕方を何か反ヒューマニズム的な許すまじきあり方として告発しているわけではない。彼の関心はそういう倫理的なところにはなく、もっと純粋に哲学的・認識論的な「誤解」に対する訂正の欲求にある。現に大森は、「死物」としての素粒子や電磁場で成り立っている「客観的世界」なる、デカルトから現代科学に至る世界観が、各方面において大成功を収めてきた事実を少しも否定しない。彼が誤りだというのは、ただ現代科学がなおデカルトの二分法を信じており、その応用の成功がこの二分法の正しさの証拠だと考えている点についてだけ向けられる。いわば「考え方」の転換をせよと迫っているのである。

そこで彼の訂正の欲求は、一方で物質の世界の究極像を知覚不可能な素粒子や電磁場に還元していき、他方で豊かな感覚世界のすべてをふたしかな「心」なる世界に押し込めるような、二極分解的思考の方法そのものに求められる。この二極分解的思考法は、私たちが日常世界を生きる中でそうはっきりとは分節せずに行なっているものであるが、もしその漠然さを取り去り、より哲学的な厳密さを要求して追究していくと、たちまちバークリやヒューム（カントも）が指摘したような矛盾に逢着するのである。

では、どう考えればよいか。少し長い引用になるが、大森の処方箋の鮮やかさを示すために必要と考える。

《われわれは次のように考えていないだろうか。何か、例えば机が見えているとき、机という外的事物――それは色も香りもない原子や電子の集合である――からの光が眼に入り、網膜からのパルスが大脳に達して、そこで茶色の机の姿が見える、と。だがまさにこの現代の常識が批判されているのである。すなわち、その眼に見える色着きの机の知覚から、金輪際見ることのできない原子集団の机の存在、またその形や大きさ、それを一体どうやって推定したのか、と。ここで誰も「それはデカルトのいったように精神の洞察によって」とは答えまい。だとすれば、われわれはカントが「絶対に不可能」（引用者注――カントは、外的対象を物自体とみなしたとき、われわれの外にある物自体の存在の認識に達する筋道を理解することは絶対に不可能であると説いた）といった認識を苦もなくやれるのはどうしてなのか。

答えは簡単なのである。自分でやっていることを少し反省してみるだけでいい。そうすれば私は何も「推定」などということをやっていないことはすぐわかる。私はただ見えている机そのものが原子集団としての机であるとしているだけなのである。（中略）つまり、知覚的な机の姿から原子集団としての机の形や大きさを「推定」しているのではなく、前者によって後者を「定義」しているのである。机の原子集団はどこにあるか？　見えている机の姿の内部一杯にある。だからその原子集団の形と大きさは見えている机の姿そのままなのである。そしてそう考えるのは何も私の「推定」によってではなく、そ、う、い、う、も、の、と、し、て、「原子集団の机」を考えているのである。

だから「定義」というよりも「重ね描き」と呼びたい。知覚的に見えている机の姿そのままの場所に机の原子集団を「重ねて描く」からである。》（同前）

ここで「重ね描《えが》き」という大森哲学のキーワードのひとつをはじめて登場させてみた。このキーワードによって何が訂正されたのかと言えば、私たちの知覚認識が、認識する主観と認識される客観、知覚する「心」と把握不能な「外的対象」（「物自体」）という疎通不可能な二極によってものを考える方法が捨てられ、代わって、私たちがありふれたある物をありふれた仕方で知覚しているのと同時に、一方ではその物を、科学が追究して突き止めようとしてきたその物の構造的理解として、まさにその物の上に重ねて「考えている」という新しい叙述方法が考案されたのである。そしてその効果について、大森自身は次のように述べる。

《それによって、色、香り、暖かみ、美醜といった心的性質は再び自然に還される。自然自身がいわば心的となり、「心」は何も死物自然のエアポケットのような所にひそめられる必要はなくなる。》（同前）

読者はこのような叙述の仕方に、日本人独特の「世界」の見方を感じないだろうか。そして、こうした見方がこれだけでこれまでの西洋的認識論を越えているというのではないにしても、そこに何か、その限界を克服しようとする新鮮なロゴスの契機のようなものを見出さないだろうか。おそらく文学表現においては、古今東西を問わず、このような見方を数多く探し出せると思う。しかし、それを哲学というロゴスの支配する世界で成し遂げたことの意味が大きいのである。

「重ね描き」概念による知覚因果説批判

とまれ、「重ね描き」の概念が他の追随を許さない卓抜なものであることはなんぴとも疑いえない。そして、この概念の有効性が最もいかんなく発揮されるのは、彼が知覚、ことに視覚の成立に関する脳生理学者の因果論を批判するときである。

脳生理学者はこう言う。前方にあるものが見えるのは、そのものからの反射光線が眼球のレンズとガラス体を通して網膜に達し、そこに分布する視細胞に光の刺戟をあたえ、その刺戟が視神経を通って大脳の視覚中枢に伝えられ、ニューロンからニューロンへと伝達される電気化学的なパルスによる信号が、知覚対象を見えるようにさせる……。

つまり、視覚という「心」の現象は、眼前にある「物」から発せられる反射光線が原因であり、視覚の成立はその結果であるというのである。この「物」から「知覚」への道筋の説明は、ふつうわれわれが漠然とそのようなものとして納得しているし、学校でもそのように教えられている。何よりも、この因果説の根拠となるのは、視覚にかかわる器官や脳神経のどこかに障害が生じたとき、正常な視覚がたちまち損なわれるという事実である。

しかし、この「物」から「視覚」成立までの因果説は、ちょっと考えてみればわかるように、いくつもの欠陥に満ちている。私自身、この説のおかしさを次のように指摘してきた。

第一に、ここで因果論的説明の道具として使われている「レンズ」とか「網膜」とか「視神経」とか、機器によって確かめられる電気化学的なパルスとかいったものが、すでに知覚世界によってしか捉えられないものであり、それらの経路の存在そのものが、知覚（被験者自身のではなく、被験者を観察する他者の）またはグラフのような一種の擬似知覚によってたしかめられる以外の何物でもないということである。言い換えると、この説明では、すでに知覚世界の一部分として存在している一連の「物」たちの線状につながった過程によって、知覚全体の成立を説明しようとしているのであるから、まことにおかしな話と言うほかはない。

第二に、脳内における電気化学的な作用そのものが存在することは、明らかに認められるにしても、話はそこで行き止まりであり、そもそも、当の知覚対象とはまったく性格の異なる脳内の現象が、なぜ当の知覚対象を成立させるのかについての因果的説明が不可能である。それを説明するためには、外界の「物」としてある対象と同一の「物」の像を脳が改めて再構成すると考えなくてはならないが、いったいどうやって再構成するのか。これはホムンクルス（脳の中の小さなトリックスター）の存在でも仮定するのでなければ、まったく不可解である。もちろん、ホムンクルスを仮定したとしても、そのホムンクルスもまた人間と同じように、やってきた刺戟を知覚対象にふさわしい形で再構成しなくてはならないのだから、ホムンクルスの内部にホムンクルスを設定しなくてはならず、かくてこの仮定は、無限に続けられなくてはならなくなってしまう。

第三に、仮に千歩も万歩も譲ってこの脳生理学的因果論の説明を受け入れたとしても、脳内で再構成されているはずの当の視覚対象が、なぜ脳内に存在せずに、身体から一定の距離を持ったはなれた場所にあるように見えなくてはならないのか。これに答えるためには、もともとその視覚対象が、実在する「物」としてそこにあるからだというほかはなくなる。そこで同じように問いかけることになるが、そこにかくかくの「物」があるということが確信できるのは、はじめから視覚の対象として私たちがその「物」を捉えているからではないのか。バークリの「存在とは知覚なり」のテーゼがここで決定的な威力をもってせり出してくるわけである。

また第四に、話を知覚に限らず、感情の問題、たとえばある音楽に感動したり、ある異性に恋心を抱いたときなどに、脳のどの部分に何が起きているか、ニューロンの活発な発光状態や、分泌されているホルモンなどを精密に探求して、それぞれの感情に対応するように特定することは原理的には可能だろう。しかし、そのとき脳内で起きている事実が、音楽への感動や異性への恋心の「原因」であるなどと言えるだろうか。あえて因果説にこだわるなら、むしろここでは、「心」から「物質」への逆の因果が成り立つと説くことさえ可能ではないか。

最後に、これが決定的だが、あらゆる知覚が「物」からの作用を原因とすると考えるなら、その「物」自体は何ら知覚によって把握できるものではないことになり、あらゆる知覚の外側にあることになる。これは第二の疑問をいわば裏側から言い換えたものだが、ではそういうものの存在を私たちはどういう仕方で保証してやることができるのか。カントが「物自体」は認識不可能と言ったのもこれと同じことで、客体を認識する条件として、「物」から「心」への因果作用の系列をどうしても生かしたいなら、カントのように「物自体」を、認識は不可能だがひとつの観念的な「要請」と考える以外ないのである。

現在、脳生理学者は、脳の神経の構造やそこで行なわれている電気的運動や化学的作用、それらが行なわれるために必要な化学物質などについて精緻極まる研究を積み重ねていて、その限りで驚くべき成果を上げている。しかし、彼らがそうした研究をさらに深めることによって、いつかはこの「物」から「心」への因果説の正しさが証明されるときが来ると考えているとしたら、それはまったくの錯誤である。右にその決定的な欠陥を示したように、この方法論によって「知覚の成立」というゴールに到達することは、時間の問題なのではなく原理的に不可能なのである。

さて以上のことは、哲学的にはとうに気づかれていた。脳生理学者の因果説のよって立つ基盤は、いわば素朴実在論であり、かつ素朴実在論は、デカルトが主張した二元論の正確な延長上にあり、これを哲学的に突き詰めてゆくと、カントが「物自体」の認識不可能を証明したように、必ず私たちがそれについて何らの知覚的実感も得られない「物一般」を仮定せざるをえなくなるのである。現代の物理学の中核をなす量子力学は、まさにその方向に進んだのであるが、この学のキー概念をなしている原子、陽子、中性子、クォークなどの「素粒子」や「電磁波」などは、私たちがけっして目に触れることも手に触れることもできないものである（物理学はそこで、説明の便宜としてこれらを強いて可視的にするために、記号による反応式や模型を用いたり、それらの運動エネルギーの痕跡を示したりする）。もちろんこれらの素粒子や電磁波がバークリの難じたとおり、無色、無臭、無味であることは言うまでもない。つまり、デカルトが「物」の本来的性質として形や大きさ、運動状態だけを取り上げて、色や匂いや味などの感覚的性質は、「物」からの作用によって「心」が受け取る主観的なもの（知覚像）であるとした二元論は、現代科学においてもそのまま受け継がれていることになる。だが脳生理学者がこの二元論を知覚因果説によって説明しようとするや否や、上述のような原理的困難に逢着してしまう。

しかし、この原理的困難さについての批判をただ繰り返しているだけならば、そこに哲学の進歩は望めない。大森は、単に知覚因果説を一方的に否定しているのではなく、「事物からの反射光が網膜に達し、そこから視神経の電位パルスが大脳に達する、このことは疑えない事実である」（同前）と述べている。ただ「物」から「脳」への因果論的な説明過程を「正しい説明」とみなさずに、その代わり、この素朴実在論に依拠した説明のデッサンを、知覚成立の現場における、より細密化された「重ね描き」としてとらえるのである。この「重ね描き」の意味をよりいっそう明らかにするために、しばらく大森自身の言葉に従ってみよう。

《知覚因果説は、鉄原子集団という「物」の位置、形状等について、鉄片の知覚像とは独立に知る方式をもたないのだから、その二つを比較してその異同を判定する方法を当然所有できないのである。

ところが先の科学者（引用者注——鉄の一片を実験室でさまざまな道具を使ってテストしている科学者）は苦もなくその二つを同形、同大、同位置とする。それはこの科学者がその二つを比較してその同一性を判定したのではないということを示している。彼は判定したのではなく（中略）、正常な状況では黒光りする鉄片の見える場所に鉄原子集団があると定義したのである。（中略）

この定義によって「物」は「知覚像」にぴったり密着していることになる。それはいわば同居している。（中略）「物」と「知覚像」とは別居どころか、一心同体なのである。このことは決して市井の小さな別居同居ざたなどではない。「物」と「知覚像」の一心同体同居は、それぞれの住宅である客観的世界と主観的意識との一心同体同居を伴うからである。》（同前）

《聴衆にそれぞれしかじかの十人十色の印象を与えた、それこそその演奏の特質、その演奏自身の客観的性質なのである。そしてその演奏はまた幾何学的、運動学的に描写される空気粗密波でもあった。つまり「同じ一つの演奏」が空気力学的性質も持つし、同時に、音楽美学的性質をもっているのである。その「一にして同一の」演奏は死物的性質と活物的性質を共に客観的にもっているのである。それなのに、空気力学的死物性質だけを「客観的演奏」に帰属させ、各自個性的な生き生きとした印象を「主観的」とする、この誤解こそ近代科学の根底にある誤解であると思うのである。聴衆の一人一人がもった印象は、その人にとってまさに「その演奏がもった印象」なのであって「その演奏が与えた印象」なのではない。》（同前）

十人十色の多様な印象は、はじめからその演奏が「もった」印象なのであってその演奏が「与えた」印象ではないという言い方で彼が何を言おうとしているかが肝心である。後にも触れるが、このくだりは、「私が知覚し感じ取っている世界があるがままの世界のあり方であり、同時に世界が示している知覚的情緒的あり方の全体が私なのである」といった、一種の物心一元論が強調されているのだと考えられる。そこに日本人の伝統的な世界観（感）には親しく、ひいては世界の人々のそれにも通ずる可能性のある動機、理性による物事の分節を排除して、知覚と情緒の一体性によって世界を把握しなおそうとする独特な動機が潜んでいるように思えるのは私だけだろうか。

視覚風景における「透視構造」

《自然科学は実際には、原子集団のような「物」とその感覚的な姿である「知覚像」とを「同一のもの」としており、決して「別種のもの」とはしていない。それによってデカルト的懐疑をまぬがれているのである。

　ところが一方、(中略)それらを「別種のもの」とする前提の上に立っている知覚因果説は自然科学的事実として確立しているように見える。(中略)(引用者注――自然科学者たちは)この知覚因果説を科学的常識だと考えている。しかしそれならば、バークリィ、ヒューム、カントが批判したように当然に懐疑論か不可知論に陥るはずなのに、そんなことはなく平気の平左である。ということは、彼らは実際には知覚因果説に全面的には従っていないのである。》(同前)

この奇妙な矛盾を解決するために、大森は、単なる「重ね描き」論や日常的把握のさらなる「細密化」論だけでは不十分であると考えた。そこでこの矛盾に整合性をもたらすために、もうひとつ別の補助線を引くことにした。その補助線とは、「視覚風景は透視風景である」という奇抜で独創的な、しかし考えてみれば当然のこととして納得せざるをえないような、「コロンブスの卵」的発想である。では「透視風景」とはどういうことか。

　大森は視覚の構造のポイントを次の二つに絞る。ひとつは視覚風景には必ず遠近があるということ、そしてもうひとつは、視覚風景を成り立たせている視線は本来透明であって(このことを彼は「見透かし線」あるいは「透視線」と呼ぶ)、その視線上に何か不透明なもの、半透明なものが立ちふさがると、それよりも遠くは見えなくなったり、ぼんやりしたりするということである。彼はこのポイントを徹底させ、外部から大脳の視覚野に至るまで視線は本来透明なまま貫かれているのだと捉える。

読者の戸惑いを取り除くために、いくつか補足をしておくと、第一に、透明と言えばすぐに光との関連を想像するが、光はけっして直進するのではない。たとえば地球上の観測者が天空の星を見ているとき、何光年もかかって届いているその星の光の軌跡は、直進して観測者の目に届くのではなく(何光年でなくとも、二十四時間でも十二時間でも)、らせん状を描いて目に達するのである(このことの説明は、『新視覚新論』に詳しいが、ここでは紙数の都合で割愛する)。第二に、物体としての大脳や視神経は、側面から見れば明らかに不透明だが、「視線」の内部に入ればあくまでも透明なのである。

さて、以上のことを踏まえて、彼は次の二点を強調する。ひとつは、外部からレンズ、ガラス体、網膜、視神経、大脳と、この透明な視線を逆にたどっていったとき、その「終わり」はどうなるのかというと、終わりはないということ。ただし、それはそのまま大脳を突き抜けて頭蓋の外にまで貫かれるという意味ではなく、ちょうど数学である級数が無限に続きながらけっしてある収束値(たとえば1)を超えることがないように、有界でありながら、その収束値との間につねに距離を保っている。なぜなら「見える」ということが可能なためには、視線の長さがゼロになってはならず、常に見えるものの「手前」が存在していなくてはならないからである。目の前に見えていた書物の文字を目に接触させてしまえば、その文字は見えなくなるだろう。

二つ目に、この終わりなき経路の端から私たちが外の世界を覗いているのではない、ということ。覗く何物か（たとえばホムンクルス）などを想定する必要はない。ただ言えることは、私たちの視覚風景が、右のような透視構造を持っているということだけである。

この説明（あるいは新しい作業仮説）は、考えてみるとじつに簡明で、しかも知覚因果説の誤謬を退けるに十分である。というのは、この説明からの論理的必然として、この見透かし線上に何かが立ちはだかれば（たとえば大脳の一部の損傷や外部における障害物）、それはすぐにそれよりも遠いものを見えなくさせるし、同じく見透かし線上に色のついた透明なものが立ちはだかれば（たとえば赤メガネ）、それよりも遠くの風景は、たちまちその色を帯びるようになる。

《それは何らの《ママ》因果的変化ではなく、前景因による論理的変化なのである。ここでの脳や視神経の役割はただ風景が見えているためには不可欠だ、ということだけなのである。》（同前）

《それゆえ、知覚因果説のように、科学的に描写された光波や脳細胞興奮が原因となって、日常的に色あり匂いある「知覚像」としての風景が生じると考えるのは誤りである。（中略）そう考えて、知覚像の産出とか投影とかという不可解さに陥る必要は毛頭ない。科学的に描写されるものと、日常的に描写される風景とは、原因と結果といったよそよそしい関係にあるのではない。それらはまさに一心同体の「同じもの」の「重ね描き」なのであり、したがって「すなわち」という、最高に緊密な関係にあるのである。私が富士山を見ながら立っている、それはすなわち、光波が私の眼に達し、私の脳細胞が興奮しているそのことにほかならないのである。》（同前）

ここで「前景因」というのは、アリストテレスが分類した四つの原因、形相因、質料因、始動因、目的因のうち、質料因に当たるであろう。これは、筆記用具やワープロソフトがなければ思想を文字として表現できないというのと同じで、それがなければ本来の目的が果たせないような、いわばある変化を起こすのに必要な、端的に物質的なものを意味する。

自然科学者たちが「物」から大脳を経て「知覚像」に至る系列を因果関係として捉えている場合の「原因」の概念も、おおむね「質料因」としての原因または機会としての原因であって、すでに詳しく述べたように、それをもって「知覚像」の原因とすると根本的な壁に突き当たってしまう。しかし一見同じように、透視構造の系列が妨げられることの原因を端的な物質におく大森の説の場合には、そういうことにならない、というよりはそもそもそのような問題自体が発生しない。彼は「物」と「知覚像」との間に因果関係のみならずその区別すら認めない（そして私自身もそれを正しいと思う）のであるから、話は簡単である。「前景因による論理的変化」と言われる場合の「論理」とは、不透明なものがあるからその向こう側が見えないという、幼児でもわかる簡明な「論理」にほかならない。

こうして大森は、「物」↓大脳↓「知覚像」といったループ上の回路（それこそがガリレイ、デカルトによる二元論が生み出した不幸な誤謬だった）を捨てて、「物」↕大脳という直線回路を置き換える。↓向きの回路が因果説における経路であり、逆に↑向きの回路が透視系列である。

自然そのものが有情であり心的である

さてこのロジックによって、大森は何をしようとしたのか。その動機の根源は何か。答えはもう明瞭であろう。彼の目論みは、世界を客観（「死物」）と主観（閉ざされた「心」）とに分割したガリレイ、デカルト以来の世界構図を根本から破砕し、代わって「心」を広い外部世界のほうに再び還帰させると同時に、これまでもっぱら死物化されて捉えられていた「物」の世界に活き活きとした様相を取り戻させてやるというところにある。

《この自然の死物化と心の主観化・内心化が、現代人から、古代中世の人々がもっていた、活物自然と自己との一体感を奪ったのである。略画的世界観（引用者注——日常的言語によって描写される自然観）のもっていた、自然を活き活きと活きたものと感じ、自分をその一部として感じる、あの感性を奪ったのである。（中略）略画的世界観の密画化、それがまさに近代科学の進展であった。このことに間違いはない。しかしこの密画化によって略画的感性が克服さるべき運命にあったと考えるのが間違いなのである。略画的感性は近代科学による密画化に伴いうるものなのである。》（同前）

ここまではよい。しかしこれに続く次のくだりになると、果たしてそう言い切ってよいものかどうか、言い切る前にもう少し「心」という概念の内包と外延とを厳密に考えるべきではないかという疑念がきざしてくる。

《その日常言語による活物描写は、「自然」そのものの活写であって、われわれの「内心」の描写ではない、ということである。陰うつな空とか、陽気な庭とかというとき、陰うつや陽気は私の「心の状態」ではなく、空自身の、庭自身の性質なのである。無情非情の空や庭が私の内なる心に陰うつとか陽気な「情感」を引き起こす（中略）のではなく、空や庭そのものが陰うつさや陽気さを持っているのである。空の青さや庭の明るさが空や庭自身のものであるように、一言でいえば、空や庭は有情のものであり、誤解を恐れずにいえば、心的なものなのである。》（同前）

この種の記述は、大森の著作のいたるところに現われる。その典型的な例をひとつ挙げるなら、例の視覚風景について、彼は次のように語っている。いわく、視覚風景が「透視」という構造を持っているのであって私が「透視」するのではない。透視構造を持った視覚風景があるということとそのことが、私が生きてこの透視風景の「ここ」にいるということであり、またその風景が私に見えているということなのである。それに「加えて」見る私なるものがいるのではない云々（『新視覚新論』その他）。つまり彼は、風景と「私」とが向かい合って立ち、「私」はその風景を「見る対象」として捉え、こうして主体と対象との二元論に支えられた「私が・風景を・見る」という能動的な文法、ひいては「心を持った私」を主語とするような文法（認識の仕方）を、根底から否定しようとしているのである。

読者は、前章で時枝誠記を論ずる際、私が形容詞の特質について述べたことをおぼえておられるだろう。また時枝が、「意味とは主体の把握作用である」と端的に定義したことも。

私が述べた形容詞論の要諦を箇条書きにしてみよう。

①形容詞は、人間が事態に直面したときに真っ先にその事態を表現する素朴で原始的な私たちの感性をそのまま保存している。

②時枝が示した、述語格こそが文の基本であって主語はその中から後に抽出されたものであるという認識は、私の形容詞観と共鳴するもので、時枝が文法的に「述語格」と呼んでいるも

のは、たとえ文法的に形容詞ではなくとも、形容詞句または、形容詞的陳述とみなすことができる。

③形容詞は、便宜的には、i対象の様態を表現するもの、ii主体の心情を表現するもの、iii両者の中間に属するもの、の三つに分類できるが、iとiiとは相互に置換可能で、iiiにこそ形容詞本来の機能が凝縮されて表わされている。

さてこの観点から大森の右の主張を捉えなおすと、そこにやや粗雑で性急な決めつけの印象が目立ってくる。大森の関心は、自然を死物化から救い出して活き活きとした生命を吹き込みなおすというところよりも、どちらかといえば、「私の心の状態」という閉鎖系を否定してその扉をこじ開け、「心」なるものが本来、すべて自然の属性なのだという論理のほうに大きく引き寄せようとしているところにある。

もちろん、こう言えば、おそらく大森は、両者は同じことだと答えるであろう。だが、「陰うつな空」「陽気な庭」なる形容が可能であることだけをもって、自然のすべてが「有情」であり、「心的」なものであると規定するのは、いかにも極端である。というよりも、大森はここで、三つの点を見落としている。

ひとつは、世界の一定の様相に対してある感受なり認識なりが成立するためには、みずからも含めたその世界を把握する主体の存在という「項」（ハイデガーを借りれば、世界内存在としての実存、現存在）が、論理上どうしても必要とされるということ。

二つ目は、「陰うつな空」とか「陽気な庭」といった表現があくまでも「言葉」であり、そのような「言葉」が成立するのは、人間主体がその時々にこの世界を一定の「意味」として「切り取って生きている」証しであるということ、つまり、空が「陰うつ」であるのは、空が有情であったり心的であったりするからではなく、空と主体とが交流しているその交流関係の様相が有情であり心的であるのだということ。言い換えると、ちょうど先に指摘した形容詞の両面性が象徴しているように、あくまでも空が「陰うつ」であると同時に、「私」の気分もまた「陰うつ」なのであるということ。前章で挙げた例で言えば、「恐ろしいトラ」と言うとき、トラ自身が恐ろしい相貌をはじめから持っている（これが大森説の帰着するところである）のと同時に、「私」もまた恐ろしいと感じているのだということ。あえて言えば、トラと私との出会いという場面そのものが、トラと私とのどちらにも還元しきれない「恐ろしさ」という様相を作り出しているのだということ。

そして最後に、大森は、私的な「内心」の存在を否定するのに、ただ「自然物」との関係に限定して「心」という語を定義しつつそうしているのだが、この方法によって「心」を定義しかつ否定するのは、いかにも哲学者流の把握の狭さを代表しているということ。私の考えでは、「心」という言葉はもっと広い内包と外延（簡単に言えば人間同士が関係しあうときに現実性を持つ概念も含んでいる）を持っており、そのことに思いをいたすならば、「閉鎖的な心」を捨てる方向が、必ずしも「自然」にそれを全面的に明け渡すこととは一致しないということ。

「心」の存在が不可欠であることの見落とし

ここでは、第一と第二の見落としについて、より詳しく論じるために、短歌表現を援用してみよう。

くれなゐの二尺伸びたる薔薇の芽の　針やはらかに春雨の降る　正岡子規

金色のちひさき鳥のかたちして　銀杏ちるなり夕日の岡に　与謝野晶子

見渡せば花も紅葉もなかりけり　浦の苫屋の秋の夕暮れ　藤原定家

いずれも名歌として名高い。しかし逐語的に意味をたどれば、この三首には「しっとりとしてしかも鮮やかなその姿に、みずみずしく洗われるような気分だ」だの「可憐でありながら華やかに散っていくものたちの美しさ、哀しさよ」だの「かやぶき小屋以外何もない秋の海辺は私の心と同じように寂しい光景だ」といった、私的な情緒を表わす言葉はひと言も出てこない。それにもかかわらず、これらの歌がそうした人間の「心」を表現しているということに異論を唱える人はいないであろう。なぜそういうことになるのか。

普通、こうした歌は景物に託して作者の「思い」を歌ったものだとされる。しかしただ景物が散文的に述べられていても「思い」のすぐれた表現にはならない。そこには、まず韻文であるという条件を前提としながら、洗練された短歌に特有の言葉の技巧がいくつも込められていて、だからこそ読む人、聞く人の「心」に作者の真情が深く伝わるのである。ことに子規の歌などは、本人が古今集的技巧を排して「写生」を重んじるなどという歌論を展開しておきながら、それとは裏腹に、最高度に技巧を凝らしたものだと言ってよい。

つまりこういうことなのだ。大森が述べているように、たしかに「自然」は単なる死物としての知覚対象ではなく、それ自体が活物性を持ってはいるのだが、その活物性が活物性として見目鮮やかに現われるためには、私たち人間の、それも時にはとびきりすぐれた感性との出会いが不可欠なのである。言い換えると、大森の望むように自然の活物性をまざまざと復元せしめるためには、それと出会いそれに囲まれている私たち自身の「情」をも同時に洗練させることが要求されるのだ。

再び子規の歌について言えば、この歌には「ナ行」音が八回も出てきて、そのうち「の」音が効果的な場所に五回も使われている。さらに耳障りになりやすい擦過音や破裂音は「く」二回、「び」「ば」各一回と極端に制限されていて、それも「薔薇」の「ば」以外は周りの音たちに囲まれて自己主張をかき消されているふうである。こうした音楽的効果の妙が奏功して、一首全体のえも言われぬしっとり感と「薔薇の芽」の鮮やかさとを演出しているのである。また「二尺」というまことに適切な長さ、「やはらか」を「針」と「春雨」との両方にかけている巧さなどは言うまでもない。写生と言えば写生だが、テクニックに満ち溢れた超一級の写生なのだ。こうしてようやくのことで「物」と「心」との見事な調和が図られるのである。

結局、大森のように、「自然」の死物化と「心」の閉鎖との（極端な）二極分解を克服しようと思うなら、単に「自然」そのものが有情であり心的なのであるという論理をデカルト的二元論に対置するだけでは不十分なのであって、かえって、その有情であり心的である「自然」をそういうものとして認める私たち自身の感性、情、情緒、要するに「心」の存在が不可欠なのである。そのような出会いが実現しているとき、もはや「心」は、狭く閉鎖的なエアポケットに迷い込んでいるのではなく、私たちのものでありながら、同時に「物」に対して大きく開かれているのだ。しかるに大森は、二元論克服の情熱に性急に駆られるあまり、私たち人間主体の「心」の自立性を否定するところまで行ってしまったのである。

自然の活物化には、私たち人間という「立会人」がぜひとも必要なのであり、自然に意味

（意趣、Sinn）を与え、その意味によってみずからもまた意味づけられるのは、立会人の「心」という、世界に対して閉じられもすれば開かれもする、特有のあり方である。そういう分節項を無雑作に「自然」のほうに押しやることによっては、けっしてデカルト的二元論を本当の意味で克服することはできない。

これまで大森の発想の意義と価値を論ずるために、最もわかりやすい『知の構築とその呪縛』にテキストを限ってきた。この書の最後に、彼は「私」と「自然」との一心同体性を強調するために、論ずる対象を「知覚」や「情緒」という認識論レベルから、「心の働き」すべてにまで大きく拡張して、次のように述べている。

《そのこと（引用者注――自然が有情であり、心的であること）は単に情緒や知覚について言えるだけではなく、記憶、想像、感情、意志、といった、いわゆる「心の働き」のすべてについていえると私には思われる。（中略）つまり、「心の働き」といわれているものは実は「自然の働き」なのである。心ある自然、心的な自然がさまざまに（感情的、過去的、未来的、意志的、等々）立ち現われる、それが「私がここに生きている」ということそのことにほかならない、こう私はいいたいのである。》（同前）

さてここまで「自然」と「心」との概念の分節を無化されてしまうと、なにやら禅とか東洋哲学とかで言われる「主客合一」とか「主客未分」といった神秘的な命題にその言葉の姿が接近してくる印象を拭いえない（彼自身はこの引用のすぐ後で、そういう解釈を否定しているが）。しかしこのテキストでは、記憶、想像、感情、意志などについてこれ以上議論を深めていないので、果たしてここでの大森の主張が妥当であるか否かについては、それぞれについて詳説している別のテキストに当たってみなくてはならない。『言語・知覚・世界』『物と心』『流れとよどみ』『新視覚新論』『時間と自我』『時間と存在』『時は流れず』（発表順）などから、これまでの議論との重複をなるべく避けてその説くところに当たってみよう。

「立ち現われ一元論」とは何か

およそ大森のどの書物をひもといても次のようなことが説かれているのに出会う。そしてその趣旨は見事に一貫している。いわく――

一般には「心」の現象と考えられている感情や記憶や想像や幻覚において、それらが「心の内」に存在するのでもなく、またそれらを引き起こす実物からの作用としての「影」でも「像」でも「コピー」でもなく、じかにそのもの自体がそのあるべき場所、あったはずの時間において、現在知覚しているものと同資格、同一身分で立ち現われるのであって、ただ知覚と異なるのは、それらの存在の様式が異なっているだけである。

たとえば記憶においては、過去にあったことがらのコピー（記憶像）が「心の中」に出現しているのではなく、知覚の様式とは異なる「想起」という様式において、過去のことがら自体がじかに、そのことがらの起きた時間と場所（つまり世界の中）に立ち現われているのだ。またたとえば、デカルトが感覚が誤りやすい例として挙げた、「遠くから見たら丸い塔だと思ったものが、近づいてみたら四角い塔だった」という話や、蜃気楼がじつは幻であって、実物は地平線下のもっとはるかに遠いところにある例などは、視覚現象それ自体としてはいわゆる「本物」の立ち現われと等価であって、いささかもそのリアルさにおいて劣るものではない。

この（常識に逆らう）主張は「立ち現われ一元論」と通称されるが、じつはこれもまた「物」と「心」の二元論をいかに克服するかという大森の動機と関心に根ざしている。常識を覆そうとするその筆致は、これでもかこれでもかと言えるほど執拗である。

この説の検証の取っ掛かりとして、前節からのスムーズなつながりも考えて、ここではまず、ある知覚対象に対して引き起こされるとされる感覚、感情について述べているところを注意深く検討してみよう。

《しかし、悲喜の情《ココロ》や恐怖の情《ココロ》、また、けだるい、退屈だ、闘志満々、憂鬱、朗らか、といったさまざまな気分や「心地」、これらはその果てない宇宙とやらにあるのではなくまさにわれわれの「心の内」にあるとしか言えないだろう。こう言いたくなる。

しかしはたして、例えば恐ろしさはすっぽり「心の内」に抱かれているだろうか。歯医者とあのピカピカ光る拷問道具をこわがるとき、恐ろしいのはこれらの道具と拷問者である。恐ろしさはそれらの人と事物にいわば「付着」しているのである。それを引き剥がして、一方に、恐くもなんともない歯医者と道具、そしていま一方に、純粋結晶のようにとりだされた純粋の恐怖（恐怖のエッセンス、恐怖のエキス）、そしてこの純粋恐怖だけが私の「心の内」にある。しかしもしそうなら、私は一体何が恐ろしいのだろう？（中略）私は歯医者の椅子の中で歯医者なき幻の恐怖、いや恐怖の幻を感じている、とでもいうのだろうか。そうは誰もいうまい。だが、恐い歯医者がそこにおり、そしてその「恐さ」を私が「心に感じている」のだという人がいるだろう。しかし、（中略）そのような恐怖の電送写真で私が恐がっているのではない。（中略）ただ、恐い歯医者がそこに居るだけなのである。
だがそのときもちろん私は平静ではない。体がこわばりみぞおちのあたりが寒い。それらを「恐怖の感覚」と呼ぶのは少しも差し支えない。しかし、その恐怖の感覚は「心の内」などにあるのではなく、五体やみぞおちのあたりにあるのである。（中略）
この「恐怖の感覚」こそ恐怖そのものである、という取り違えこそ私が一番避けたいことである。（中略）われわれもまた、恐ろしい動物を見て、その結果われわれの「内に」恐怖の情がおこる、と思いがちなのである。だからこの恐怖の情はわれわれの「内なる」恐怖の感覚にほかならない、と。しかしこの段取りは奇妙な段取りになっている。まず何か動物が見える、このときまだその動物は恐くない、恐くなるのはそれを見て恐怖の感覚が引きおこされてからだ、となっている。つまり恐くもない動物が恐怖をおこさせた、ということである。（中略）

そのような段取りがあるとは思えない。ことはもっと簡潔で端的なのである。恐ろしい動物がそこにいる、そして私は身がすくんでいる、これだけなのである。それがいわば「恐怖の状況」のすべてなのである。身のすくみはこの状況の中にあって始め《ママ》てその動物への恐怖の感覚なのであり、この状況から引き剝がされては単に「ただ身がすくむ」だけのことになる。他方、恐怖の状況のほうも私の身のすくみを取り去られればもはや恐怖の状況ではない。》

（『物と心』東京大学出版会）

このくだりを読むと、すでに述べたように、大森がいかに「心の内」なる概念を葬って感覚や感情として私たちが実感しているところのものを、「世界状況」のほうに明け渡したがっているかがわかるであろう。それなりに大胆痛快でなるほどと思わせる部分を含んではいる。しかし、注意深く読むと、やはりここにも見落としがいくつか見られる。

大森のこの説の根拠は、一にかかって、もともと恐ろしい相貌を具えた対象から、恐ろしさだけを引き剝がして「心の内」に帰属させることはできないという点にある。言い換えると、それは個別具体的な状況（対象と主体との出会い）から浮き上がった「純粋恐怖」心という抽象物の存在を否定することでもある。つまり彼がここで主張しているのは、一種の「感覚、感情」のノミナリズム（唯名論）なのである。フッサールが意識は常に何物かについての意識であるとし、ハイデガーが不安以外の感情は、すべて具体的な対象を持っているとしたのも、これと軌を一にしていると言えるだろう。

だが大森が見落としているのは、第一に、「心の内」という概念にもともと比喩的に含まれている「場所性、空間性」である。大森は、この「内」という概念が比喩にすぎないことの自覚を欠いていて、あまりに文字どおりに受け取っているために、かえってある感覚や感情が「心」の内にあるのか外にあるのかというあまり意味のない論理枠組みに異様にこだわってしまっている。ある感情（ここでは恐怖）をその対象から「心の内」に奪い取るわけにいかないのだとすれば、それは「心の外」にあると考えるほかはないではないかというふうに。だが本当は「心」とは、そういう、ある場所から別の場所へとキャッチボールできるような物理空間的な比喩を超えた本質を持っているはずである。

もちろん私たちは、日常、平気で「心の内」「心の中」「心の奥深く」「心をさらけ出す」などの空間的表現を、「心」という言葉に即して用いている。しかし、こういう表現がどう見ても一定の妥当性を持っているように感じられるのには、それなりの理由がある。というのは、第一にこの事情は言語というものの本質的特性（制約）に根ざしている。すなわち、ある言葉が人口に膾炙して常用されるようになると、それは話の中で「物」（デカルトの言う「延長体」）のように取り扱われることを避けることができないのである。また第二に、「心の奥深く」とか「心の内をさらけ出す」とかの表現を私たちがごく自然に用いるとき、それはじつは物理空間的な意味を込めているのではなく、人間世界の中での心情のありようをまさに心情のありようとして、ある場合には意志や決断の形容として、ある場合には強さ弱さの表現として用いているのである。そのことに大森はまったく無頓着である。

大森が見落としている第二の点は、「心」という言葉が実際の使用において、ただの単語（物理的容器）として用いられることはなく、常に現実の状況コンテクストとの関連を見失わずに、それに適合したある文脈の下で用いられるという点である。たとえば「私はそれを見て心の中に言い知れぬ恐怖の情を抱いた」と表現するとき、それはもうそれだけで大森自身の言う「恐怖の状況のすべて」の必要十分な表現となりえている。したがって、「心の中に恐怖を感じた」と言ったところで、それは何も状況から「純粋恐怖」だけを無理やり引き剝がして「心」という領域に押し込むことにはならないのである。そもそも「心」とは、何かの感覚印象を対象や状況から引き剝がして押し込みうるような「領域」ではない。だから、「心の中に恐怖を抱く」ことは、彼が指摘するような面倒な「段取り」などを経過してはいないのである。

第三に、これはすでに述べたことだが、「恐ろしい」とか「恐い」といった形容詞は、もともと対象の形容であると同時に、その対象に接している主体の「心」の形容でもあるという二重性を持っている。まさにこのことが、大森の言わんとしている「状況の全体だけがある」ということにマッチするわけだが、この二重性のうち、後者のほうを強調することは人間に与えられた表現の自由であって、そうしたからといって、「お前は恐怖の状況を『心の内』に無理に押し込めようとしている」という非難を受けるいわれはないはずである。特に、恐ろしい「感覚」とか恐怖の「感情」といった言葉が「心」という概念の下位概念として通用することの妥当性は否定しようもない。大森はその事実に十分な配慮をめぐらせずに、一方で「感覚」や「感情」という、もともと「心」に内含される言葉、「心」の下位概念、を存在として承認しているように用いながら、他方でそれを「心」の現象として捉えることを拒否しようとしている。それはデカルト二元論を克服したいがために彼が取った、あまりの常識破りの勇み足と言うべきである。

「心とは何か」という問いの無意味さ

ここで、必要があって少し脱線する。

「心」とは何か、「心」というものは一体存在するのか、「心」はどこにあるのか。こういう問いはしばしば哲学や心理学の俎上に載せられてきた。その理由は明らかで、それが「物」のように目に見えず触れることもできず、ソリッドな実感を私たちに与えないからである。「外」に確かめられるものだけを問題とするという行動主義などが一時隆盛を極めたのもむべなるかなで、大森も『言語・知覚・世界』の中では、この簡明な思想に批判的ではありながらも、かなりの肯定的な理解を示している。

ところでこの種の問いは、「神」とは何か、「神」は存在するのか、といった問いと同種のもので、私自身はこういう問いに対して、次のように考えてきた。

まず、何々とは何か、何々は存在するのか、と性急に問う前に、その「何々」が必ず「言葉」であるということに注目する必要がある。言葉が人間の作ったものであるということが疑いないとすれば、ある言葉はそれが作られたはじめから、次の諸条件を満たすものでなくてはならない。

①それは、一定の概念を持つ。
②それは、一定の共同性の中で流通する力を持つ。
③この流通する力の根拠は、その言葉を作り出し使用してきた人々の生活上の関心に求められる。
④共同性は、時間的空間的な広がりの中で推移、変化するものであるから、ある言葉もそれ固有の変化・消長の歴史を持つ。

さてこれだけの条件を踏まえた上で、「心」とは何か、「心」は存在するのかという問いに答えようとすると、必然的に次のような回答が考えられることになろう。

「心」という言葉は、現在の私たちの社会で、最も人口に膾炙した言葉のひとつである。その概念は一義的に定めがたいとしても、その現実的使用において、こういうときには使うのが自然、こういうときにはおかしい、といったおのずからの判定尺度を身に帯びており、この言葉を使用する人々は、その尺度に照らしてほとんど誤ることがない。つまりその多義性にも一定の限界があり、その範囲内で支障なく流通する以上、私たちにとって、「心」はある様式の下に存在すると考えなくてはならない。

その概念の核心をあえて言ってみるならば、「心」とは、身体と密接なかかわりを持ちながら、その様式において身体の作用とは区別される自立性を具えた人間の作用である。なおそれは実体的でもなければ、空間的に定位されもしない。走っている車という「もの」は刻々の時間において空間的定位を許すが、車が走っているという「こと」は、それがどこにあるかという問いと何ら関係を持たない。これと同じように、「心」とは「こと」に属するのである。たとえば「心」とはひとりの人間の「中に」存在し、といった定義づけは誤りである。心はどこにあるのかという問いは、政治家が観念として思い描く理想社会がどこにあるのかという問いが意味をなさない以上に、意味をなさない。また人間に限らず動物にも心があるのではないかという疑問が当然あるだろうが、高等動物から下等動物に至るまでの過程で、その作用の複雑性、多様性は段階的に逓減《ていげん》していくと考えるべきである。

ちなみに「神は存在するか」といった問いが西洋では繰り返されてきたが、「神」という言葉の概念が歴史の変遷を通じてさまざまな多義性をはらんできたことを不問に付すとすれば、懐疑心のない信仰を持つ人々にとって、神は存在するに決まっているのである。なぜなら、彼らは、神という「言葉」を信仰の中心として捉えて、それにもとづいて日々の宗教的実践を行なっているからである。現代の私たちにとって、「心」という言葉は、その存在性の強さにおいて、ほとんどこれに近い。

だが大森はこの言葉の常識的概念に対して大胆な挑戦を試みた。その意気や壮とすべきだが、一人ひとりの人間の「中に」存在する「心」という概念に対しては、一定の反措定を提出しえているものの、そのために「自然」と「私」との境界を打ち壊して、あたかも「心のはたらき」をすべて「自然のはたらき」に還元し、有情である自然のさまざまな立ち現われそのものを「私がここに生きている」ことと同一視するというのは、哲学的論理の飛躍にほかならない。

一方で彼は、記憶、想像、幻覚、予期などにおけるさまざまな立ち現われを「思い的立ち現われ」として、知覚と等価な「存在」としての身分・資格を与え、それらと知覚との違いは「様式」の違いにすぎないというきわめて寛容で公平な認識態度を示している。これは私などの考えからすれば、「そのとおり！」と声を掛けたくなるような認識態度である。過去（歴史）は制作されるものであるというごく妥当な指摘もこの態度から出てくる。だがそうだとすれば、「心」という概念の当たり前の通有性も、私たちに共通した志向性によって編まれるものであり、それが共同的な言語的営みにおいて決定的な齟齬をきたさない限り、ある「様式」においてその存在を保証されると考えてもよさそうなものである。ところが大森は、この「心」についてだけは、その常識的な捉え方に対してひどく非寛容なのだ。

なぜそういうことになるのかについては、すでに何度かほのめかしておいたように、「心」という概念を「物」との関係においてしか捉えようとしない（この論理構成のために「心」は自動的に実体化されてしまう！）大森哲学の根本的欠陥に根ざしている。後にまとめるが、この点は、別の道筋からも明らかにしていく必要があろう。

虚像と実物の区別の無化

主著『新視覚新論』は、認識論における実物とコピー（知覚像、投影物）という二元論ばかりではなく、近代的なフィクションとしての自由意志論、「想起」における「記憶像」（過去の現実のコピーという捉え方）、世界の一項目としての「私」の存在などに対する常識的な理解をことごとく批判するという野心満々の作品である。すべてにわたって詳述することは紙数が許さないので、私自身の関心に従って、軽重をつけながら取り上げてゆくことにする。

まず、『新視覚新論』5章では、プリズム眼鏡、水中の箸の折れ曲がり、虫眼鏡、蜃気楼、双眼鏡、潜望鏡、鏡像など、光学的異常による虚像と考えられているものが、ことごとく虚像ではなく「実物」であるという説にかなりのページが割かれている。これらはよく読むと、それなりに説得力がある。たしかにこの虚像・実物の区別の無化に関する詳しい論及は、ことを視覚の範囲内に収める限りで正しいと言えるかもしれない。しかしこの説得努力も、しょせんは「さわれるものが実物で、さわれないものが虚像」という常識的区別の前にあえなく崩壊するように思われる。

すでに述べたように、デカルトの「遠くからは丸く見えた塔が、近くでは四角い塔であったことに気づいた」という真偽判定を、大森は根拠がなくどちらも「相貌」として等価、幻も幽霊も蜃気楼も実物と等価、違うのはその立ち現われの「様式」の違いだけ、と反論するが、近くに寄れば塔が四角であることを、単に視覚によってではなく、触覚によって確かめることができるのである。また幻や幽霊や蜃気楼を、まさにそのような言葉によって人々が実物と区別しているという事実は、人々が実物とは何かを知っている証拠である。そしてその判定尺度は、触角の対象になりうるかなりえないかにかかっている。だから、知覚論議を触覚の範囲（ここでは味覚、痛覚、温覚なども含む）にまで広げれば、大森の「すべて等価な真実（実物）の立ち現われ」論は成り立たなくなる。

じつは大森自身、このことにうすうす気づいていて、どこかで（数回にわたり）、触覚をもって最終的な真実判定の尺度とするのは、この感覚が人間の死活にかかわる最も切実な感覚であるからだということを述べているのである（バークリも触覚を最も重んじた）。とすれば、「鏡像も実物」論議は無駄なものとなる。それればかりではない。この議論の成り行きには、「真実」とか「事実」という概念に対する重要な思想的示唆が含まれているのである。その示唆とは、「真実」「事実」とは、人間の関心や欲望以前にあらかじめあるものではなく、私たち人間が生きることにとって必要不可欠な関心や欲望に従ってその切実度の価値審級を施した結果はじめて確定される、ただ人間という種族にとってのみ意味を持つ概念だということである（ちなみにカントの悟性論にさえこの発想の端緒が見られ、ニーチェはもっとはっきりとこの発想を採った）。

たとえば知覚的存在様式は、この考え方を最もわかりやすく示すもので、知覚風景の広がりは単に実在の群れとして私たちの生と無関係に私たちの前にあるのではなく、あらゆる意味においで、私たちがこれから生きようとする可能性（時にはポジティヴな、時にはネガティヴな）の意味を担っているのである。すでに述べたように、味覚、痛覚、温覚なども含むところの「触覚」は、この「可能性としての意味」を最も端的に表わしている。しかし、そういう意味ではじつは「視覚」もまた同じであって、ただ「視覚」は、主体と対象との距離がその成立の絶対条件となるために、一見、主体とは無縁な「客観的対象」という様式で現われがちなだけである。私の眼にいま見える部屋の雑多なものたちは、別に特定のものへの注視ということを私が行なわなくても、それらが互いに地続きの関連を持って総合されて私の前に現われている限りで（視覚風景というものはいつもそのように現われる）、まさに現在および未来の私の可能性そのものなのである。それは現在においては私が「いま・ここ」にいることの規定条件の重要なひとつとなっており、同時に私のこれからの行動を暗黙のうちに規制し予告し、もって私の未来の生への戸口となっているのである。

この考えに従えば、たとえば鏡像は、擬似知覚あるいは准知覚としてかなりの程度、私たちの生きる可能性に絡みついているが、やはりさわることができないので、その「真実度＝切実度」は普通の知覚よりは低いということになる。そのようにみなせば、大森のように、執拗な論証の情熱を傾けてまで虚像を実物と同一視する必要はなくなるであろう。

「行為する私」の抹殺

次に、「自由意志」の存在可能性の問題について、大森がどんな結論にたどり着いているかを検討する。

先に述べたように、彼は視覚風景について、透視構造の存在がすなわちそのまま「私が生きてここにいる」ということであり、その風景が私に「見えている」ということなのであって、それ以上に「見る私」などを付け加える必要はないと説いていた。

大森によれば、これとちょうど同じように、意志とその行為の関係においても、「意志する私」がおり、その命令に従って行為する私の身体があるのではないという。

まず彼は意志と行為とは切り離されているのではなく、ある行為をしているとき常にその行為には意志が張りついていると指摘して、両者をエンジンの始動と車の走行のように分ける考え方を拒否する。そのうえで、さらに意志を行為の属性のうちにはめ込み、じつは意志は行為に張りついているのではなく、常に意志的な行為があるだけなのだという。たとえば大阪行きの列車に乗っているとき、車中でまったく別のことに没頭していても、大阪行きの意志(を属性として含ませた行為)はいわば「地」の意志として持続しているというのである。

さてここまで来て、こういう記述が果たして「意志」という言葉に対する私たちの実感にそぐうであろうか、と立ち止まってみる。「意志」という概念には、それがある行為を始めるための始動因のひとつという意味がつきまとっているので(そのようにいつも使われるので)、列車に乗って本を読んでいるときも大阪行きの意志がはたらいていると考えるのにはいかにも無理を感じる。もっとも大森は続行中の行為の要素の中に完全に意志を埋め込んでしまうので、そのことを認めさえすれば、大阪行きの行為をしているとき同時にそこに大阪行きの意志もあることになり、理屈はそれなりに通っていることになる。しかし実感にそぐわないことはたしかである。なぜこういう実感にそぐわないことをあえて言うのかというと、ここでも動機は明らかで、「内なる心」の自立的・自発的・能動的なはたらきを否定したいがためである。

次に大森は、自由の多様な概念のうち最も原始的で核心をなすのは「動作の自由」であり、それは麻痺や舞踏病からの自由であるとし、この規定に沿って自由と決定論との関係を考察して、自由の可能性を導き出す。しかしここにも異論をさしはさむ余地がある。私たちは、「自由」という言葉を動作や行為においてのみ使用するのではなく、たとえば踏み絵を踏みながら「心」の中でイエス・キリストを信じる自由を確保できるし、地動説を発表しないという誓約書にサインしながら「それでも地球は動く」とひそかにつぶやく自由があるからである。つまりこの種の自由はむしろ自分の行為に背反する（嘘をつく）自由であり、動作の自由とは関連を持たない「内なる心」の自由である。だから大森が最も原始的な肉体的自由に限定して考察を進めることが、すでに自由の問題を不当に狭めてしまうことなのである。

しかし一応大森の言い分を認めた上で、その説くところを追いかけていくと、概略次のようになる。意志の自由に対立するものとしての因果法則やさまざまな決定論は直接的には立証不可能である。たとえば「普通の状態でマッチを擦れば必ず着火する」という因果命題は、仮定法を証明のための材料としてあらかじめ含んでいる。また「動作の自由」のほうも間接的にしか立証できない。たとえば「いま私には一回だけ右手を挙げる自由もあれば左手を挙げる自由もある」という命題は、証明してみろと言われて、実際に右手を挙げてしまえば、左手を挙げる自由があったかどうかは不明となる。自由と決定論とがいずれもア・プリオリには証明不可能であること、この両方を説くことによって、審判者としては、「動作の自由」を条件付きで承認せざるをえないとされる。

こうして、行きつくところは、視覚風景の成立と同じである。

《動作A、それが私そのものなのである。そして状態ΨA（引用者注――ある時点での私の状態を、量子物理学的な関数として描写したもの）それが私そのものなのである。ΨAは私の状態なのである。だから私は自由にΨAになったのである。（中略）ΨOからΨAになるということ、それがすなわち、私が自由に動作Aをする、ということなのである。したがって、自由に、意図的に、ΨAになるということなのである。

（中略）五体やパルスや血流の他に、行為する私、などはありはしない。五体の動き、脳の動き、腸の動き、それがとりもなおさず「私がここで何かしている」ことなのである。自由に何かしていることなのである。》

（『新視覚新論』東京大学出版会）

「見る私」とまったく同様に自立的な「行為する私」も抹殺される。これは、「重ね描き」の論理を徹底させていった結果だが、この場合には「生の言葉」と「事実の言葉」が重ねあわされているのであり、両者は同じひとつの「行為」についてなされているのであるから、一方から他方への「作用」を考えることができない。その点では、「物」↓大脳↓知覚像の因果系列が成り立たないのと同じである。しかし、先にもこの説に至る過程で異論を挟んでおいたように、「意志する私」「行為する私」を余計物として否定しつつ、同時に「動作の自由」を認めるというのは、私たちの生活の実感にまったく合わない。やはり勇み足と言うべきだろう。もともと「自由」という言葉が人々の間に強い関心を引きおこすのは、あくまで人倫の範疇に属する概念としてこれを捉える限りにおいてだからである。

「意志〈内なる心〉の働きのひとつ）の自由」がしばしば近代のフィクションであるとされるのは、この大森の常識否定の情熱の目指している次元とはまた別で、私たちには行為や言動や内面の自由が許されていると思っていても、実際には社会的関係、歴史的条件、主体の諸能力の限界、などの制約を受けていて、たとえ当人が「したいからする」「したいことができた」などと思っている場合でさえ、ほんとうは人間関係の構造からして「せざるをえないからする」というケースがほとんどだという問題にかかわっているのである。そしてこのことについて考察するほうが、純粋に切り取られた「動作の自由」が「私の物理学的な状態の変化」と同一であってそこになんらの「意志する私」の自由を介在させる必要がないなどと説いてみせるよりも、思想的に見て重要なのである。科学哲学者・大森は、意図的にか無自覚的にか、そういう思想的な関心に考察の目を向けることをはじめから回避していると言ってよい。

もともと「意志」は他者の存在を前提にしなければ成り立たない。「散歩をしよう」と意志することは一人でできるが、その一人でもできること自体が、他者たちに取り巻かれた「この世界」の只中で行なわれるのである。一人で散歩をしようと意志することは、まさに他者を交えずにそれをしうるという、否定態としての他者関係の表現以外の何物でもないからである。

筋肉の随意性（動作の自由）は、単に「意志」を可能にする生理的条件であって、それはソクラテスに批判されたアナクサゴラスの「原因」と同じである。

プラトンの『パイドン』によれば、アナクサゴラスは、ソクラテスがこの椅子に座っていられる「原因」は、椅子の仕組みとソクラテスの筋肉や骨や腱とがうまく適応していることだとした。ソクラテスはこうした物理的生理的条件を「原因」とすることを否定し、真の原因とは、なぜ自分がここに座っていることが善いことなのかを解明した暁に現われるものだとした。

大森の意志論にも同じことが言える。他者との関係を動かす「行為」の全体的意味との関連で意志を語るのでなければ、人間の作用としての意志を論じたことにはならない。

想起は徹頭徹尾、言語命題である

次に、記憶をよみがえらせてそのことについて語る場合に起きていることは、大森によれば、そこには言葉によるただひとつの立ち現われがあるのみであって、記憶像（過去において経験された事実のコピー）のような仲介物は必要なく、また「想起」とは過去の知覚経験の再現または再生ではなく、徹頭徹尾言語的命題であるという。この説はどうだろうか。

《数日前の旅の話をしているとき、ふつう人は、旅の記憶像によって実際の旅のことを思い出しながらそうしていると考える。しかし、このことが可能となるためには「記憶像」というような旅そのものとは別の媒介物を必要としない。なぜならば、もし記憶像が必要ならば、その記憶像が実際の旅の記憶像であることを承知していなければならないはずであるが、そうであれば、それはとりもなおさずその「実際の旅」を承知していることになるからである。そしてその承知の仕方は、もはや「記憶像によって」の仕方ではありえない。それは「じかに」の承知の仕方である以外にはない。だから何もこと改めて「記憶像による」必要は毛頭ない。》（同前）

ここでも大森は「実物－コピー」の図式を否定するのに躍起となっているが、このくだりは、彼が排斥しようとしている「常識」そのものが、彼によって作られたありもしない仮想敵であることを示している。というのは、「常識」もまた、正しい文法に従う限り、「記憶像によって、実際の旅のことを思い出」すなどとは言わないからである。記憶像という言葉で何らかの脳中に保存された実体のようなものを思い浮かべるとすれば、大森の反論は確かに妥当であろう。しかし、記憶像とは、「思い出し（想起）」という行為（実践）によってそのつどはじめて浮かび上がってくるその当のもののことである。だから、もちろん「記憶像によって思い出す」などという表現は、言語矛盾以外の何物でもない。しかし私たちが、「思い出し」「想起」という行為によって「記憶像」を現前させること自体は、どう考えても否定しえない事実である。むしろ私たちは、かつての「実際の旅」に「じかに」思いを馳せるという動詞的なはたらきによって「記憶像」という名詞的なものを得るのである。

大森はここで、「実物－コピー」という図式理解を否定したいあまり、ごく基礎的な点で、言語使用の混乱をみずから犯している。誰も「記憶像（というコピー）によって」記憶を再現したりしてはいない。そうではなく、「想起」という行為の結果として現われるのが、しかじかの内容を持った「記憶像」なのである。そこには「行為を通して想像的な〈もの〉を得る」という一筋の道しかありはしない。大森はそのことを、人は過去の事実そのもののコピーである記憶像によって過去を思い出すと考えているというふうに取り違えているのである。

さらに次の一節を見よう。

《誰でも自分の想起体験を思い返してみれば、そこに知覚経験のかけらもないことに直ちに気づくはずである。昨日の食事や歯痛を思い出すときに、その美味のかけらもなく痛みのかけらもないだろう。そして思い出すとは「うまかった」、「痛かった」という過去形命題であることを承認するだろう。先入主を排除すれば、想起とは命題的であって知覚的でないことがくもりなくあらわれてくるのである。》

（『時は流れず』青土社）

またこうも言っている。

《ここでは言語的思考的理解とそれを解説する知覚的図解との区別と、その区別の上での関係をみてとれればそれで十分である。それによって想起経験での想起内容がじつは言語的命題群であって、しばしば取り違えられるようにそれに同伴する知覚的図解ではないことに納得がゆけば私の目的は達したことになる。》

（同前）

この二つの引用文では、想起内容が知覚的なものではなく、言語的命題であることが強調されている。しかし果たしてこの強調は、実態に照らして正しいだろうか。私の考えでは、大森のこの説は、ひどく偏った決めつけと感じられる。

なるほど昨日の食事や歯痛を、「昨日フカヒレを食ったな」とか「仕事中に歯が痛くなって困ったな」というように、連動する言語命題で想起を続ければ、その限りで、「うまさ」や「痛さ」はよみがえらないことはたしかである。しかし人間の「想起」は、いや、「想起」だけではなく、そもそもある具体的な言語命題そのものが、全体としてもっと直接的な感情や身体感覚に連続しているのが普通である。

たとえば梅干やレモンを（言葉として）思い浮かべただけで唾液が出てくるのは、条件反射として有名であるし、失恋したときの相手の冷たい言葉を思い出しただけで、哀しくて涙が出てくるとか、相手の失敬な発言にうまく報いてやることができなかったときのことを思い出しただけで、怒りと悔しさのあまり体が震えてきたりこぶしを握り締めたりするというように、ある記憶の再生によって情動的な反応が引き起こされることは、日常茶飯である。突飛な例で言えば、若い男なら、ある夜の女との性体験を思い出しただけで、ペニスが勃起してくるというようなことさえある。また強烈な例では、望みもしない戦争や災害や被害の場面のしつこいよみがえりによってPTSDになってしまうといった場合もある。

こうした記憶内容とそれによる情動反応とのちょうど中間には、確実に擬似知覚的な場面の現前と、それに対する情緒のはたらきが不可分に伴うという現象がいくらでも見られる。思い出されたフカヒレの「美味のかけらもな」いなどということは必ずしもない。私の経験では、幼児のときはじめて食べたアイスクリームの味と、それが載ったアルマイトの容器の匂いを、今でもまざまざと思い出すことができる。その記憶にはそれらの感覚と同時に、一種の珍味を味わったことのうれしさのようなものが張りついている。また私の父は飲んだくれだったので、泥酔して帰宅した父を母が嫌がるのを見て、母親っ子だった幼い私は思い切り父の背中を殴り続けたが、父はびくともしないし怒りもしなかった。そのときのこぶしが父の背中に当たったときの振動の触感と悔しさの感覚とを私は今でもありありと記憶している。

そもそも、テストや実験に使われるような記号的な記憶ではなく、こうした生活経験の記憶のよみがえりの場合には、当の記憶像は、それをかつて経験したときに味わった特定の情緒と不可分であり、むしろその情緒の現在までの潜在的な継続がよみがえりの動因をなしているのである。だからこそプルーストの「私」も、ひと匙のプチット・マドレーヌを口に含んだ瞬間、忽然と過去がよみがえるのを経験したのだ。

視覚像でも同じで、ある映画、たとえば『十二人の怒れる男』の美しいラストシーンが忘れられないとか、ある女が自分に愛の告白をしてくれたときのその可愛い表情やはじらうようなしぐさが忘れられないといったことも、人にはよくあることである。そして記憶内容にとっての大事な意味は、こちらの擬似知覚的な（というよりはかつての経験の全体を表現する）「像」のほうにこそ宿っている。何となれば、人はそのような経験像にもとづいてさらに「想起」を発展させたりある感情に浸ったり、身体感覚をよみがえらせたりするからである。

記憶が言語命題であると断定するとき、大森は「記憶」という概念を甚だしく矮小化している。たとえば自転車の乗り方を一度習得したら一生忘れないとか、以前知り合った人に再会したときにその人を再認できるとかいったことも、明らかに「記憶」の作用なのである。このように、身体性や情緒性が深くからみついていることがむしろ記憶の本態なのであって、言語命題としての記憶は、そこから生の経験を抜き去った抽象に他ならない。

このように書いてくると、大森は感覚がよほど鈍いのではないかと毒づいてみたくなるが、ここで大森が「想起」の内容を言語命題であるとして固執するのもじつはまったくいわれのないことではない。先に挙げたような例のどれに関しても、言語命題が「想起」のきっかけや他の「想起」への転轍機の役割を果たしていることはたしかである。つまり「想起」は言語命題と、それによって引きおこされた「像」の現前との総合によって、その独特の「様式」を完成させるのである。

だがここでも問題は、解釈の当否そのものであるよりも、なぜ大森が「想起」された内容の「像」的特性を常識に逆らってまで無理やり「言語命題」の中に押し込めようとするのか、その動機について考えることである。このことについては、『時間と自我』の「過去の制作」という章に詳しい。

《想起は概して文章的であり物語的なのである。

これらの想起された文章や物語は想起された経験の描写や叙述ではない。その文章や物語、それが想起された当のものなのであって、想起された経験の言語的表現ではないのである。（中略）仮に言語以前の過去経験があるとしてもそれは形を持たない模糊とした不定形（引用者注――アモルファスとルビあり）な経験である。それは確定され確認された形を持たない未発の経験でしかあるまい。それが確定された形を備えた過去形の経験になるためには言葉に成ることが必要なのである。そして言葉に成り過去形の経験になること、それが想起なのである。逆に言えば、想起される、言語的に想起される、ということによって過去形の経験が成るのであり制作されるのである。》

（『時間と自我』青土社）

ここに至って、大森が想起の内容をなぜ「言語的命題」に押し込めて解釈しようとしたのか、その理由が呑み込めてこよう。彼は、過去というものの存在を、知覚的実在と同じようには認めていないのであり、過去の想起という経験が、知覚経験とはまったく質の異なる種類のものであることを強調したいのである。彼の論理仕立てでは、知覚と言語とが非妥協的に対立している。言い換えると、過去の想起経験を言語によるものと確定しておけば、それが擬似知覚的な「像」であったり、ヒュームの言うような「弱められた知覚」であったりする可能性を完全に排除できるのである。またそれが言語によるものであれば、「かつてあったがいまはもはやない」ところの「過去」という概念を、「言葉に成った」ものとして確定でき、また同時にそれが文章へと「制作」された物語であるものとして、知覚される「いま・ここ」の経験と峻別できる。そして結局彼は、この試みによって、過去一般とは何かという困難な問いにひとつの回答を与えることができる、と考えたのである。だがこの試みは成功しているだろうか？

私はこう考える。過去が「制作」されたものであることによって、知覚に取り巻かれた現在とは本質的にその様相を異にするという大森の結論には全面的に賛成する。しかし、過去をことさら言語による「過去形の経験」としなくても、この「過去」把握は成り立つのではないか。これまで述べてきた、「想起」による記憶像の存在意義についての、大森と私の見解の相違に注目してもらいたい。私の異議は、想起はただもっぱら言語命題に収斂するわけではなく、実際の経験に照らせばすぐわかるごとく、彼の指摘とは反対にむしろかつてのある経験の全体を表現する「像」が、その内容の主要部分を占めるという点にあった。そして、それはいまはもはやないからこそ「像」なのである。つまり過去の経験の「像」と現在ただいまの経験との相違を指摘するだけで、過去が「制作」された物語であることは、十分説明がつくのである。

大森はそう考えずに、「知覚」に異常に執着しているために(彼の哲学は一般にこの傾向が強く、夢について語る場合などにも、それを「体験」として捉えずに「知覚」として捉えている。私はこれも間違っていると思う)、かえってその反動で、知覚とはまったく縁がないと思われることが明瞭な「言語」という人工物にその対立項を求めたのである。この論理枠組みにうっかり乗せられると、私たちの過去から現在、未来に及ぶ生の要件には、あたかも知覚と言語しか存在しないかのようなトリックに巻き込まれる。

だが生の経験とは、言うまでもなくそんな瘠《や》せたものではない。身体と身体、身体と物との交流があり、行為があり、感情があり、意志があり、理性のはたらきがあり、それらのすべてが綾なす全体が経験である。そしてこのことは、「過去」の経験においても同じであった。したがって、ある過去の経験についての記憶像には、それらの交錯が混沌として含まれていなければならない。しかし、それらはもはや失われた経験としてしか捉えられないがゆえに、まさに「像」として現われるほかないのである。

大森哲学の根本的な欠陥

これまで大森哲学のさまざまな難点を指摘してきたが、最後に、何がそれらの原因として決定的であるか、その根本的な欠陥について記しておきたい。とはいっても、これは何も彼に限ったことではなく、西洋哲学の中に巣食っているある閉ざされた思考様式が骨がらみで持つ欠陥であって、むしろ大森は、日本人として西洋の哲学文法に学び、その方法を徹底的に自家薬籠中のものとしながら、その限界をよく知りつつそこからの脱却を創造的な発想によって図ろうとしたのである。その点で、特筆に価する業績を残していることは否定すべくもない。しかしそれにもかかわらず、西洋哲学のこの方法の威力はすさまじく、さすがの大森もそれに侵略されてしまったと言うべきかもしれない。

さてその方法とは、一口で言えば独我論的思考様式である。たとえばデカルトは、「私」が存在することの証明を自分の哲学の第一原理に置いた。「コギト・エルゴ・スム（我思う、故に我在り)」は、だれも否定しえない見事な証明の論理として今日も君臨しているが、仔細に考えてみると、この原理には、デカルト自身が気づかなかった二つの欺瞞的要素が隠されている。というよりも、それが独我論的見かけを帯びることによって生ずるひとつの欺瞞が、もうひとつの証明不可能な困難を生み出してしまい、デカルトはそのことに頰かむりを決め込んだと言ったほうが正確かもしれない。というのは次のような事情である。

まず、デカルトは不特定多数に向かって「我思う」と言っている。つまりこれがまさに「言葉」による言明であることによって、この論理を聴く無数の他者がいること、そしてその他者が必ずその論理に納得するだろうことがもともと予想されているのである。すると、デカルトは、他者が「我」を他者自身の「我」として受け取る限りで、「この私(デカルト自身)が存在する」と言っているのではなくて、じつは「無数の主体(主観)が存在する」と言っていることになる。ということは、彼は「すべてをいったん疑う」という方法的懐疑を述べたはじめから、理性を聞き分け理解するすべての人間が存在することを前提しているのである。なぜなら、もしそうでなければ、「疑い」や「真理」などの共通言語を使って他者に呼びかけ、他者を説得する理由が消えうせるからである。ゆえにこの証明は論理学的に言うなら、論点先取の誤謬と言うべきである。

そこで、この命題は「私」の存在を論証しているのではなく、むしろ、「我思う」という言葉によって、すべての人がその事実を自分に当てはめてその言葉の意味を了解することができるということを説いているだけなのである。これは厳密な意味での論証ではなく、むしろ言葉の意味の相互確認をより普遍的になしうるための、非常によくできたレトリックにすぎない。「言葉による言明である」というメタレベルでの意味がここでは巧妙に隠されてしまっているのだ。

レトリックはレトリックであってもかまわないのだが、この欺瞞によって、デカルトの言明に納得したすべての他者は、デカルト自身と同じように、「ああ、だから私の思考だけが私の存在の証しなのだな」と信じ込んでしまう。そうなると、今度は無数の他者（デカルトにとっての）が、「私」の存在への確信から思考を出発させることになり、そのことによっていつしかあの「方法的懐疑」は無数の他者による「独我論的確信」へと変貌する。まさにそのことが次なる困難の生みの親なのである。その困難とは、哲学者を長く悩ませてきた「他我問題」、すなわち、他者が自分と同じように思考し、悩み、喜び、悲しみ、痛みを感じる存在であるということについての論理的確証はどのように得られるのかという問題である。あるいは、私も彼も「赤」と呼んで支障をきたしていないあの信号の色が、互いに同じ色（クオリア）として感覚されていることは、どうすればわかるのかといった問題である。

さて話を大森荘蔵に戻そう。彼の著作には、いたるところに「他人の痛みを自分が感じることはできない」という表現が出てきて（ほとんど辟易するほどである）、最晩年の著作『時は流れず』では、この事態を「鉄壁の孤独」とさえ呼んでいる。つまりは、人間存在を捉えるのに、彼もまたこの「独我論的前提」から出発していることが明瞭である。

しかし彼は、『時は流れず』において、他我問題の解決に悩み苦しむ哲学者を病気とし、そんな問題などにまったく悩まされずに互いの人格を認め合って日常生活を送っている普通人の生き方をシミュレートする形で、この問題を葬ってしまうことを提唱している。私もそれには大いに興味をかき立てられたので、丁寧に読んでみたが、やはりはじめの独我論的前提を少しも崩さずに論を進めている。これは、『デカルト的省察』で他我問題の解決を「類比」と「感情移入」に求めて失敗しているフッサールと五十歩百歩である。大森の論理に私はほとんど説得されなかった。

結論の要点だけを記すと、「私」に起きることへの理解は「知覚的意味」による理解であり、他者に起きているらしいことへの理解は、数学に対する理解や時空における実感不能な巨大、微小に対する理解と同じように、「思考的意味」による理解だと考えればよいとされる。他者を理解する「様式」は、自分を理解するときの「様式」とは根本的に違うというわけだ。そしてその手がかりは、相変わらず、私と他者との身体や振る舞いにおける「類同性」という論理的な概念である。他者の腹痛を知覚的に想像しようとすること自体が、1ミクロンを知覚的に想像できないのと同じように、心理的には自然な誤認であろうというのである。ここでも独我論的前提である「鉄壁の孤独」は堅く守られている。

だが、第一に、他人の痛みを自分が感じることはできないということの一点だけに集注して独我論的前提に立てこもることが、そもそも適切な人間理解の仕方だろうか。また第二に、独我論というのは、単にその論理的正しさだけで哲学の中で市民権を得ているのである。純論理的には独我論は、たしかに反論不可能である。「私が死んだら同時に世界も消える」――バークリの「存在とは知覚なり」を逆から言えばそういうことになる。だが実際には、独我論哲学者も自分の死後、遺族への遺産分配について頭を悩ますように、だれも独我論的に日常生活を送ってなどいないのだから、もっと広がりを持った視点の導入によって、哲学そのものを私たちの生、私たちの社会への関心に結びつけるのでなくてはならない。それをここではあたう限り試みることにする。

まず、独我論の前提は、「この私だけが確かなものとしてこの世界に存在する」という命題である。だがこの命題は、先にデカルトに言及した際に指摘したように、それが言葉として言明されるや否や、独我論としては不純なものとなる。というのは、「あなたもそう思っていたのか、じつは私もそう感じていたのだ」という賛同者が次から次へと現われるという奇妙な事態を引きおこすからである。それでも理屈の上では、「そういう他者の賛同もまた、『この唯一の私』の知覚内での一エピソードにすぎない」と切り抜けることはできる。しかし、そうだとすると、この独我論者の他者説得の動機は一体どこにあるのか。不純になるという犠牲を払ってまで議論を混乱させることを彼は望んでいるのだろうか。一体何のために？

また、他者の腹痛を知覚的な意味としては捉えられないという「鉄壁の孤独」説には、他の人間疎通一般の状況には耳を貸しませんといった、一部の哲学に特有の偏狭さがある。たとえばこれは浜田寿美男氏の受け売りだが、発達心理学では、次のようなことがたしかめられている。生後数カ月の赤ちゃんにレモンをしゃぶらせる。すっぱいので顔をしかめる。ここまでは生理的反応である。次に養育者が赤ちゃんの目の前でレモンをまさにしゃぶろうとして見せる。すると何と驚いたことに赤ちゃんは自分もすっぱさを感じるかのように顔をしかめることがあるというのである。

この事例の前では、「鉄壁の孤独」は色を失うであろう。なぜなら、赤ちゃんはまだ鏡を見たこともなく、いわんや鏡の前で自分がレモンをしゃぶったときにどんな顔をするかをたしかめたわけでもない。まして自分と他者の身体の類同性などに気づくはずもなく（第一、赤ちゃんと大人は少しも似ていない）、さらに、他者理解を数学などと同じように「論理的意味」として理解するなどということができるわけがない。

他の例でもよい。複数の人が集まっている部屋が揺れはじめる。「ん？　地震？」とみながいっせいに口走る。悲しい映画を見る。自分の現在の境遇と何ら関係のないその映画で、多くの客が思わず涙を流す。まさに「思わず」である。表情やたたずまいを通して相手の本当の「心」を読むということも日常頻繁に行なわれていることである。「また会ってくれる？」と聞いた男に女が「ええ」と答える。しかし男は女の言い方、表情などから、これはその気がないなと直感する。「まったくこのバカが！」と親が叱る。子どもは語義どおりにそれを受け取らずに、そこに親としての優しさ、愛情がこもっていることを鋭敏に察する。それに続くであろう「許し」に対する期待すらもう芽生えている。ある同じ目論見を持って何かに参加した二人が、その目論見の成功を同時に経験して、互いに微笑しながら「してやったり」と目と目で合図を交わす。これらの例において、そこに「論理的意味」など媒介されていないことは明瞭である。

私が何を言いたいかというと、こうしたいくつもの場面こそが、大森の言う「普通人の生き方」であって、他人の腹痛を知覚的に感じることができないことだけが、「私」と「他者」との関係のあり方を象徴しているわけでもなんでもないということである。これらの場面におけるる他者了解には、身体や振る舞いの「類同性」（フッサールでは、「類比」と「感情移入」）などという論理用語とは関係のない、もっと論理以前の、人類としての「共感の構造」が強固に根を張っているのである。私たちは哲学者が他我問題を解いてくれるはるか以前から、歴史的にも個体発生史的にも、この「共感の構造」をたっぷりと生きてしまっているのだ。

そしてその「共感の構造」を生きてきた人類史の只中からこそ、「心」という概念が不可避的に立ち上がるのである。「心」という概念は、常に「個人の身体」にそれぞれ固有の形で宿るという俗説から脱して、根本的に建て直されなくてはならない。しかしその建て直しのベクトルは、大森が考えたように、単に「自然」のほうに向かっていくのではなく、まさに人間と人間との実践的交流という動的な関係概念、言い換えると人と人との「間」という「場所ならぬ場所」にまずその礎を定めるのでなくてはならない。

この「共感の構造」がどのように、また何によってできあがっているのかを解説することは、それだけでひとつの大仕事であろう。ここでは要点だけを言っておくと、人間は知覚や論理など、理性の範疇（カントでは「悟性」）に属する言語によってその生き方を把握される前に、（赤子のときから）相互の実践的交流を通して培ってきた情緒の共同性によって自分たちの生を編んでいるということである。たしかに「他者の腹痛」を「私」が痛むことはできないが、それは単に身体が個別ばらばらであるということの宿命のようなもので、そこだけに「心」や「感覚」や「感情」の疎通不可能の根本問題を見ようとするのは、哲学者がおかしいのである。

その疎通不可能は、多くの疎通の現実を見えない「地」としているからこそ、顕著な「図」として浮かび上がる現象にすぎない。むしろ私たちはその事態を残念な事態であり、本来あるべき姿ではないと思うためにそれを問題とするのであって、その残念なる思いには、欲張りなほどに相互疎通の願いが込められていると言ってもよいのである。そしてこの残念なる思いは、人間に特有であって、まさにそこに、人間とはどういう動物であるかということが裏側から照射されているのである。

独我論的な把握（「私」とその身体・人格とを同定させうるような、特定の主観の絶対的な孤立特性）から人間理解を出発させる方法は、先に指摘しておいたように、大森哲学の、というよりもデカルト以来の西欧哲学の一部に伝統的に巣食ってきた致命的な欠陥である。この傾向が根強くあるために、大森の哲学体系も、「心」を問題とするときに、人と人との間に起きる相互作用の現象としてそれを扱うことができず、常に「自然」との関係に限定してしか論じることができない。「物」と「心」とを対比させるとき、そしてその間の二元的対立を克服しようとするとき、「心」という概念に、人間関係世界におけるそのはたらきという意味合いがけっして出てこないのもむべなるかな、科学哲学者・大森には、はじめからそういうニュアンスをこの言葉に込める発想がないのだ。

だが先に述べたように、あるキーワードというものは、それが「普通人」の間で滞りなく使用されてきていまも使用されているならば、その使われ方の全体において存在を保証されるのであって、それを使って哲学するのに、その大切な一面を無視するわけにはいかない。大森のように（もちろんデカルトのように）「心」という言葉を「物」との関係においてしか使用しないと、いくら「自然そのものが有情であり、心的なのである」として狭く押し込められた「心」を解放した気になったとしても、「普通人」は必ずその論理枠組みそのものの自閉性、偏頗性を見破るであろう。

私は大森に対して、ずいぶん厳しい評価を下しているのだろうか。ある意味ではそうだが、はじめにもことわっておいたように、彼の哲学上の最大の関心は、ガリレイ、デカルト以後の西欧哲学の伝統的問題のひとつであった認識論上の二元論（自然の死物化と閉じ込められた「心」）をいかに克服するかという点にあった。その面では、「重ね描き」論や「透視構造」論のように、他に類を見ない創造的な理論を哲学の言語によって打ち立てたことを大いに評価しているのである。おそらくそれはまた、自然と独特の交感の仕方を歴史的に積み重ねてきた日本人にしかできない発想に裏付けられていて、私たちは同国人として、その業績を大いに誇りにしてよいのだと思う。だが残念なことに、彼の西洋との格闘は、これまた西洋哲学の一傾向である独我論的人間把握の狭苦しさから脱却するところまではいかなかった。現在およびこれから哲学を志す日本人にとって、これが大きな克服課題であることを、大森は暗黙のうちに知らせたのである。哲学の素人である私にはそう思えてならない。

第五章　小林秀雄
——一九〇二～一九八三

難解な文体が意味するもの

小林秀雄という「批評家」を、文学者として見ずに思想家として見ようとすると、ある、何とも言えない思想的輪郭の曖昧さや逆説性と、それにもかかわらず彼が表現したかった思想はじつはたったひとつの端的なことにすぎなかったのだという強烈な印象とが、矛盾をはらんだまま私たちにやってくる。

江藤淳は力作『小林秀雄』の冒頭、次のような短いがまことに意味深長な言葉で小林の仕事の特徴を言い切っている。

《小林秀雄以前に批評家がいなかったわけではない。しかし、彼以前に自覚的な批評家はいなかった。ここで「自覚的」というのは、批評という行為が彼自身の存在の問題として意識されている、というほどの意味である。彼の出現に先立っていたのは長い、健康な啓蒙期であった。彼の沈黙と同時に出現したのは、小林の語彙を用いることを識った新しい、衰弱し

た啓蒙家たちである。つまり彼は批評を創め、芸術的な表現に高めると同時に、これをこわしたのである。》

批評行為を自分自身の存在の問題として意識した「自覚的な批評家」という形容を私なりに言い換えるなら、「人はどのように生きるべきか」という問題を、客観的な理論の体裁から遠くはなれて、実存という足場を一歩も踏み外さずに追究した「思想家」ということになる。江藤が的確にも「啓蒙」という言葉とのことさらな対比によって小林の仕事を特徴づけていることからも、このことは納得されよう。

小林の守備領域をその扱った素材という観点だけから見るならば、人間の文化現象、芸術現象を、いかに広い範囲にわたって論じているかがただちに認められる。この限定条件の範囲内では、何にでも口を出す雑学屋と評してもけっして的をはずしたり貶めたりすることにはならないような有様である。

「文芸批評家」として社会的に認められてから、彼は狭義の文学のみならず、音楽、絵画、映画、芝居、骨董、政治、哲学、宗教、科学、古典、伝統、常識、道徳そして歴史というように、およそありとあらゆるテーマに手を伸ばしている。しかもひとつの論文の中で、けっして秩序だった構成を具えてというのではなく、連想が連想を呼ぶという形で結果的にいくつものジャンルにまたがって論じられるというケースが多い。自分でも述懐しているように、彼は書き始める前にあらかじめ構想をきちんと立てるということをしたことがなく、書き始めてみなければ頭がはたらかなかったそうである。

こうした書き手の特質を、単なる才能ある教養人とか、人生の鋭い観察家というふうに概括するのは、この書き手をただ表層でしか見ていないことになる。「批評という行為が彼自身の存在の問題として意識されている」からこそ、つまりみずからの生の追求そのものに寄り添う言葉を不断に創造しようとしているからこそ、その生に絡み付いてくる「ものごと」を細大漏らさず相手にせずにはいられない。その意味で、小林はまさに日本が生んだ稀有な「思想家」の一人なのだ。そこに現われる多彩な素材は、そういう思想家の構えが必然的に呼び寄せたものだと言ってよい。

ところで、よく言われるように、彼の文章は一見、逆説に満ちていて通説を否定するような形式を取っていることが多く、その文体に不用意に接した読者にとっては、趣旨を正確に読み解くのに頭を悩ます種となっている。たしかに気楽に書かれた感想のたぐいを除いては、すらすらと流し読みできるような平明な文体とは言いがたく、ことに若い頃の文章には、ひとつひとつの語彙や文脈の選択に相当な精力と時間を費やし、彫琢に彫琢を重ねていることがあらわなものが多い。いきおい読むほうも、肩に力を入れて行間を読み取ろうとする構えを強いられる。ある意味で難解な文体と呼んで誤りではないだろう。

彼はみずから書いている。あるとき彼の娘さんが試験問題を見せて、なんだかちっともわからない文章だと言うので、読んでみるとなるほど悪文なので、こんなもの、ただわかりませんと書いておけばいいのだと答えると、娘さんが笑い出し、この問題はお父さんの本からとったと教師が言ったというのである（「国語という大河」全集第九巻『私の人生観』所収）。

このエピソードはいろいろな含みを持っている。

ひとつは、物書きという商売を長くやっていると、若い頃何をどんなふうに書いたかをけっこう忘れてしまうものだということである。小林は遠い過去の自分の文章に執着するようなタイプの文筆家ではないので、「何を書いたか忘れてしまった」というような述懐にときおり出くわすことがある。これは過去の自分に無頓着であり、ナルシシズムから自由であることを表わしてはいるが、けっして言論人として無責任なのではない。むしろ逆に、いつ何を書いても本質的には変わらない自分という、一種の自己同一性に自信を持っている証拠なのである。彼はこの自己同一性に対する自信を背景にしながら、与えられたテーマ、関心を持ったテーマにそのつど素手で取り組むことによって、全体として「ひとりの思想家」というある完結した像を期せずして表示している。そこには、他人の評価に対する不安や動揺がほとんどないのだ。

もうひとつは、同じエッセイで彼自身が自己分析しているように、長い間物書きをやっているといろいろな文章ができあがってしまう理由のひとつは、分析し論難し主張することを旨とする「批評」という表現形式が、自分の文章を自在にあやつっているような錯覚を与えやすく、そのため自分の文章に関する自分の支配力を過信させることになるからだというのである。その自己過信という未熟時代が自分の場合は他の文学者たちに比べてよほど長かったようだ、だがじつは、自分で作る文章ほど、自分の自由にならないものはないことを、経験がいやおうなく教えた。書くことは、いつまでたっても容易にはならない——そう彼は内省している。

こういう内省の仕方そのものにも、思想家としての小林の特質がよく出ている。それは、文章表現に対する異様なほどの倫理感覚と美意識の現われであり、また一般に人々が生きる経験を積み重ねた果てに思い知る、「一番自由にならないものは自分自身だ」というあの感慨を、自分の職業に託して語っていることをも表わしている。

「文学的な、あまりに文学的な」小林批評

ここで、再び江藤淳の『小林秀雄』に少しばかり触れておきたい。ただし今度はこの作品に対するネガティヴな評価の形をとる。この作品が「文壇」という狭い世界で小林秀雄理解の決定版のように位置づけられていることが、「思想家」としての小林を正しく評価するための妨げとなっている気がしてならないからである。

あらかじめ結論を述べておくと、この作品は言うまでもなく他者の追随を許さない力作であ

り、随所に感性の批評家・江藤ならではの鋭い直観と洞察を含んでいる。しかし彼は、小林の青春時代を見舞った悲劇的な精神の彷徨《ほうこう》体験を基盤として、そこからの連想観念によって得たごく限られたキーワードを作り上げてそれらを固定させてしまう。そしていったんキーワードを固定させると、小林の後々の仕事を論ずる際にもこれを幾たびとなく「原イメージ」として復元させ、その操作によって、小林の数十年にわたる全仕事のイメージを特徴づけようとすることになる。

しかし私には、この「文学的な、あまりに文学的な」方法が、青春時代を卒業して生活者としても表現者としても成熟の道を歩んでいった小林秀雄の実際のイメージを、かえって捕まえ損なっているように思えてならない。

江藤は、この作品を二部構成で編み、その第一部の大きな部分を費やして、小林の青春時代に起きた生活的・文学的事件に言及している。よく知られているように、若き小林は、中原中也、長谷川泰子との間につらい三角関係を演じなければならなかった。泰子が中原の下を去って小林と同棲生活を始めた後も、二年半に及ぶ二人の日常は、過敏な神経と神経との激しい葛藤劇の連続であったらしい。その後、小林は泰子の下を逃げ出し、一時奈良に住むことになる。

時間的には前後するが、泰子と出会う前に小林は小笠原諸島に旅行している。江藤によれば、そのときに触れた「紺碧の海水」と「青い空」の「青」を後に想念の中で「死」の象徴にまで結晶させ、さらに泰子との悲惨な神経戦の後には、「自殺の理論」を完成させる。人は人生の猥雑な流れの中にいてはならない。その決意によって、文学者としては成熟を拒否する態度を固める。というよりは、文学者になることそのものが成熟を拒否することである——このようにして小林は「批評家」になったというのである。江藤のこの長い記述は、一九二五年（小林二十三歳）から一九二七年（二十五歳）までのわずか二年の間の自意識への執着から説き起こされている。

そして江藤は巧妙にも、若き小林の青春の彷徨の過程の中に、後に何年も何十年もたってから書かれた批評家・小林の文章、「歴史と文学」（一九四一年、小林三十九歳）、「戦争と平和」（一九四二年、四十歳）、「実朝」（一九四三年、四十一歳）「モオツァルト」（一九四六年、四十四歳）などから、対応可能と考えられる部分を抽出して混入させ、両者の間のイメージの連続性を印象づけようとする。要するに、小林の批評作品の重要なものの原型が、すでに青春時代に完全に形作られていたというわけである。

こういう方法は、ある対象の場合には大いに有効であろう。しかし私には、小林秀雄にこれを適用することが、「思想家」としての彼の全体像を炙り出すのに有効ではないばかりか、かえって障碍《しょうがい》となるように思えてならない。

というのは、小林の場合、商品価値も思想的価値も有するその作品において、むしろ青春時代の自意識の彷徨と危機から自力で脱出したたくましさの上にこそ、その独自な文体と思想が築かれているということが明瞭ないくつかの徴候があり、そこをよくよく見なくてはならないからである。小さなことだが、戦後まもなく発表したエッセイの中で小林は、長谷川泰子のことを指して、平気で「狂人」と呼んでいる（「金閣焼亡」）。小林に自分の「過去」をそう呼ばせている、そのときの生活者としての彼の、過去の潔い清算ぶりをよく嚙みしめるがよい。

その意味で、江藤の小林論で、青春時代の過敏な神経がその後の方向を決定づけたかのように語られる「自殺の理論」とか「青」などの感性的イメージを、文学的にも生活的にも成熟した後の小林にまで引っ張ってその仕事に押しかぶせているのは、人間批評として不当であると言わなくてはならない。むしろ文筆家としての小林は、彼自身の内省とは裏腹に、そういう青春に特有のロマンティシズムや煩悶や彷徨から他の文学者よりもいち早く脱出し、一定の成熟した表現世界を作り上げたと私は思う。それこそが、批評家・小林秀雄の独自性の証しのひとつなのである。

このことを検証するために、それがいつ頃のことであり、どの作品にそのことの指標が最もよく現われているかを示すことにしよう。

初期作品に見る批評家としての覚悟

仮に三十歳までを小林の文学的キャリアの「初期」と見ることにして、小林の初期作品で代表的なものは、なんといっても「改造」の懸賞評論で二席に入選した「様々なる意匠」（一九二九年、小林二十七歳）、「志賀直哉」（同、二十七歳）、「Xへの手紙」（一九三二年、三十歳）の三つであろう。ちなみに彼は、二十五歳のときに、「志賀直哉」の前身に当たると思われる「志賀直哉の独創性」という未発表に終わった論文を書いている。

「様々なる意匠」は、プロレタリア文学理論、「芸術のための芸術」理論、写実主義理論、象徴主義理論、新感覚派文学理論、大衆文芸理論などをなで斬りにした痛快な論文である。この論文で小林は、「私はただ、彼ら（引用者注――批評家たち）が何故にあらゆる意匠を凝らして登場しなければならぬかを、少々不審に思う許りである」「批評の方法が如何に精密に点検されようが、その批評が人を動かすか動かさないかという問題とは何の関係もないという事である。例えば、人は恋文の修辞学を検討する事によって己れの恋愛の実現を期するかも知れない、然し斯くして実現した恋愛を恋文研究の成果と信ずるなら彼は馬鹿である」といった挑発的な言葉によって、当時の文芸批評に現われたその多様な「批評理論」的枠組みと、実作者の表現意識の内部過程や豊かな表現実践そのものとの乖離を指摘している。そして、結局、人々が批評理論の創造に駆り立てられる動機が、その客観的な体裁とは裏腹に次のような有名な文句で言い括られる。

《人は如何にして批評というものと自意識というものとを区別し得よう。（中略）批評の対象が己れであると他人であるとは一つの事であって二つの事でない。批評とは竟に己れの夢を懐疑的に語ることではないのか！》

また論末には、次のようなスパイスの効いた結語が置かれている。

《私は、何物かを求めようとしてこれらの意匠を軽蔑しようとしたのでは決してない。ただ一つの意匠をあまり信用し過ぎない為に、寧ろあらゆる意匠を信用しようと努めたに過ぎない。》

文体は高踏的でいかにも青年らしい客気と衒気に溢れていると言えるが、この論文は論者・小林自身にとって、少なくとも二つの自己確立の意味を持っている。ひとつは、批評というものは、どんな体裁をとろうが、じつは他人の作品をダシにして自分の自意識を表出する行為に他ならないこと、そしてもうひとつは、どんなに立派な意匠を凝らした批評理論で自己を武装しようと、批評される対象の活き活きとした豊かな実態のもたらす感動に迫りえないならば何の意味もないということ。小林自身のたとえを借りるなら、どんな精緻な恋文研究も、現実の恋愛における昂揚感を作り出しはしないこと。

この自己確立の仕方は、見方によっては彼がその道を進もうと決意している当の世界に対して早くも白旗を揚げてしまっているように感じられなくもない。しかし、まさにそういう逆説的な形で、彼は自分の人生の時間を何によって埋めていくかという問題に対する覚悟を自他に対して決然と表明しているのである。

角度を変えて言い換えれば、実作者の個性的な表現によって示されている作者自身の人生問題や、個々の作品表現の持つ豊かな言語の力に即して、批評者自身の自意識を批評対象のあるがままの姿に寄り添わせていくようにするのでなければ、どんな壮大堅固な批評理論も見当違いな空砲を放つだけだと言っているのであって、これこそは、小林自身の批評精神の大黒柱を打ち立てた論と呼んでも過言ではない。

ことに「様々なる」意匠の中で、彼が最も「好敵手」として意識している意匠は、当時文壇を席捲したプロレタリア文芸理論（マルクス主義芸術論）であることは明瞭である。共産主義理論という政治理論の力をバックにしつつ、客観的・科学的・実証的・合理的などの名の下に麗々しく登場したこの理論に、小林は単身で殴り込みをかけているのだと言ってもよい。そして同時に、文学や芸術というものが、客観的・科学的・実証的・合理的等々の言語の網によってはけっして掬い取れない人間の営みであるという認識をもすでに示しているのであって、このたしかな文学（芸術、人間）把握の仕方は、この後の彼の仕事の中で一貫して（最終作『本居宣長』まで）活かされていく。そのはるかに望まれる様相までも遠望するなら、この作品がいかにこの早い時点で彼の人間思想の成熟を示す記念碑的なものであったかという事実に説得されざるをえないのである。

先に挙げた三作の中で、青春の煩悶や自意識の傷つきやすさの名残を最もとどめているのが「志賀直哉」である。この作品は、私の見るところでは、これより少し前まで志賀直哉の書生まがいの立ち位置をとっていた小林の私生活面での一種の弱点を反映している。というのは、全体が志賀に対するオマージュに終わっており、しかもそのオマージュの方法が、「近代人の脆弱な自意識」といった自己批評に意識的に対立させて、志賀の荒々しいまでの原始性、書くことがそのまま行動することであるような動物的な強さを礼賛するという形をとっているからである。

私見を挟ませてもらうなら、若い頃はじめて小林のこの文章を読んだとき、あの傲岸不遜とも見える鋭い知性の持ち主である小林が、なぜ志賀直哉などの単純素朴な、もっと言えば、頭の悪い作家をほめたたえるのか、私はとてもいぶかしく感じたのを覚えている。というのも、私自身の貧しい批評眼によれば、志賀直哉という作家は、「小説の神様」などと呼ばれているが、「自分のふと感じたことがそのまま倫理的な正しさに見合っている」などということをみずから平気で表明する鈍感な作家で、しかもいくつかの例外を除いては、どう見てもおもしろい作品、感動を呼ぶ作品の書き手とは思えないからである。

太宰治は志賀とは対照的で、不安な自意識そのものを生涯貫きながら、そのなけなしの財産を糧としつつ、いくつもの「ほら話」を高次の文学的水準にまで高めた作家だった。彼は、鈍感な大家になりおおせた志賀にとうとう晩年になって嚙み付いた「如是我聞」の中で『暗夜行路』を寸評して、「この作品のどこに暗夜があるのか、自己肯定のすさまじさばかりだ」と毒づいている。私はこれを読んでひそかに快哉を叫んだものである。この気持ちは、今でもあまり変わっていない。文学の武器は必ずしも「強さ」ではないのだという太宰の信念に共感するからである。

小林は何年か後にもうひとつ志賀直哉について論じているが（「志賀直哉論」）、これもオマージュ一辺倒であるという点では前作と大した違いはない。違いといえば、前作に見られた「あこがれ」のトーンが姿を消し、大人の態度で批評している点であろう。

要するに、青春時代の小林もご多分に漏れず自意識の過剰と神経過敏から来る青年らしい煩悶に悩まされたのだが、その地点から師匠筋の志賀を見たとき、自分の弱点を見事に克服している（というよりもそういう弱点をはじめから持っていない）その姿に、強い憧れと羨望を抱いたのであろう。自分がどうあがいてもなれない存在、自分とは本質的に違った存在、その距離感覚を媒介として「志賀直哉」という初期論文が生まれた。

けれども先に述べたように、小林は、自意識の運動を人生にとって肯定的なものに転化するための悪戦苦闘の末に、自意識の表出がそのまま批評となるような道を独力で見出したのである。一連のドストエフスキー論などは、その典型であろう。

しかし小林の批評作品は、文学にとどまらず、音楽や美術にかかわる作家論、芸術家論、作品論だけを抽出してみるとき、意外にも打率が低いように思う。特に近代芸術家を論じたものについて、そのことが当てはまる。それがじつは意外ではないのは、志賀直哉を論じたときの内的なモチーフがやはり彼の中に残存し続けたせいかもしれない。その意味では江藤淳の「文学的な、あまりに文学的な」小林批評もあながち的をはずしてはいないということになる。しかし私が強調したいのは、個別の作品論、作家論についての評価よりも、むしろみずから発見した「批評」という道を、人生や歴史や常識や政治や戦争を論じる独特の「思想」にまで仕立て上げていった、その執拗な力技のほうである。「Xへの手紙」は、その輝かしい進水式のような作品であった。

ラディカルな実存思想の誕生

「Xへの手紙」は、例の自意識の病と煩悶の自己治癒の過程をフィクションの装いの下につづったものと一応は言えるであろうが、私にはその中の「恋愛論」の部分がとびきり重要に思える。あまりによく知られたくだりではあるが、ひとまずは彼自身の言うところに耳を傾けよう。

《今日想像力を失ったブルジョアは恋愛に対して当然鈍感だが、この鈍感につけこんで恋愛を軽蔑するプロレタリアは又ブルジョア的である、というような論議に俺は大した興味は持ってはいない。いずれにせよ俺は恋愛が馬鹿々々しいような口吻を洩らす人間には、青年にしろ老人にしろ同じ様な子供らしさを感ずる。いずれ今日の社会の書割は恋愛劇には適さない。だが俺が気になる問題は、適すにせよ適しないにせよ恋愛というものは、幾世紀を通じて社会の機械的なからくりに反逆してきたもう一つの小さな社会ではないのかという点にある。》

《俺にはこの言わば人と人との感受性の出会う場所が最も奇妙な場所に見える。たとえ俺にとって、この世に尊敬すべき男や女は一人もいないとしても、彼らの交渉するこの場所だけは、近付き難い威厳を備えているものの様に見える。あえて問題を男と女の関係だけに限るまい、友情とか肉親の間柄とか、およそ心と心との間に見事な橋がかかっている時、重要なのはこの橋だけではないのだろうか。この橋をはずして人間の感情とは理知とはすべて架空な胸壁ではないのか。人がある好きな男とか女とかを実際上持っていない時、自分はどういう人間かと考えるのは全く意味をなさないことではないのか。》

ここにはすでに、小林の思想の核心をなす最も基本的な「価値感情」が凝縮されている。この記述の背景に、長谷川泰子とのつらい生活、中也も含めた奇妙な三角関係を辛《から》くも切り抜けてきた小林自身の、五年前の「苦い良薬」の体験が反映していることはたしかである（江藤の考証によれば、この五年の間にもうひとつの恋愛体験が想定される）。しかし、ここは体験と思想との関係について弁ずる場所ではないし、そういうことにあまり意味はない。むしろもっと大きな社会状況との関係においてこの文章を味わうほうが、その思想的意味の重要性が際立ってくるのである。

あえて説明するまでもなく、彼がこれを書いた当時（一九三二年）は、「社会」とか「時局」といった観念が騒然と表通りを踏み鳴らしていた時代だった。満州事変の翌年であり、五・一五事件の起きた年である。左翼陣営ではかの有名なコミンテルン三二年テーゼが出され、翌年、佐野・鍋山の転向声明がプロレタリア作家たちに大きな衝撃を与え、以後続々と転向が相次ぐ。

「思想」は、ほとんどただ政治状況の大きな動揺に対してどう身構えるかという問題関心として知識人たちの頭脳と心とを領していた。それが小林をして、「いずれ今日の社会の書割は恋愛劇には適さない」と言わしめている理由である。

だがそうした中にあって、小林はただひとり敢然と（そう、まさに敢然となのだ）「恋愛というものは、幾世紀を通じて社会の機械的なからくりに反逆してきたもう一つの小さな社会で」あると言ってのけた。

反逆と言っても、それは別に社会のからくりへの反逆の意志を秘めているわけではない。相向かいの二人の（時には三人の）閉じられた愛憎の相克がのっぴきならないものであればあるほど、「社会のからくり」は必然的に当事者たちの心と頭脳から遠くへ退けられる。当事者の外側に立つ者たちは、当人たちに白い眼を向けてくるだけだ。ことに「時局」をどう考えるかなどに忙《せわ》しく頭を使っている人たちには、あいつらは勝手に自分たちの世界でいちゃいちゃったり、すったもんだを繰り返したりしているだけだとしか見えない。この対立と断絶の関係が現象として「反逆」という形で現われるにすぎない。

だが小林はここで、ある不動の自信を表明している。恋愛というこの「もう一つの小さな社会」こそは、「近付き難い威厳を備え」た「交渉の場所」であり、しかもそれは、「人がある好きな男とか女とかを実際上持っていない時、自分はどういう人間かと考えるのは全く意味をなさない」という事実をこっぴどく気付かせずにはおかない場所なのだと明言することによって。これを、小林がみずからの人生観・社会観の確立を宣言したものと見ずに、どんな評言が成り立ちえよう。

ここで小林は、人間の観念がたどりがちな二つのありように対して戦いを挑み、あたう限り善戦していると言ってよい。

二つのありようのひとつとは、抽象的な「個人」の存在をいまだ得られぬ高所にある実在と信じ込んで、その高所をめがけてむなしく煩悶を繰り返す自意識の循環過程である。これに対しては、次のように言い放つ。
《個人主義という思想を俺は信用しない、およその明瞭な思想というものが信用出来ない様に。だが各人がそれぞれの経験に固着した他人には充分に伝え難い主義を抱いて生きているという事は、信じる信じないの問題ではない、個人の現実的状態だ。》
また他の一つとは、自分が直接触れることのできない超越的な世界観念（社会、政治、民族、国家等々）に自分を憑依させることで実存不安から逃避しようとする態度である。この態度に対しては、次のように言い放つ。
《俺たちは今何処へ行っても政治思想に衝突する。なぜうんざりしないのか、うんざりしてはいけないのか。社会の隅々までも行き渡り、誰もこれを疑ってみようとは思わない。ほんの少しでも遠近法を変えて眺めてみ給え。これが、俺たちの確実に知っている唯一の現実、限りない瑣事と瞬間とから成り立った現実の世界に少しも触れてはいない事に驚く筈だ。》
そして、この二つのありようは、じつはひとつ穴の狢《むじな》なのだ。個々の人間はいつもエロスをいかに生きるかに身と心とを砕いているものなのだという事実を忘れていることにおいて。
小林は、「この橋をはずして人間の感情とは理知とはすべて架空な胸壁ではないのか」という言い方で、人と人とがじかに交渉する場所、つまり人間がエロス的な関係性として生きる領域がいかにポジティヴな意味を持つかを強調した。その場所こそは、人間というものを形作っているあらゆる要因、精神と肉体、理性と感情、意識と無意識、言語と行動、思想と生活などが統合されて再び流れ込む貯水池なのであり、だからこそ、それはいわゆる「客観世界」一般に対する彼の「抗い」の拠点だったのである。

こうして、「Xへの手紙」は、小林のその後の思想遍歴の最も基底の部分をあらわに示してみせるひとつの規範書のような役割を担うに至った。

前章で触れたように、哲学者・大森荘蔵は、デカルト以来の「心と物」の二元論という西洋的思考様式に反逆して、自然それ自体が有情なのだという「日本的な」思想の定着を試みた。しかしそれは残念なことに、共同の心を持つ関係存在としての人間という発想を欠いていた。そこでは、「心」に対して「物」が登場しても、「心」と「心」とがかかわりあう世界はけっして現われなかった。だがここに至って、私たちは人間と人間とがじかに交渉しあう場所こそが「威厳」に満ちた場所なのだという思想に出会うことができたのである。

この光景を、次章で扱う和辻哲郎の、人間を「間柄的存在」として捉え、その実践的行為的連関のうちに世界の本質を見出すという思想に重ねて見ることもできよう。だが小林の「Xへの手紙」において特徴的なのは、抽象的な「個」に対しても抽象的な「全体」に対しても徹底的に抗う姿勢を打ち出しているという点である。私たちは、ここに注目することによって、すでにこの時代の日本においてラディカルな「実存思想」の誕生に立ち会っていることを知るのである。そう考えていけない理由があろうか。

事実、これから先の小林秀雄は、ここでつかんだ思想的核心を固守したまま、その核心が招きよせる素材をさまざまなベクトルに変換して、芸術や歴史や戦争や生活や常識や伝統や古典について言葉をつむいでゆく。程なく私たちは、その発展した形態を存分に味わうことになろう。

ちなみに、それはいわゆる安手の保守イデオロギーなどとはまったく無縁である。その証拠は、およそ二十年後、すでに戦後イデオロギーが跋扈する時代において吐き出された、「政治と文学」という講演録の冒頭、「私には政治というものは虫が好かない」という大胆な喝破のうちにはっきりと見出すことができる。私たちはそれが、支配イデオロギーをまったく異にした時代における先の「政治思想になぜうんざりしないのか」という言葉と寸分違っていないことに驚くであろう。

文学者が「一兵卒として闘う」ということ

さていま述べたように、「Xへの手紙」を日本における実存思想の誕生の証しと見た場合、この思想が、あの戦争に対してどのようにクロスしたか、また、歴史に対するどういう見方を提供したか、そのさまざまな展開について語ってみよう。

まず日中戦争開始の年、一九三七年に書かれた「戦争について」というエッセイの結末部。

《文学者たる限り文学者は徹底した平和論者である他はない。従って戦争という形で政治の理論が誇示されたときに矛盾を感ずるのは当たり前なことだ。僕はこの矛盾を頭のなかで片付けようとは思わない。だれが人生を矛盾なしに生きようなどというお目出度い希望を持つものか。同胞のために死なねばならぬ時が来たら潔く死ぬだろう。僕はただの人間だ。聖者でもなければ預言者でもない。》

また、大東亜戦争勃発前夜の一九四〇年に発表された「文学と自分」という講演録の一節。

《事変（引用者注——日中戦争を指す）の始った当時、戦争に処する文学者の覚悟如何というハガキ回答を雑誌社から求められた事があった。馬鹿々々しかったから答えなかったが、そんな質問が雑誌から出て、文学者が頭をひねり、いろいろ尤もらしい考えを述べたという事は、いかにも不見識なていたらくで、平素、文学というものを突き詰めて考え、覚悟を決めていないから、いざとなるとあわてるのだ、とその時痛感したのを今でもよく覚えております。

(中略)

　戦が始った以上、いつ銃を取らねばならぬかわからぬ、その時が来たら自分は喜んで祖国の為に銃を取るだろう、而も、文学は飽く迄も平和の仕事ならば、文学者として銃を取るとは無意味な事である。戦うのは兵隊の身分として戦うのだ。銃を取るときが来たらさっさと

文学など廃業してしまえばよいではないか。簡単明瞭な物の道理である。》

さらに時期は前後するが、一九三九年に書かれた「疑惑Ⅱ」というエッセイの結末部。

《国民は黙って事変に処した。黙って処したということが、事変の特色である、と僕は嘗て書いた事がある。今でもそう思っている。》

最後に、戦後（一九四六年）になって行なわれた雑誌「近代文学」の「小林秀雄を囲んで」という座談会での発言――「利口な奴はたんと反省するがよいさ。僕は馬鹿だから反省などしないよ。」

こうした言説を捉えて、それをイデオロギー的に裁断したり、そうはしないまでも、そうした文学的態度そのものの思想的脆弱さをしたり顔に指摘したりする方法は、これまで何度も試みられてきた。たとえば近い例として、文芸評論家・柄谷行人氏の次のような批判がある。

《小林秀雄は、言論によってではなく「一兵卒として闘う」と書くのである。このとき、彼は言論を否定するという言論によって、どんな宣伝的な言論よりも強力にアジっているのであり、しかも、それが言論であることを隠蔽することに成功している。実際に、他のうさんくさいイデオローグを拒否しながら、小林秀雄だけを信頼して戦場へ出ていった青年が数多くいたはずだ。とすれば、最も性悪なイデオローグは「一兵卒として闘う」と書くような文学者のはずである。》

（『批評とポスト・モダン』傍点は原文）

小林は「最も性悪なイデオローグ」と決めつけられている。これは文学者・柄谷氏の政治主義への転落を示す以外の何物でもない文章と言うべきで、柄谷氏でなくとも、それこそそこらの左翼イデオローグが口にしそうなセリフである。

ところで、この種の批判は、ものごとに対する想像力を欠いた読み手にとっては、論旨平明で通りがいい。なぜなら満州事変から大東亜戦争に至るあの戦争が日本国家の侵略的性格を一部で示したという認識は、どの局面でそうであったかについてはさまざまな見解の相違があるとしても、現在の事後的な視点からはほぼ常識となっているからだ。また、そうした後知恵的な認識にもとづいた合理的な判断の立場に立つ限り、小林のように一見「戦争肯定」的態度表明とみえる発言は、そのまま知識人による「悪」の勧めとして感じ取られてしまうことが避けがたいからである。

しかし、残念ながら、この種の政治的批判を何度小林に投げつけても、小林の思想的核心は微動だにしない。小林は「戦争肯定」の思想などを表明しているのではまったくないからだ。彼は、ただ文学的知性や感性というものは本質的に、いかなる場合にも政治的な態度決定（時局への加担や反抗）の資格など持たない、そんな役割は文学にはないということを一貫して言っているだけなのである。時代の制約が文学など無用だと息の根を止めんばかりに強いてくるなら、「黙る」（つまり文学者としては死ぬ）他はないという形で、まさに文学の文学たる所以

（生活表現の自由）を純粋に守ろうとしているにすぎない。それは彼の言っていることをよく耳を澄ませて聞けばわかることである。

彼の言説を、「戦争肯定」として受け取って、それに影響されて戦場に赴いた青年がいたなどという批判は、時代に対する想像力を欠いた傲慢極まる認識である。また同時にそれは、個々の大衆の実存を政治的に愚弄するものでしかない。小林が発言しようがしまいが、当時の国民は、さまざまな思いを胸に秘めながら戦地に赴かざるをえなかったのである。

後述するが、この小林の態度表明は、そのまま彼の実存思想的な歴史観・生活観につながっている。その時代の人たちが、未来の予見など叶わぬままに、いかにそのつどそのつどの「たったいま」を懸命に生きていたかという事実に思いを馳せずに、後知恵のさかしらから能天気に過去を裁断するような擬合理主義的な歴史観の持ち主こそ、小林がたえず批判して止まない「敵」であった。

「麦と兵隊」評で表明された生活思想

小林は、日中戦争勃発からアメリカとの戦争に大敗するまで（一九三七年〜一九四五年）、主としてドストエフスキー論に打ち込むかたわら、「戦争について」（三七年）、「火野葦平『麦と兵隊』」（三八年）、「満州の印象」「歴史について」「事変と文学」「疑惑Ⅱ」（三九年）、「文学と自分」（四〇年）、「歴史と文学」（四一年）、「戦争と平和」（四二年）などの重要論文を発表する。その直後、四二年から四三年の、戦局が急を告げる期間、「當麻」に始まり「實朝」に終わる古典論を集中的に執筆している。そして四四年と四五年の二年間には、「梅原隆三郎」という短いエッセイただ一篇を発表するほかは、筆を断っている。

この成り行きは、あたかも社会情勢の進行をにらみながら計画的に筆を進めたかのように、まことに暗示的である。まだ余裕のある間に力作ドストエフスキー論（生活論と、作品論の主なもの）を仕上げ、これをもって文学内部における批評の仕事に一定の決着をつける。その後は、文学や生活と、歴史や戦争との関係にかかわるかねてよりの自前の論理を矢継ぎ早と言っても大げさではない、たたみかけるような調子で説いていく。そして国民の厭戦気分と敗北と死の気配が濃厚になるに及んで、「もののあはれ」の伝統の復活に賭けるとでも言いたげに、一連の日本古典の呼び返しに心を費やすのである（「平家物語」だけは、その叙事詩性を強調してやや異質）。最終の二年間の断筆の理由は、おそらく、素材や動機の枯渇というよりは、より多く、逼迫した日常生活の切り開きに専心したところに求められるであろう。仮にそうだとして、そのことがまた、戦争期に処する小林の計画性と一貫性とをよけいに幻想させるのである。

それでは、彼の歴史観・生活観に最も端的に現われた実存思想の特質を炙り出してみよう。

これは、主として二つの題材をめぐって展開される。

ひとつは、一九三八年、小林も選考委員の一人だった芥川賞が、「糞尿譚」で名を馳せた庶民作家・火野葦平の「麦と兵隊」に与えられたときに書かれた「火野葦平『麦と兵隊』」、および、一年後に書かれた「事変と文学」にまずよく現われている。

《事変以来、幾多の従軍記が現われたが、この従軍記がひとつずば抜けていると僕には思われる。何がそう思わせるのであろう。一と口では言えない、又、言えば誤解を招く恐れがある。だが恐らくそれは何か極めて謙遜なある心持ちだ、兵隊としての、人間としての。

この作品(敢えて作品と呼ぶ)の魅力は、立場だとか思想だとかに一切頼らず、掛け代えのない自分の生命だけで、事変と対決している者の驚くほど素朴な強靭な、そして僕に言わせれば謙遜な心持ちからやって来る。活字面ばかり御大層な近頃のジャーナリズムでは、こういう文章は親友に会った様な気持ちのものだ。》(「火野葦平『麦と兵隊』」)

《「麦と兵隊」の題材は、成る程烈しい異常なものであるが、作の調子は大へん落ち着いた平常なものである。緊張はしているが昂奮したものではない。こういう事は、読後の印象を分析してみない読者には、気が付かずに済んで了うのだが、実はそういう処に、この作のあの様に人々を捕えた魅力があるので、一と口に言えば、戦記とは言うものの、この作品の本当の美しさは、平常時の平常なよい文学の持っている沈着な美しさと少しも変りはないものなのである。ただ事変の雰囲気の中にある読者は、じつはそういう処に惹かれていながら、そうとは気づき難いのだ。つまり僕等は多かれ少なかれ時流に流されているのだ。》

（「事変と文学」）

「麦と兵隊」は、実際そのような作品で、小林の批評は的確である。今日のようにノンフィクションというようなジャンルが確立していたわけではないこの時代、一種の高踏的な文学者たちの視線からいくぶん蔑んで見られていたにちがいない「従軍記」に、小林の強い推薦で芥川賞が与えられたということ自体特筆すべきことである。小林の「親友に会った様な気持ち」に嘘いつわりはあるまい。それほどに時局は「活字面ばかり御大層」で夜郎自大な中身のない言説に溢れかえっていたのであろう。文学の死を心ひそかに悔しがっている小林の心中が透けて見えるようだ。

小林がこの作品を強く推したその理由の中に、彼自身の生活思想がくっきりと現われている。彼は、「言えば誤解を招く恐れがある」と断りながら、ちゃんとその恐れのあることを言っているのだ。「掛け代えのない自分の生命だけで、事変と対決している者の……強靭な」という言い回しは、むろん反戦思想などではないが、そう誤解される恐れはある。

しかし実際に指摘したかったのは、一人の兵卒が、その運命に歯を食いしばって命を賭けている、しかもそのことを少しもこれ見よがしに裸出せずに「大へん落ち着いた平常な」調子で表現している姿である。そこに小林は、一人の生活者、実存者の「日常態」をしっかりと見た。そしてそれはかつてプロレタリア文学に惹かれていったインテリ文学者たちの大言壮語とは限りなく離れた健全な文学表現の姿であった。

そればかりではない。小林はさらに「この作品の本当の美しさは、平常時の平常なよい文学の持っている沈着な美しさと少しも変りはない」と言っている。つまりまったく時流に流されてはいない自立した「文学」を発見しているわけで、「時流」に対する政治的な抵抗ではなく、まさしく文学的な抵抗の本来あるべきかたちを「麦と兵隊」に強く託しているのである。このことは同時に、小林の思想が安手の保守イデオロギーなどとはまったく縁がないと先に述べた所以でもある。

浅薄に解すれば、「文学的抵抗」などという言葉は、それこそ誤解を招く恐れがあるかもしれない。しかし後に詳しく述べるが、小林が、外部状況のどんな変化にも動ぜずに頑固なほど個々の生活者の実存や文学・芸術のあるべきかたちを守り抜くために抵抗した事実は、むしろ戦後になって価値観が逆転したときにより明確な像を結ぶであろう。それはまさに「謙遜」な姿態で行なわれたがゆえに、見過ごされてしまいがちなのである。

ちなみに戦後間もない時期に「近代文学」派の批評家・平野謙が、「誤解をおそれずに言えば、小林多喜二と火野葦平とを表裏一体と眺め得るような成熟した文学的肉眼こそ、混沌たる現在の文学界には必要なのだ。」（「ひとつの反措定」『新生活』）と述べて、当時の文学界を騒然たらしめた話は有名である。

戦前に転向左翼文学者たちが活躍している頃、文芸批評を始めた平野は、その時代状況から規定されて、転向文学者への同情的な同伴者であったと言って大過ない。彼の世代にとっては、小林多喜二の文学の出現とその虐殺死とは、青春時代における最大の事件であったと言えるからである。

平野の批評家としての活躍舞台は戦後であったが、よく知られているように、戦後しばらくは共産党の復活とともに、文学界でも「政治と文学」論争がにぎやかだった。こんなテーマは戦前において、政治と文学とはその目指すところが根本的に違うという形ですでに決着がついているはずであったが、文学界全体としてはそれは曖昧なままで終わり、戦後の共産党の復活によって、蒸し返されたのである。

そういう背景の下に同伴知識人としての平野にしてみれば、こういう発言をすること自体が、マルクス主義文学者たちに対する、それなりに勇気を要する挑戦の意味を持っていた。平野にしてみれば、小林多喜二も火野葦平も、まったく意味の異なる時代の激流の中で揉まれた結果現われた一種の犠牲者であるという意味で「表裏一体だ」と言いたかったのである（そのような文言が、先の評言の直前に明記されている）。

しかし、そういう平野の生きた時代の不可避性を配慮した上でも、彼のこの発言は、小林秀雄の火野葦平に対する堂々たる評価と比べると、なにやら幼稚な発言に聞こえて、戦争直後の文学批評状況が、いかにプロレタリア文学発祥当時のそれとほとんど変わらない低水準のものだったかと思えてくる。良心的な平野が戦後の「新しい」政治イデオロギー的文学状況に翻弄されて、二人の対照的な作家を評するにあえて「表裏一体」という言葉を使い、そのことを「成熟した文学的肉眼」などとわざわざ装飾して見せなくてはならないこと自体が、敗戦直後の文学界の空気を支配した「幼稚な肉眼」を象徴している。もちろん、これは平野が悪いのではないが。

その八年前になされた小林秀雄の「麦と兵隊」評価は、平野のそれとは反対に、「時代の犠牲者」的なニュアンスをまったくとどめていない。「犠牲者」とは失礼な話で、そういう評価はただちに裏返って「麦と兵隊」の文学作品としての価値を貶めていることになる。言い換えると、「犠牲者」という特権的な社会的位置が、作品に下駄を履かせているのだという話になる。

しかし小林の文学観からすれば、そんなことは問題外だった。「蟹工船」の評価は措くとして、「麦と兵隊」はいま読んでも小林の評価どおり感動的な作品である。「成熟した文学的肉眼」は、すでにこの作品の発表当時において、小林秀雄にとっては自明の批評的武器であった。

この武器を的確に用いることによって、文学の自立性を実質的に守っているのは、及び腰の平野ではなく、小林のほうであるのは明瞭である。政治的バイアスの下に「犠牲者」というような評価を下さなくてはならなかった平野こそ、「時代の犠牲者」と言うべきであろう。

「歴史の必然」と個人の「思い」

だがここはまだ、戦中の小林の仕事に注意を集中させるべき場所である。実存思想家としての小林の特質を表わす第二の題材は、一連の歴史観を表白した論考群の中に歴然と現われる。

《少年（引用者注——満蒙開拓青少年義勇隊訓練所で、満州ではじめての冬の経験をしている十六歳から十八歳の）には、大人のように困難に打ち勝つ意志はない。その代わり、困難を困難と感じない若々しいエネルギーがある。希望に生きる才能を持たぬ代り、絶望という様な観念的なものを作り出す才能もない。その無邪気さを少年たちの顔にはっきり読んだ時、僕は胸を突かれたのである。恐らく彼らの反抗も服従も無邪気なのだ。（中略）

便所は戸外にある。柱とアンペラと竹とで出来ている。小便をしていると、中から少年たちの屁の音や、糞を息む声が聞こえ、僕は不覚の涙を浮べた。こんなにまでしても必要な仕事かと思ったのではない。こんなにまでしてもやらねばならない仕事の必要さという考えが切なかったのである。》（「満州の印象」）

引用文章中の最後の二文は、当局に遠慮しているのだろうか。おそらくそうではあるまい。ほとんど同じことを言っているように見えるが、はじめの文は、それをさせている者たちへの「怒り」につながるであろう。しかし後の文は、書き手自身をして「不覚の涙」を浮かべさせる「哀しみ」に直結する。小林はここで、大げさに言えば、歴史とか個人を襲う運命とかに対する「怒り」ではなく、それを被る人々への「やるせなさ」に深く同情しているのだ。それが紛れもなく、歴史や運命に対する小林という人の最も基底にある感受性のかたちなのである。

そのことに不満を持つ人もいるかもしれない。小林は戦争のような人為的・社会的な事象に対しても、天災にあった人々が仕方なくそれを宿命として引き受け、耐え忍ぶようなやり方でしか把握しない。落ちてきた石が頭に当たったとき、石に腹を立てても仕方がないが、横断歩道を渡っているときに車にはねられたら運転手に対して「怒る」ことは必要ではないのか、と。

おそらくこれが、小林の歴史観に対する最後の問いであろう。この問いは、個別小林の思想にかかわるだけではなく、ある普遍性をもって私たちに迫ってくる。そしてこの問いに答えることはなかなかの難問である。だが私は、彼のこの一連の歴史観の検討を今しばらく続けた後、最後にこの問いに答えることを試みてみたいと思う。

さて小林の歴史観を根底から規定している感受性について語った。この感受性をもっと活き活きと浮かび上がらせるために、時間的には後のことに属するが、戦後書かれた二つの文章をよく吟味してみることにしよう。

《前に、「きけわだつみのこえ」に触れましたが、あの本を読んだ時、すぐ気付いた事があった。が、言えば誤解されるだけだと考えて黙っていた。それは学生の手記に関してではない。編集者たちの文化観の性質についての感想であった。手記は、編集者達の文化観にしたがって取捨選択され、編集者達によってその理由が明らかにされていたからである。戦争の不幸と無意味を言い、死に切れぬ思いで死んだ学生の手記は採用されたが、戦争を肯定し喜んで死に就いた学生の手記は捨てられた。その理由が解らぬなどと誰も言いはしない。理由には条理が立っているのである。ただ私は、あの本に採用されなかったような愚かな息子を持った両親の悲しみを思ったのです。私はそういう親を知っていた。彼は息子を軍国主義者などと夢にも思っていなかったし、彼自身も平和な人間であった。戦犯が死刑になる世の中で、戦没学生の手記が活字の上で裁かれるなど何の事でもない。それはよく解っているが、そこに何の文化上の疑念も抱かないという事は間違っていると思います。文化が病んでいるのです。(中略)遺書にイデオロギーなどを読んではいけないのである。(中略)たとえ天皇陛下万歳の手記が幾つ採録されていたところで、どれもこれもが千万無量の想いを託した不幸な青年の遺言であったという事に関して、一般読者は決して誤読はしなかったであろう。そういう人間の素朴な感覚には誤りがある筈がないと私は思う。編集者達は言うかもしれない。私達は感情を殺さなければならなかったのだ、と。進歩的文化の美名の下にであるか。彼等は、それと気付かず、文化の死んだ図式により、文化の生きた感覚を殺していたのである。》
（「政治と文学」）

小林のこの指摘は、いくぶんなりとも功を奏したのだろうか。事情をつまびらかにしないが、一九六三年になって光文社から『きけわだつみのこえ』第二集に相当する続編が出されている。その後、この第二集は岩波文庫に採録されたが、文庫版に書かれた巻末解説を読む限り、たしかに小林の感覚が結果的に一部生かされたところはあるものの、その主張が主張どおりに反映されたとは言いがたいようである。

「戦争の不幸と無意味を言い、死に切れぬ思いで死んだ学生の手記」が採用され、「戦争を肯定し喜んで死に就いた学生の手記」が捨てられることによって、歴史の意味は捏造される。しかし小林が難じているのは、実証的な公平性を欠くことで正しい歴史が記述されなくなるというような通俗的な観点においてではない。彼の視線は違ったところに凝集している。「あの本に採用されなかったような愚かな息子を持った両親の悲しみ」はどこで浮かばれるのか。「遺書にイデオロギーなどを読」むことは「文化の死んだ図式により、文化の生きた感覚を殺」すことだ。

ここには文化と政治、文化と歴史の関係に対する小林の強靭な信念が生きている。どんな個々の文化的表現もそれ自体としては政治や歴史を動かすことはできないが、逆にどんな過酷な政治や歴史の動向も、それが人々の心の中に残してゆく「思い」をけっして消し去ることはできない――彼はたぶんそう言いたかった。その「思い」の内的な持続、すなわち思い出の絶えざる反復と更新にこそ、言葉の真の意味での「文学の自由」は現われるのであり、それによってこそ歴史は私たちの現実生活と地続きで支えられるのである。

もうひとつ、以上述べてきたことに深く通底するのだが、一九六二年、戦後十七年を経て小林がすでに六十歳という年になって書かれた「人形」というごく短いエッセイがある。珠玉の短編小説と呼んでも過言ではない出来栄えなので、私が下手な要約をするより、全文を紹介したい。

《或る時、大阪行きの急行の食堂車で、遅い晩飯を食べていた。四人掛けのテーブルに、私は一人で座っていたが、やがて、前の空席に、六十恰好の、上品な老人夫婦が腰をおろした。

細君の方は、小脇に何かを抱えて這入って来て私の向いの席に着いたのだが、袖の陰から現われたのは、横抱きにされた、おやと思う程大きな人形であった。人形は、背広を着、ネクタイをしめ、外套を羽織って、外套と同じ縞柄の鳥打帽子を被っていた。着付の方は未だ新しかったが、顔の方は、もうすっかり垢染みてテラテラしていた。眼元もどんよりと濁り、唇の色も褪せていた。何かの拍子に、人形は帽子を落し、これも薄汚くなった丸坊主を出した。

細君が目くばせすると、夫は、床から帽子を拾い上げ、私の目が合うと、ちょっと会釈して、車窓の釘に掛けたが、それは、子供連れで失礼とでも言いたげなこなしであった。

もはや、明らかな事である。人形は息子に違いない。それも、人形の顔から判断すれば、よほど以前の事である。一人息子は戦争で死んだのであろうか。夫は妻の乱心を鎮めるために、彼女に人形を当てがったが、以来、二度と正気には還らぬのを、こうして連れて歩いている。たぶんそんな事か、と私は思った。

夫は旅なれた様子で、ボーイに何かと注文していたが、今は、おだやかな顔でビールを飲んでいる。妻は、はこばれたスープを一匙すくっては、まず人形の口元に持って行き、自分の口に入れる。それを繰り返している。私は、手元に引き寄せていたバタ皿から、バタを取って、彼女のパン皿の上に載せた。彼女は息子にかまけていて、気が付かない。「これは恐縮」と夫が代わりに礼を言った。

そこへ、大学生かと思われる娘さんが、私の隣に来て座った。表情や挙動から、若い女性の持つ鋭敏を、私は直ぐ感じたように思った。彼女は、一と目で事を悟り、この不思議な会食に、素直に順応したようであった。私は、彼女が、私の心持まで見てしまったとさえ思った。これは、私には、彼女と同じ年頃の一人娘があるためであろうか。

細君の食事は、二人分であるから、遅々として進まない。やっとスープが終ったところである。もしかしたら、彼女は、全く正気なのかも知れない。身についてしまった習慣的行為かも知れない。とすれば、これまでになるのには、周囲の浅はかな好奇心とずい分戦わねばならなかったろう。それほど彼女の悲しみは深いのか。

異様な会食は、極く当たり前に、静かに、敢えて言えば、和やかに終ったのだが、もし、誰かが、人形について余計な発言でもしたら、どうなったであろうか。私はそんな事を思った。》

この掌編は、あたかも、戦時中に書かれた歴史に関する彼の根本思想がまるでこの作の正確な予言であったかのような、繊細な表情を漂わせている。

言うまでもなく、その繊細な表情が最も高まりを見せているのは、最後の三行である。さりげなく「私はそんな事を思った」と結ばれているが、ここには、期せずしてか十分な計算の上に立ってのことか、小林の歴史観が、そのままじつにみごとな暗喩の形で語られている。その歴史観は、参加者の暗黙の共通了解が粗雑な言葉によって壊されることこそが、一般に通用している「客観的な事実」の羅列という観念で「歴史」を考えることに通ずるものであり、それは同時に、彼の考える「歴史」という概念の取り返しのつかない破壊を意味することになるという繊細な文学的感性によって打ち固められたものである。

作中の「私」はバタ皿からバタを取って奥さんのほうに差し出すが、別に言葉をかけることはしない。途中から加わった若い世代の人も、この老夫婦の内情をたちどころに理解して、それゆえにこそ、静かに会食に適応する。「誰かが、人形について余計な発言でもしたら、どうなったであろうか。」――この「余計な発言」こそは、騒がしい「客観的な」歴史主義であり、事実の機械的な連鎖が歴史であると決め込んではばからない実証主義であり、そして失敗には反省が必要だと大声で叫ぶ進歩主義である。

そしてそれらが協力して、この夫婦の間に共有された哀しい「思い出」の固有の意味を蹂躙し、その意味を後から来たものがそっと受け継ごうとしている気遣いの時間をぶち壊すのである。つまりその気遣いを通してかろうじて固有の「思い出」の共有を継承することで、小林の言う「歴史」の生成がはじめて果たされるはずなのに、その貴重な瞬間はそのとき消滅させられてしまう。同時に、『きけわだつみのこえ』のイデオロギーによる恣意的な取捨選択が、「想い出」という感情の共有以外に歴史はありえないとする小林の信念の反対物を作り上げるのである。

こう言っただけでは、わかりにくいかもしれない。戦中における小林自身の言葉をここに差し挟んでみよう。心ある読者なら、二十年の歳月を隔てた一人の実存思想家の抱く「歴史」という観念が、実証的な事実の羅列や因果の連鎖という通俗的なそれに対する反逆の精神に見事に貫かれている光景を目の当たりにして、驚きを新たにするであろう。

《母親の愛情が、何も彼もの元なのだ。死んだ子供を、今もなお愛しているからこそ、子供が死んだという事実が在るのだ、と言えましょう。愛しているからこそ、死んだという事実が、退引きならぬ確実なものとなるのであって、死んだ原因を、精しく数え上げたところで、動かし難い子供の面影が、心中に蘇るわけではない。》（「歴史と文学」）

ここに画期的な認識論的転倒が語られているのを見逃してはならない。子どもが死んだという客観的「事実」があるから母親が哀しむのではない。親が愛していた子どもを深い哀しみによって思いやるからこそ、子どもの死という「事実」が浮かび上がるのだ。

《死なしたくない子供に死なれたからこそ、母親の心に子供の死の必然な事がこたえるのではないですか。僕等の望む自由や偶然が、打ち砕かれる処に、そこの処だけに、僕等は歴史の必然を経験するのである。僕等が抵抗するから、歴史の必然は現われる、僕等は抵抗を決して止めない、だから歴史は必然たる事を止めないのであります。これは、頭脳が編み出した因果関係という様なものには何んの関係もないものであって、この経験は、誰の日常生活にも親しく、誰の胸にもある素朴な歴史感情を作っている。若しそうでなければ、僕等は、運命という意味深長な言葉を発明した筈がないのであります。》（同前）

ところで吉本隆明は、一九六一年に著した「小林秀雄――その方法」という論文の中で、いま引用した後者の部分を引いて、次のように評している。

《これはもう、生活者の異様なひとつの思想である。人間の望む自由や偶然が打ち砕かれるところにだけ、歴史の必然を体験するものとすれば、歴史は必ず人間を打ち砕かなければならない。そうでなければ人間の自由はありえないからである。痛めつけられなければ欲望をかんじなくなった被虐者のように、現実から異常な事件によって痛めつけられなければ、自由を感じられない生活者の思想がここにある。》

戦中から戦後にかけて青春を送り、思想のまやかし性を手ひどく味わされた吉本には、こう批判しなくてはならない正当な理由があった。生活者は権力者や反権力的デマゴギーによっていつも瞞着されているのだ。知識人に課題があるとすれば、世界認識の幅を広げることによって、この瞞着の構造を解き明かすのでなければならない。小林はそれを避けて「必然と運命」という言葉の中に逃げ込んでいるではないか。吉本ならば、そう考えて当然であろう。

それは理解できるとしても、吉本のこの評言そのものは、残念ながら小林の言わんとするところをまったく曲解している。ために、せっかくの思想的同志たるべき先輩を、わざわざ敵に回してしまっているのだ。

小林は、歴史によって打ち砕かれなければ人間は自由を感じることが出来ないなどと言っているのではない。そういう理解は小林の真意を転倒させたところにしか成り立たない。彼は、まったく逆に、個々の生活者主体が自由や偶然の意識を生きる原動力として持ちつつ現実と相かかわるからこそ、制約が制約として、必然が必然としてはじめて立ち現われると言っているのだ。事実の連鎖発展として意識される客観主義的な「歴史の必然」に対して、個々の主体の「思い」は常にそのような把握から自由に逃れるものだという楔を力強く打ち込んでいるのである。

ある政治的弾圧や歴史の蹂躙やイデオロギー的な客観主義はいっとき特定の生活や表現の自由を圧殺することができるが、どのような抑圧や無慈悲や制限や瞞着も、「生活や表現の自由」そのものを根こそぎ侵略することはできない。なぜならそれはいかなる過酷な圧迫をも、それを受けた人間の固有の「声」に変奏させてしまう根源的な力をもともと持っているからだ。それは政治や公認の「歴史」と対等な土俵で張り合うことはできないかもしれない。しかし「生活の声」としての「文学」は、後追いのつつましい姿勢を保ちながらも、必ずその感情的真実にもとづく記憶の累積によって、政治の相対化を果たさずにはおかないのである。

ちょうどあの静かな会食に無限の哀しみが込められていることが、列席者にたちどころに了解されるようなかたちで。また事実、たとえばソルジェニーツィンの『イワン・デニーソヴィチの一日』におけるように、その収容所での当たり前の一日の坦々とした記述が、スターリニズムの悪を抉り出すのに結果として貢献したように（ちなみに小林は、戦後この作品が翻訳されたとき、いち早く好意的な批評を書いている)。
右の引用文で、小林は「僕等が抵抗するから、歴史の必然は現われる、僕等は抵抗を決して止めない」と珍しく力強い調子ではっきり書いている。それこそが生活者の「異様な」思想なのではなく、生活者の「健全な」思想なのである。

「生の哲学」の日本的結実

一九三九年に発表され同じ年『ドストエフスキイの生活』に「序」として組み込まれた「歴史について」という論考は、小林が戦中期に発表した一連の歴史観の表明の中で、白眉をなすものである。ここでは、先の引用で説かれた、死んだ息子に対する母親の愛こそが息子の死という事実を現前化し確実なものとするという「想起歴史観」とでも言うべき考え方をそのまま引き継いで、時間も歴史も人間の「思い」が作るのだという決定的な認識が語られる。ただし今度は「母親の愛」という言葉が「母親の悲しみ」という言葉に変奏されて登場する。

《子供が死んだという歴史上の一事件の掛替えの無さを、母親に保証するものは、彼女の悲しみの他はあるまい。どの様な場合でも、人間の理知は、物事の掛替えの無さというものに就いては、為す処を知らないからである。悲しみが深まれば深まるほど、子供の顔は明らかに見えて来る、恐らく生きていた時よりも明らかに。愛児のささやかな遺品を前にして、母親の心に、この時何事が起るかを仔細に考えれば、そういう日常の経験の裡に、歴史に関する僕等の根本の知恵を読み取るだろう。それは歴史事実に関する根本の認識というよりも寧ろ根本の技術だ。其処で、僕等は与えられた歴史事実を見ているのではなく、与えられた史料をきっかけとして、歴史事実を創っているのだから。この様な知恵にとって、歴史事実とは客観的なものでもなければ、主観的なものでもない。この様な知恵は、認識論的には曖昧だが、行為として、僕らが生きているのと同様に確実である。》

《「月日は百代の過客にして、行きかふ年も亦旅人なり」と芭蕉は言った。恐らくこれは比喩ではない。僕等は歴史というものを発明するとともに僕等に親しい時間というものも発明せざるを得なかったのだとしたら、行きかう年も亦旅人である事に、別に不思議はないのである。僕等の発明した時間は生き物だ。僕等はこれを殺す事も出来、生かす事も出来る。過去と言い未来と言い、僕等には思い出と希望との異名に過ぎず、この生活感情の言わば対称的な二方向を支えるものは、僕等の時間を発明した僕等自身の生に他ならず、それを瞬間と呼んでいいかどうかさえ僕等は知らぬ。したがってそれは「永遠の現在」とさえ思われて、この奇妙な場所に、僕等は未来への希望に準じて過去を蘇らす。》

また、戦後ほどなく発表された「私の人生観」という講演録には、次のような一節がある。

《私達が、少年の日の楽しい思い出に耽る時、少年の日の希望は蘇り、私達は未来を目指して生きる。老人は思い出に生きるという。だが、彼が過去に賭けているものは、彼の余命という未来である。かくの如きが、時間というものの不思議であります。この様な場合、私達は、過去を作り直していないとは言わぬ。過ぎた時間の再構成は必ず行なわれているのであるが、それは、まことに微妙な、それと気付かぬ自らなる創作であります。又、西行流に言ってみれば、時間そのものの如き心において過去の風情を色どる、そういう事が行われるのである。》

さてこの一連の流れを読んで、読者はどう感じただろうか。

どのような見方をしても自由だが、ここには、人生に対する深い洞察と分かちがたく結びついた、時間、過去、現在、未来、生の感情、歴史などに関する独特な哲学が打ち立てられていると言っても過言ではない。その哲学の独特さは、小林の実存思想の嫡出子であると言ってもいいし、また言い換えれば、一人ひとりの人間の実存と離れたところに客観的・合理的な法則や尺度を立てて、それによって生存の不安から免れようとする態度に対する、明確なアンチテーゼを提示しているのだと言ってもよい。

この彼の認識の基本要素として強調されているのは、日常を生きている私たち自身の中から必然的に発酵してゆく感情、思い出、希望、幸いを求める知恵、生きる悲しみといったものであって、これらが、理知、合理、脳髄、実証といった西洋由来の概念にはっきりと対置されているのである。

小林は、自分でもしばしば言及しているように、若い頃、ベルクソンの哲学に大きな影響を受けた。想像するに、その影響の最たるものは、時間論と記憶論であろう。よく知られているように、ベルクソンによれば、カレンダーや年表のように直線状の点の連続としてイメージされた時間は、本来の時間ではなく、時間を空間的な比喩に転化して考えられたものにすぎない。私たちは自分の精神の内部に「純粋持続」と呼ばれる、けっして空間に転移されない時間性をはらませており、それこそが私たち一人ひとりの生の実質を形作るのである。したがってそこでは、記憶は蓄積された固形物などではなく、常に未来を目指す存在としての私たちにとって必要な限りで呼び返される一種のダイナミックな作用そのものなのである。

小林の歴史観、人生観の根本にこの考え方があることは明瞭であろう。ただしそれは、日本人にふさわしい仕方で、思い出、希望、感情、哀しみといったキーワードに変奏されたうえで結実していると言える。

ベルクソンは、西洋では哲学史上、非合理主義的哲学者として分類され、傍流ということにされているが、西洋哲学の「主流」なるもの（たとえばデカルト―ロック―ヒューム―カント―ヘーゲル）はやがてさまざまに分岐と乱立を繰り返して、現代では何が主流なのか混沌としてしまっている。そうである以上、生の非合理性をそのまま哲学として掬い上げたベルクソンのような人が依然として一定の地歩を固めてその力をいまに伝え、小林秀雄のような日本人に独創的な思想を編ませる原動力のひとつとなっていることは、まことに喜ばしいことである。

また、右の引用のくだりから、前章で扱った大森荘蔵の「過去」観を思い出した人もいよう。大森によれば、過去は「制作」されたものであることによって、知覚に取り巻かれた現在とは本質的にその様相を異にする。しかしそれは、まさに「もはやない」という形で「いまここ」に現存するのである。この点では、小林の「歴史事実はかつてそれが在ったというだけでは足りず、いまもなおその出来事が在る事が感じられなければ歴史事実としての意味はない」(「歴史について」)という考え方と深く共通するものを持っている。

しかし大森は、「制作」されたものとしての過去をもっぱら言語命題による想起にもとづく「過去形の経験」とすることによって、「像」としての過去の現前を排除しようとしていた。私はそれに異議を唱えたのだが、ここで小林のように、「思い出」による現前化、事実化としてそれを捉えれば、「知覚対言語」という乾いた二項対立論理による不備は取り除かれ、新しく過去や歴史という概念が、私たち一人ひとりの生にとって親しいものとして総合化されることになる。そして歴史に対してそういう態度を私たちが忘れないことによって、生き生きとした現存性を備えた過去や歴史を手元に還帰させることが可能となるであろう。

敗北の必然性を予感

さて、すでに予告しておいた問いに答えなくてはならない。

その問いとは、結局小林の歴史観の中には、戦時におけるときの発言に明らかなように、人間の社会的営為が戦争のような巨大なものであればあるほど、それを天災と同じように「宿命」とか「運命」として捉える傾向が顕著であり、そこからは「哀しみ」の深さは生まれてきても、「怒り」の動機が生まれようがないではないかという倫理的な問いである。先に引いた吉本隆明の義憤による誤読もこれにかかわっていよう。

この疑問を誘発しかねない有名な記述が現にある。一九四一年一二月の真珠湾攻撃からほどない正月明けに書かれた「戦争と平和」というエッセイである。

《真珠湾に輝やいていたのもあの同じ太陽なのだし、あの同じ冷い青い塩辛い水が、魚雷の命中により、嘗て物理学者が仔細に観察したそのままの波紋を作って拡ったのだ。そしてそういう光景は、爆撃機上の勇士達の眼にも美しいと映らなかった筈はあるまい。いや、雑念邪念を拭い去った彼等の心には、あるが儘の光や海の姿は、沁み付く様に美しく映ったに相違ない。彼等は、恐らく生涯それを忘れる事が出来まい。そんな風に想像する事が、何故だか僕には楽しかった。太陽は輝き、海は青い、いつもそうだ、戦の時も平和の時も、そう念ずる様に思い、それが強く思索している事の様に思われた。》

小林に限らず、ついに日米戦争に踏み切ったときの一般国民や知識人は、一様にその「御聖断」に身の引き締まる心地を覚えたというような感慨を洩らしている。緒戦の破竹の勢いでの東南アジア方面進撃では、国民の昂奮やメディアの扇動もいや増さるばかりであった。この「快挙」の大失敗をはじめから見通していたものはほとんどいなかったと言ってよいし、ましてや、大国アメリカへの挑戦が、「アジアの小国がよくぞやった」と士気を高ぶらせる効果を持ちこそすれ、後に東京裁判において道徳的な責任までとらされる羽目に陥ろうなどとは、およそ想像の埒外であっただろう。事実、政治的・戦略的な意味での無謀は指摘できるとしても、今日の視点から見てさえ、対米戦争に関して日本が道義的責任を被る理由は何らないと言ってよい。戦争責任を考えるとき、このことははっきり分けて考えなくてはならない。

ところで、右の小林の文章は、時勢の影響からか、いささかはしゃいだ気分を醸してはいるが、よく吟味すると、普通の国民の昂揚気分の表明や知識人たちの戦意を鼓舞する言説とは、どこか違った、妙に冷めた部分が感じられはしないだろうか。

ありていに読めば、奇襲に成功した兵士たちの目に、輝く太陽と青い海の中を走る魚雷の航跡とその波紋とが美しく感じられたに違いないという指摘そのものは、作戦の成功を文学的に寿いでいるように見える。だが、最後の一文で、彼は「太陽は輝き、海は青い、いつもそうだ、戦の時も平和の時も、そう念ずる様に思い、それが強く思索している事の様に思われた」と書いている。作戦の成功に酔うことから美的な感動がやってくると言っているのではない。雑念邪念を去った者の眼には戦時も平和時も同じように自然は美しく映ると言っているのである。では「それが強く思索している」の「それ」とはいったい何を指すのか。読めば読むほど奇妙な文章である。

しかしよく耳を澄まして小林の言わんとすることを聞いてみると、おぼろげながら見えてくる。強く思索している「それ」とは、やはり人知を超えた存在、神とか自然とかいったものを指すのであろう。それが人間の技を風景の美の中に溶かし込んでしまう。その神や自然の技に少しでも人間が近づくには、雑念邪念を去らなくてはならない。場合によっては戦いに勝つためのさまざまな配慮や気遣いさえも捨てなければならない――これは、現世につきまとう煩わしさから徹底的に自由にならなければ叶わないことであるから、要するに「死の覚悟」について述べた文章である。

実際、魚雷の航跡を見下ろしていた爆撃機上の兵士たちは、とうにその覚悟を固めていたであろう。ということは、この日本人の「快挙」の中に、小林は死への傾斜を透視していたということになりはしないだろうか。

以上のように考えてくると、ここには、宿命論・運命論に対するに、人間社会の不当に対して「怒り」の感情を抱かずに諦めてしまうのはおかしいといった普通の批判のパターンでは歯が立たない、何かもう少し深いところを小林は見ているように思えてくる。事実、右の引用の少し先に至ると、次のような文章に出会うのである。

《僕は、法華経だったかにあった文句を思い出していた。(中略)それは、衆生の目に劫火と映るところも、仏の眼には楽土と映るという意味の言葉であった。(中略)戦場にある人達が仏の眼を得たと言うのではないが、日常生活の先入観から全く脱した異常に清澄な眼を得ているという事も考えられやしないか。彼等は帰還しても戦争の経験談なぞあまり語るのを好むまい。国民の勇気を鼓舞するという美名の下に、戦争文学と戦争の文学的報道が氾濫し、戦争の異常性に就いて、人々の無用な空想や饒舌を挑発している有様を苦が苦がしく思うに相違ない。》

ここに至ってはっきりしてきたと思うが、この文章は、当時の趨勢からすればかなり危うい文章である。真珠湾攻撃の成功に酔い痴れる人々を尻目に、それに同調すると見せかけながら、じつは喧騒から離れて行動に命を賭けていった兵士たちに託して、小林は、死の境地を説いているのだ。

本書の序説で、私は次のように書いた。

《後知恵的な言い方になるが、日本人の深層心理の中には、もともと、日本が後発近代国家であったこと、内政面での矛盾を未解決にしたまま、常に背伸びしながら近代化を進めたこと、開国に踏み切った後、西洋からも他のアジア諸国からも乖離した一小国家であることを深く自己発見せざるをえなかったこと、ナショナリズムの健全な発展の前に、国際的孤立を招くような性急な心拍数で軍事に偏向したナショナリズムを形成しなくてはならなかったこと、これらにまつわる深い哀しみが「予感」されていたのだ。

「勝つ」ための近代戦争の担い手たちの心のうちには、ほとんどすべて「死」に至る覚悟があらかじめ象嵌されていた。このことは、たとえば日露戦争時に作られた『戦友』や、日中戦争時に作曲された『海ゆかば』などをはじめとする日本の軍歌（？）の有名な作品が、ことごとくと言ってよいほど士気を高める効果を持っていず、むしろ「死」を予感させる哀調を帯びた気分に彩られている事実を見ても納得されよう。》

小林秀雄は、文学や芸術や私生活の価値に立てこもることによって、表街道の政治的・社会的喧騒のうちに現われる近代合理主義的・客観主義的「正論」から人間性（生活者の実存からにじみ出る声）を守ることに徹してきた思想家である。また、日本の近代文学における自然主義や私小説が西洋のそれの表層のみを学んで、その背後に長年にわたる近代社会との戦いを経てきた西洋の近代文学者たちの苦悩を理解しなかったことを、口を酸っぱくして説いてきた批評家である。

つまり日本近代の歪みと屈折は、一文学者の中にすでに痛いほど織り込み済みであった。その小林の中に、いまや西洋の中でも最大の力を誇る国との決戦という場面に接して、たとえ自覚的ではなかったにせよ、私が右に述べたような「『死』に至る覚悟」がいよいよ実感できるほどの状態にまでせり上がってきたと考えてもおかしくない。彼はこの時点でこの民族国家の敗北の必然性をすでに予感していたのではないか。

とすれば、彼の説く「悲しみの記憶による歴史の形成」や、「黙って事変に処した国民」などの文言のうちにいかに宿命論的なトーンが秘められていたとしても、だれもそれをさかしらに批判することはできない。私はそう思う。

宿命論は敗北主義という逃避行動への傾斜とは異なる。それは手のつけられないほど巨大な第二の自然と化した人間社会に対する、ひとつの文学的・生活的な覚悟、なのだ。「黙って事変に処する」といった言い回しが、一見、運命に甘んじること、怒りを忘れてただ諦めることのように思えたとしても、そこには、限りある世にあるみずからの「分」を心の底からわきまえた者たちにとっての、今日、明日を生き抜く豁然《かつぜん》たる構えが表されているのである。そのことの証しとも言うべきだろうか、小林は、戦局の逼迫とまるで呼応するかのように日本古典論へとのめりこんでいく。

戦局急を告げる中で中世古典へ傾倒

この時期の小林の日本古典論には、「當麻」「無常といふ事」「平家物語」「徒然草」「西行」「實朝」の六篇がある（発表順）。すぐ気付くようにこれらの作品は、すべて平安末期から室町までの中世に題材が絞られている。古代もなければ近世もない。

日本の中世とはどんな時代だったか。言うまでもなく、貴族社会の崩壊とそれに代わる武門勢力の勃興の時期であり、権力の上層部では陰惨な殺戮史が繰り返された。精神史的に見れば、貴族文化の飽食・爛熟の果てに生まれた末法思想が武家の間にも受け継がれていった時代である。この四百年間は、ひとつの超越的な権力が安定した社会秩序をもたらすことなく、人々の心の中に常に生と死の不安が潜在し、現世よりも来世にあこがれるような宗教的な世界観が広く根を下ろしていった一種の深刻な、長い長い心の動乱期であったと言っても過言ではない。

小林が「實朝」の中で引用している『建礼門院右京大夫集』（一二三二年頃成立）の中の文章、「寿永元暦などの頃の世騒ぎは、夢ともまぼろしとも哀とも、なにともすべてすべていふべききはにもなかりしかば、よろづいかなりしとだにおもひわかれず。（中略）ただいはんかたなき夢とのみぞ、ちかくもとほくも見聞く人みなまよはれし。」というような言葉が、当時の一般の人々の時代気分をよく表わしているだけでなく、この種の感慨は、おそらくこれ以降の時代の形容としてもほぼ当てはまると見ることができるだろう。

小林がこの時期に特に中世の古典に魅かれていった理由には、やはり同時代の「戦乱の世」

の気分がひたひたと染みとおるように影響を与えていた部分があると見るべきである。

ところで、「戦争と平和」発表の後、矢継ぎ早に書かれている右六篇の発表順とそれぞれの内容とを照合してみると、そこにおそらく小林自身も意識していなかったであろう、時局の急を告げる外の世界の進行との間に必然的な関連があるかのような印象が認められる。

「當麻」でまず能舞台の醸す、生死のあやめもわかぬ妖しい美の世界に素直に驚き打たれた感想が語られる。世阿弥の美意識を解説した「美しい『花』がある、『花』の美しさという様なものはない。」という有名な言葉は、美についての抽象的な把握を拒否する一種の感性のノミナリズムであるが、観念よりも肉体の動きを優位に立てようとするこの提言には、「Xへの手紙」に込められたのと同様の小林自身の青春時代に対する苦い反省が込められているのかもしれない。そして同時に、余計な雑念を払って素朴で純粋な「行為」のうちに命を託していこうとする、当時の小林の（たぶんに時代背景に影響された）人生観がよく現われているとも言える。

「無常という事」では、歴史上の人間、つまり死んだ人間こそが動じない美しい実在感をもって私たちに迫ってくるのであり、生きている人間は人間になりつつある動物であるという思想が語られる。この思想は大森哲学の用語を使えば、「知覚」に対する「想起」の優位を説いていることになり、また、死人への「思い」は生きている人間の努力によって甦るのであるから、

「無常」という言葉はこの世の相の単なる形容ではなく、生きている人が死や死人に対してとる基本の構えでもあるということにもなる。ここに現に戦っている日本の兵隊たちの、「予感された死」のもの哀しい影を読むことは、私だけの牽強付会であろうか。

また「平家物語」では、この作品が仏教的無常観から来る哀調に貫かれているという俗流解釈が否定され、もしそこに哀調が感じられるとすれば、それは叙事詩としての驚くべき純粋さから来るのであって、そこでは「鎌倉の文化も風俗も手玉にとられ、人々はその頃の風俗のままに諸元素の様な変らぬ強い或るものに還元され、自然のうちに織り込まれ、僕等を差招」いていると批評される。この読み方は、『平家物語』が、あの『イーリアス』と同じように、すべての人間の織り成す運命がそのまま自然に還帰していく雄大な成り行きをただ堂々たる「事実」として記した作品であって、脆弱な人間感情にもとづくものではないことを示唆している。当否はともかくとして、この批評の仕方のうちには、先の「無常といふ事」に見られた「死への構え」がさらに徹底されて、同時代の日本人の来るべき運命に対する凜とした覚悟が説かれているのが感じられる。

「西行」では、いささか趣が変わってくる。『山家集』に盛られた歌の多くは、当時の題詠の慣例にならって、花鳥風月を巧みに詠んだ歌が多いが、小林はそれを、西行の天賦の才からすれば安き技と考え、それよりも西行の新しさに注目している。その新しさとは何か。「如何にして歌を作ろうかという悩みに身も細る想いをしていた平安末期の歌壇に、如何にして己を知ろうかという殆ど歌にもならぬ悩みを掲げて西行は登場したのである」。彼の歌には「わが身とかわが心とかいう言葉の、強く大胆な独特な使用法」が見られ、他の歌人には「『わが身をさてもいづちかもせん』という風には誰も詠めなかった。」という。そしてその典型的な例として、

まどひきてさとりうべくもなかりつる心を知るは心なりけり
うき世をばあられればあるにまかせつつ心よいたくものな思ひそ

などの歌をことさらに抽出し、これらに、「『わが心』を持て余した人の何か執拗な感じのする自虐とでも言うべきものがよく解るだろう。自意識が彼の最大の煩悩だった事がよく解ると思う」という注釈を加えている。

さらに、地獄絵や花鳥風月を詠んだ場合にも、

なべてなき黒きほむらの苦しみは夜の思ひの報いなるべし
花みればそのいはれとはなけれども心の内ぞ苦しかりける

ともすれば月澄む空にあくがるる心のはてを知るよしもがな

などの歌を取り出して、「彼は、歌の世界に、人間孤独の観念を、新たに導き入れ、これを縦横に歌い切った人である。」「花や月は、西行の愛した最大の歌材であったが、誰も言う様に花や月は果して彼の友だったろうか、疑わしいことである。」「彼は俊成の苦吟は知らなかったが、孤独という得体の知れぬものについての言わば言葉なき苦吟を恐らく止めた事はなかったのである。」などの注釈を施している。

これらの選歌と注釈は、いかにも小林らしい批評意識の産物と言えるし、また西行という歌人の定家や俊成とはまったく異なる特色を的確に言い当てているとまでは言える。しかし、まさにその的確さのうちにひとつの疑問が生じてくる。

ここに析出された西行の「新しさ」とは、突き詰めてみれば、「近代人の悩み」というものに早くも届いていることを示してはいまいか。自意識や孤独が西行の最大のテーマだったと言われれば、それはまた、若き小林自身のテーマでもあり、もっと言えば、北村透谷から若き藤村、独歩、芥川、太宰、またその他の多くの私小説作家たちにも通ずる「内面の苦悩」「孤独地獄の煩悶」という、わが日本近代の文学者たちのテーマをそのまま語っていることになる。

とすれば、ここに私たちは、小林の奇妙な矛盾した批評姿勢を見出すことにならないだろうか。というのは、冒頭にも述べたように、若き小林が自意識の病や孤独の苦悩や過敏な神経から自己を超出させることにとって、批評という「懐疑的に己れの夢を語る」道を見出すことは必須の条件であった。鈍感なゆえに直球で勝負する志賀直哉に憧れを託すなどは、その過渡期におけるひとつの象徴的な例である。

だがやがて生活的にも文学的にも成熟を遂げた小林は、しきりと同時代の「自然主義文学」や「私小説」の中に、西洋のそれらを誤解して摂取した日本近代の脆弱な精神を認め、批判を強めていくようになる。それと相まって、自然、無私、邪念を払った純粋性、常識、素朴、伝統、日常の経験といった概念を対置することによって、近代合理的な理知や客観主義、実証主義といったものへの反措定を提出していく。

すでにこの境地に達した小林なら、たとえば新体詩などのセンチメンタリズムの延長上で、「ああ、自分のような者でもどうかして生きたい。」（『春』）と嘆息して青春の悩みを吐露した若き藤村などを、おそらく軽蔑したであろう。しかしその同じ小林によって特に選ばれ称揚された西行の歌に表わされた自意識や孤独というテーマは、まさしく彼が批判してやまなかった日本の近代知識人の精神の脆弱さにまっすぐ通ずるものではないか。

私の疑いは、小林の日本近代批判の道具が、意外とスノビッシュでステレオタイプな「昔日を惜しむ」心のパターンによって取り揃えられたものではないか、という点にある。もちろん彼は、自然や伝統について言及するときに、「自然に帰れ」とか「伝統に帰れ」といった無意味なスローガンを提出したことは一度もなかった。自然も伝統も、現在の私たち主体が、その繊細な姿態や響きや声を壊さないように慎重な態度をもって近づき聞き取るのでなければ、けっして本来の姿を表わさないということを一貫して主張している。伝統とは「かつてあった」ものではなく、過去の材料に向き合う私たち自身の技巧的な手つきによって「いまここにあらしめる」ものである。

だが、他の批評作品、たとえばドストエフスキーやトルストイやゴッホやデカルトやパスカルやプラトンやニーチェなどを論じたものに共通して言えることだが、彼の人物批評は、その対象の天才のありかを引き出すのに急で、そのため、彼らと至近距離で付き合っているような位置まで接近し、彼らの周りをファンのように経めぐることはできているが、彼らの思想や芸術の本質的部分が具体的にどうであったか、それに対して小林自身はどのような評価を持っているのか、論じられている対象同士は、互いに矛盾することはないのかといった関心や疑問にうまく答えていない場合が多い。つまり彼自身はこれら天才たちと裸で付き合う本当の友人になりえていない。それは本当の敵になりえていないと言い換えても同じである。

たとえばパスカルはデカルトの冷ややかな「幾何学的精神」を蛇蝎《だかつ》の如く嫌い、常に「我慢がならない」と感じていたし、またニーチェはプラトン語るところのソクラテスからヨーロッパのデカダンスが始まったと喝破している。ドストエフスキーの都会人特有の鋭敏な自意識や回転の速いシニシズムと、トルストイの田舎地主風の愚直な、それゆえにこそ力強いヒューマニズムとは、思想としてはまったく相容れない。

ところが小林の手にかかると、すべてが「いいとこ取り」されているのである。つまりは、遠い過去の天才たちは、天才であるということのみによってかなり甘い点がつけられているのだ。このことが西行を論じた文章にも当てはまるのではないかというのが、私の小林に対する小さな疑問と批判である。西行が武士という俗界の身分を捨てて中世に現われた天才詩人であるという枠組みに形式上はまることによって、西行に注がれる小林の目はその近代批判精神が曇らされているのではないか。だとすれば、小林秀雄の中にもあの無条件に「過去を美化する」通俗的な傾向が垣間見られると言われても仕方がない。更なる検討を要するべき問題である。

しかしこれに対して、六篇の最後に当たる「實朝」は、あの実力をもって権威をやすやすと否定する関東武士たちの陰惨な世界への想像力が、限りなくよく届いた力作・傑作である。

先に私は、吉本隆明を論じた際、小林の実朝論と吉本のそれとの違いについて、前者が実朝の境遇に対する深い哀しみの共感によって彩られているのに対し、吉本の実朝論は、それともやや違って、ある種の非情な突き放しを媒介としながら、かえってそのような批評方法によって、もはや事実を事実どおりに歌うほかないところにまで追い詰められた実朝の心の特異な様相を鮮やかに炙り出していると言えると書いた。また、そこには、文学を論ずることに徹する小林と、文学と社会との両方を重ね合わせるように論じずにはいられない吉本との二つの個性の違いが際立っているとも考えられて、たいへん興味深い、とも。

もちろん小林も、吉本が追いかけたような実朝の運命的な場所について、主として『吾妻鏡』を援用しながら、かなり緻密に記述してはいる。しかしその関心は吉本に比べると、やはり実朝自身のより身近な周囲の不気味な動きをたどるところに限定されており、吉本の実朝論のような社会的・客観的分析の要素は省かれていると考えられる。つまりは、吉本が実朝の名歌の生まれる所以を、現実の歴史と、万葉以来の歌の歴史という二つの側面から捉えようとしているのに対して、小林はいわばもっと直接に、悲運の実朝という個人の「側近」になることによって解き明かそうとしている。

そこで小林は、まず『吾妻鏡』の中に実朝の辞世として掲げられている歌、「出ていなば主なき宿と成りぬとも軒端の梅よ春をわするな」について、『吾妻鏡』の作者の稚拙な創作という説を認めながらも、そこには、作者が、実朝暗殺という不気味で象徴的な事件に対しておぼえた罪悪感めいたものが漂っているとし、北条義時のためにしたはずの曲筆が、かえって実朝のためにした潤色となり終わっていると指摘している。この指摘は兄・頼家の横死や、唯一残された「貴種」の死による血統の断絶という前後の事情を考えると、いかにも説得力がある。

実朝は頼家の死に十二歳のときに出会い、しかも自分を中心とする周囲の武士たちの血なまぐさい権力争いを目の当たりにしている。聡明で敏感な彼が早くから自分の運命を予感していたと考えるのは当然で、小林もそのことを前提として鑑賞しており、吉本と同じように、「万葉調の雄々しさ、おおらかさ」という真淵、子規以来の俗説を否定し、実朝が残した数少ない秀歌に、「真率で切実な、独特な悲調」を読み込んでいる。たとえば——

箱根路をわれ越えくれば伊豆の海や沖の小島に波の寄るみゆ

この歌に対して、「『沖の小島に波の寄るみゆ』という微妙な詞の動きには、芭蕉の所謂ほそみとまでは言わなくても、何かそういう感じの含みがあり、耳に聞こえぬ白波の砕ける音を、遥かに眼で追い心に聞くという様な感じが現われている様に思う、はっきりと澄んだ姿に、何とは知れぬ哀感がある。」と評価している。またたとえば——

大海の磯もとゞろによする波われてくだけてさけて散るかも

については、これは分析的な歌であり、少しも壮快な（万葉調の）歌ではなく、「青年の殆ど生理的とも言いたい様な憂悶を感じないであろうか」という鑑賞の仕方をしている。

さらに――

我こゝろいかにせよとか山吹のうつろふ花のあらしたつみん

については、言葉の技巧のなせる業であることを否定して、むしろ天稟《てんぴん》の純粋な形が出ている歌と見、「よほどはっきりと自分の心を見て摑む事が出来る人でないと、こういう歌は詠めぬ。人にはわからぬ心の嵐を、独り歌によって救っている様が、まざまざと見える様だ」と評している。

もうひとつ――

神といひ仏といふも世の中の人のこゝろのほかのものかは

については、いかにも実朝らしい歌であり、「彼の抒情歌の優れたものが明らかに語っている様に、彼の内省は無技巧で、率直で、低回するところがない」と評している。

さてこれ以上、小林の独特な鑑賞眼のあり方を歌に即して追いかけてもきりがない。これらの一見逆説的な評言が、当たっているか外れているかは、大して問題ではない。それよりも結論を急ごう。重要なのは、このような批評によって、小林が、実朝という年少のままに折れてしまった歌人(『金槐和歌集』に収められた歌の大部分は二十二歳以前の作であり、実朝の死は二十七歳であるから、二十二歳以降の歌は散逸してしまったと考えられている)に何を見、それによってみずからの批評の方向をどこにもっていこうとしているのかを考えてみることである。

『金槐和歌集』およそ七百首は、当時の慣例にならって、春夏秋冬の題詠の部分、恋部、および雑部とに分類されているが、私が読んだ限りでは、雑部に名歌が多く、特に秀歌と呼ぶべきものは、雑部の終わりに近づくほど集中して現われる(貞享本による)。これに対して春夏秋冬の部分では平凡な駄作あるいは習作とも言うべき歌が多い。各部ごとの中身では詠まれた順に配列されているのか、その辺の事情をつまびらかにしないが、私たちが鑑賞したときに、もしどうしてもそのような印象が刻まれるとすれば、このことは何ごとかを語っていると考えたくもなろう。

小林も無意識のうちにそういう印象を抱いたと思われる。悲運を確実に予知した者が、少年期から青年前期に至るプロセスの中で、限られたみずからの生のリズムとテンポに次第に衝迫を加えてゆく。最終地点に近づいた頃、歌い上げられる心はどのような性格を帯びるだろうか。小林の次のような評言は、この問いに対する回答を暗示させて余りある。

《人々のしゃぶり盡した「かなし」も「あはれ」も、作者の若々しさのなかで蘇生する。(中略)青年にさえ成りたがらぬ様な、完全に自足した純潔な少年の心を僕は思うのである。(中略)

才能は玩弄する事も出来るが、どんな意識家も天稟には引摺られて行くだけだ。平凡な処世にも適さぬ様な持って生れた無垢な心が、物心ともに紛糾を極めた乱世の間に、実朝を引き摺って行く様を僕は思い描く。彼には、凡そ武装というものがない。歴史の混濁した陰気な風が、はだけた儘の彼の胸を吹き抜ける。これに対し彼は何らの術策も空想せず、どのような思想も案出しなかった。(中略)

彼の歌は、彼の天稟の開放に他ならず、言葉は、殆ど後からそれに追い縋る様に見える。その叫びは悲しいが、訴えるのでもなく求めるのでもない。感傷もなく、邪念も交えず透き通っている。》

まだ続くのだが、名文と言ってよいだろう。しかしそれだけではない。この文章のトーンに、先に引いたあの真珠湾攻撃を遂行した爆撃機上の兵士たちの心境について書かれた文章を連想する人も多いのではないか。勝機にあった彼らには直接の哀しみはまだなかったかもしれないが、死の予感は心の奥深くにすでに幾重にも折り畳まれてある。だから、「感傷もなく、邪念も交えず透き通っている。」という点において共通しているのである。

「實朝」最終回は、一九四三年六月に発表されている。すでに日本の敗色は濃厚となり、ガダルカナル撤退後、同年四月には山本五十六が戦死し（五月発表）、五月にはアッツ島の玉砕によって守備隊が全滅する。そんな時期に書かれたこの秀作は、いわば次々に死んでいく日本兵たちに対する早すぎる鎮魂歌のような趣さえあり、同時代の若き日本兵と七百年前の一人の「少年歌人」とが期せずして結びついて不思議なハーモニーを奏でているようにも感じられる。「彼には、凡そ武装というものがない」――決断としても戦略的にも拙劣を極めた当時の日本軍の実態をそのまま語っているかのようだ。その拙劣さに憤ることは必要であろうし、事後の反省も不可欠であったろう。だがそれは、文学者・小林秀雄の役割ではなかった。

大文字の「歴史」への「抵抗者」

「思想と文体とは離すことはできない」（「私の人生観」）とは小林自身の言葉である。彼の文章は、要約することの難しい文章だが、だからこそ逆に、彼がその批評人生を通して何をやったかは、ほとんど数行で言い尽くすことができる。

彼は、美しいものごとや感動的なものごと（ミューズやエロス）を味わおうとする人間の欲求が、私たち一人ひとりの現実的な生活にとってどういう価値を占めているかを考え抜いたのだ。そしてそのことを通じて、近代の客観主義的な意識や言語の様式が、個別的・主体的な生の意味を見逃してしまう事態に徹底的に抗ったのである。

この態度は言うまでもなく、最後の大作『本居宣長』にまで貫かれている。小林は、その中で、彼自身の思いを宣長に託して述べている。

《伝説の肉体は、極めて傷つき易く、少しでも分析的説明が加えられれば、堪えられず、これに化せられて歪むものだ。宣長が尊重したのは、そういう伝説の姿の敏感性であり、これを慎重に迎え、彼の所謂「上ツ代の正実《マコト》」が、内から光が差して来るように、現われてくるのを、忍耐強く待ったのであった。》

要するに小林は、歴史や社会を客観的構造として把握する見方、人間をそのようなものによって規定されていると見る見方を根底から退けなければ、その日その日を取り返しがつかずに生きている実存者の内的感覚をけっして保存できないという確信を貫いたのである。彼にとっては、客観主義と「文学」、客観主義とそれぞれの「生活」は、両立も譲歩も端的に不可能な絶対的な対立命題であった。

小林は保守思想家でもなければ芸術派なのでもない。またもちろん西欧的教養主義から日本的伝統主義に回帰したのでもない。彼は、「社会」とか「政治」とか大文字の「歴史」を中心と考える時代の支配的なイデオロギーに対して、身近な実存の意味を固守しようとした正真正銘の「抵抗者」なのである。もとよりそれは、個人主義などという「主義」ではない。彼の表現の随所に見られる、一見人の意表をつくような逆説的レトリックは、すべてこの身近な実存者たちの生の意味と価値を固守するというモチーフをいかに伝えるかにかかる渾身の労苦から出ている。

この場合、時代の支配的なイデオロギーとは、百八十度転換したかに見える戦前と戦後の両方を含んでいる。ということは、小林の場合、その思想の根拠が、短い時間的スパンで変転する「思想風潮」のどちらに与するかといった次元を超える長い射程を持っており、どの時代に生きても同じ発想として出てくるような人間的な深みに根差していることを意味する。それは時代の変化に耐える、とても堅固な、強い思想なのだ。

ことわるまでもないが、彼の「抵抗」の方法は、政治的なものでもなければ社会的なものでもなかった。文化という幅広く息の長い領域に最後まで立てこもることによって、それを果たしたのである。その徹底性は比類がない。また彼が文化に立てこもることによって抵抗を果たしたというのは、あれこれの文学作品や芸術作品に対して、一定の「思想的立場」にもとづく批評を行なうことを通してそうしたという意味ではない。およそ「立場」などというものに彼は関心がなかった。彼は、文字どおりみずからの文体という「身」を言語空間に投げ出すことによって、その抵抗の正当性を確保しようとしたのである。その独創性もまた比類がない。

小林秀雄の思想的抵抗は、世界についてのどんな客観的見取り図も与えなかったし、また社会の進歩についてのどんな指針も与えはしなかった。しかし彼の傑出した抗いの姿勢は、いわばひとつの「勇気」の型とも言うべきものを示した。それは、いかなる社会状況や時代状況の中にあっても、動揺せずに守り抜くべき人間的領域があるということをいまも私たちに告知しつづけて止まないのである。

最後に、前章の大森荘蔵の自然観・人間観と小林のそれとの違いを際立たせ、それによって次章の和辻思想への橋渡し役を小林に担ってもらうために、次のような彼の言葉を紹介して、この章を終わろう。いずれも、金閣に放火した青年を一種の「狂人」と見立てて、それに美の意味や常識の意味を対置させて論じた「金閣焼亡」からのものである。

《人間は他人とともに生きねばならず、生きるとは他人を信頼する事だ。そういう智慧には、社会教育による後天的なものと考えるには、余り《ママ》根本的なものがある。自然は肉体に健康を授けたように、精神にそういう智慧を授けた様だ。常識という不思議な言葉を考えていると、私達に目や耳がある様に、一種の社会的感覚を司る器官を、私達はどこかに持って生れていると考えざるを得ない。》

《風景画や静物画が通例の事になった今日でこそ、自然という対象を苦もなく考えるのだが、人間という画題に、自然という画題がとって代るのには、西洋でも東洋でも、長い歴史を要したのである。先ず語り掛けてきたものは人間であった。人間への信頼が、自然美の発見に転化されるに至る緩慢な歴史は、恐らく今日の画家の苦心のうちに圧縮されて存するであろう。歴史とはそういうものだ。自然は、ただ与えられてはいない、私達が重ねてきた見方のうちに現われるのである。》

第六章　和辻哲郎
——一八八九〜一九六〇

衝撃の和辻体験を乗り越えて

和辻哲郎について何かを語るとしたら、まず私自身が衝撃を受けた和辻体験とも言うべきものから語り始めるしかない。

ふつう、和辻哲郎と聞くと、『風土』『古寺巡礼』『日本精神史研究』など、比較的若い時期に書かれた文化論的な考察がよく読まれているために、広い視野と鋭い感受性と深い洞察力を備えた文化史家、比較文化論者といったイメージが強い（ちなみに『古寺巡礼』はこの三冊の中で最も初期に書かれているが、著者本人は、若気の至りとしてこの本を恥じている）。そのため、この著作家の思想の本命、そのデモーニッシュなまでの執着の核心がどこにあるかということがややもすれば見過ごされやすい。

もちろん文化史家としての彼の業績もまた高く評価されてしかるべきことは言うまでもない。しかし和辻哲郎の主著は何といっても、戦前から戦後にまたがって著された『倫理学』である。

特に戦前、戦中に書かれた上巻（一九三七年刊）、中巻（一九四二年刊）には、西洋の個人主義的哲学とひとり格闘しながら、関係論的な人間認識を徹底的に貫き、おそらく日本、それも西洋と対峙する運命にさらされた近代日本でなければ生まれようのない独創的な哲学と倫理学が打ち立てられている。

欧米との戦いのさなかにこれが書かれたということには、まことに意義深いものがある。私はもちろん日中戦争も日米戦争も大失敗であったとしか評価しないが、日本にとってそういうのっぴきならない緊張の時間帯の中に置かれた一思想家が、おそらくはその緊張感を彼固有の仕方で引き受けながら、思想という観念の領域で西洋との戦いを演じ、しかもその領域では近世以来の西洋的思考の型を見事に乗り越えるだけの実を示したという点に、何かしら運命的なものを感ずるのである。

だが恥ずかしいことに、かつては私もまた和辻哲郎という思想家について、若い頃に読んだ『風土』や『原始キリスト教の文化史的意義』あたりで漠然とイメージを構成して済ませ、永らくこの思想家の巨大な試みの意味をつかまえ損なっていた。要するに高を括っていたのであって、偉そうなことは言えない。

何がきっかけだったのだろうか。いまからほとんど十年をさかのぼらない新しい時期に、私の視界にこの思想家の影が色濃く漂い始めた。みずからいくつかの著作をものするうち、自分の人間論的関心がどうも哲学一般という抽象度の高いレベルにただ同化していくよりも、倫理問題や言語問題に収斂しつつあるらしいという感触を抱いた（後者の関心は、すでに三章で展開したように、ソシュールや時枝誠記を追いかけることで、暫定的ではあれ、それなりにある着地点を見出すことができたと考えている）。

そんな頃、私的な研究会でかの有名な『人間の学としての倫理学』を扱った。それでもまだ、アリストテレスからマルクスまでの西洋哲学者たちの祖述に多くのページを費やしたこの書物に、和辻自身の切実なモチーフの核心を見出すことができず、これは和辻自身の倫理学であるというよりは、その準備のための地ならしであろうというくらいにしか感じ取れなかった。それらの記述の前後に、彼自身の倫理学の方法と内容にかかわる重要で確実なキーワードがすでに何度も出現しているにもかかわらず、である（ただヘーゲルとの類似性は了解の範囲内だが、マルクスの人間観からずいぶん多くを得ているのだな、という「意外な」感触をそのとき味わったことだけはよくおぼえている）。

やがてようやくにして、ご本尊の大著『倫理学』を精読するということになった。先に述べたように、この著作は戦前に上巻と中巻が書かれ、戦後に下巻が書かれている（現在、単行本では、上中両者を合わせて上巻とし、戦後に書かれた部分は下巻に収められている。また新しく出た文庫版では、全体をほぼ均等なページ数で四分割している）が、ことに戦前に書かれた上巻と中巻（すなわち戦後再版された単行本の上巻）を読んだときの印象は、まさに圧倒的というほかに形容の仕様がない。

圧倒的ということは、読んだ私が打ちのめされるということである。私はその少し前に差別や殺人、孤独や自殺、日常生活と死、労働や恋愛・結婚、不倫や売春、死刑や戦争、情緒や身体の問題などに関して個別に倫理的テーマを設定した著作をいくつか著していたが、こうした具体的問題を通して提示した論理――人間を孤立した個人、自我などとして捉えるのではなく、原理的に関係存在として捉える論理――はそれなりに新鮮なものであろうとうぬぼれていた。この発想を通して倫理学に新しい局面を開きうると考えたのである。

ところがあにはからんや、そんな捉え方は、六十年以上も前に、しかもはるかに哲学的、体系的、徹底的、組織的に、和辻によって果たされていたのであった。彼はこの書で、透徹した人間洞察力、私たちの日常的感性を損なわない記述センス、豊富な例示を交えたわかりやすくかつ力強い文体、デカルトやカントやヘーゲルのみでなく、フッサールやハイデガーやシェーラーなどの同時代の哲学者、タルドやジンメルやデュルケームなどの同時代の社会学者までも含む西洋の思想家に対する鋭い批判力、などを駆使してまさに孤軍奮闘し、そしてある意味で勝利を勝ち取っている。

私は、何だ、そんな事情であってみれば、なにもこと改めて浅学極まる自分などが倫理学を立てる必要なんてないじゃないか、と、まずはそうとうヘコんでしまった。こういうたぐいのことは、物書きであれば多かれ少なかれ経験しているであろう。ああ、先哲というものはさすがに偉いものだ、としばしの間、私は茫然自失の体だったのである。批評する対象に適切な距離がとれない限り、人はその対象を批評することは不可能である。いわんやその対象を克服することにおいてをや。

とかくするうち、丸山眞男が福澤諭吉に惚れたように、また小林秀雄がモーツァルトに「ファンレター」を書いたように、私も和辻のどこに惚れたのかを私固有の仕方で読者諸氏に紹介することはできるだろうと思うようになった。また、その「惚れた点」をめぐっては、私の説くところが、別の和辻ファンや和辻をそんなに評価していない論者から異論が提出される契機となることもできるだろうし、また私自身も、自分の考えとのかすかな（しかしもしかしたら重要な）違いを画定することに意味を見出すこともできるだろうと、態勢を立て直す気になってきた。本書では無理だろうが、欲を言えば、和辻が遣《や》り残したテーマをもう少し延長してみること、彼自身もまた強い関心を抱いていた、日本語で（を）哲学する問題を発展させてみること、なども、あるいは可能であるかもしれない。

そういうわけで、本書の和辻哲郎論としては、『倫理学』だけを扱うことにする。取っ掛かりとして、しばらく多くの引用を交えながら、私なりに彼の倫理学の原理を祖述してみなければばならない。

孤立的個人を出発点とする西洋哲学との格闘

すでによく知られているように和辻哲郎の『倫理学』における人間把握の核心は、個人意識をその出発点におく原理を徹底的に退け、これに代えるに、「人間（じんかん）」すなわち「ひと」同士の「間柄」を出発点として、その間柄における相互の「実践的行為的連関」を原理とするところに求められる。ここには、すぐにわかるように、デカルトに始まる西洋近世以降の哲学的な原理が、個人の主観を出発点として、その認識論、道徳論などを打ち立ててきた現実（特にカントにおいてこの傾向が著しい）に対する強烈な対抗と格闘のモチーフがあらわに表現されている。

このことは、『倫理学』のどの箇所を開いても、また前述の『人間の学としての倫理学』においても、明瞭にうかがえることであるが、特にそのモチーフをよく示すためには、たとえば『倫理学』の初めのほうの次の二カ所を引くだけで十分であろう。

《「我れのみが確実である」と書くのはそれ自身矛盾である。書くのは言葉の文字的表現であり、言葉はただともに生き、ともに語る相手を待ってのみ発達してきたものだからである。たとい言葉が独語として語られ、何人にも読ませない文章として書かれるとしても、それはただ語る相手の欠如態に過ぎないのであって、言葉が本来語る相手なしに成立したことを示すのではない。そうしてみれば書物を読み文章を書くということはすでに他人と相語っているることとなのである。いかに我れの意識のみを問題にしても、問題にすること自体がすでに我れの意識を超えて他者と連関していることを意味する。いかなる哲学者もかかる連関なしに問題を提出し得たものはなかった。》（本論第一章第一節）

《主体と主体との連関は我々にとっての直接の明証であって、そこに疑いを容れる余地がない。そこで我々はこのような間柄を形成する個々の人が何であるかを問い、その個別性が自我の意識に認められるかという点にまで達したのである。前者（引用者注――自我意識の明証から出発する立場）にとって容易に解くべからざる問題であったものが我々にとっては直接の明証であり、前者にとって疑いの余地のない自我の独立性がここでは問題として取り上げられる。問題の立て方が全然逆なのである。この相違は前者が人と自然との関係にのみ関心を向けて人と人との関係を見洩らしていたのに対し、我々はまず何よりも人と人との関係から出発しようとするのに起因する。言いかえれば前者は客体観照の立場に立てこもり、我々は主体的実践の立場に即して考察を始めようとするのである。》（本論第一章第二節）

初めの引用が、デカルトの哲学原理を批判していることは火を見るよりも明らかであろう。そしてつけ加えさせてもらえるなら、この和辻の批判は、本書の四章で大森荘蔵を扱ったときに、私自身が触れたデカルト批判と軌を一にするものであることに気づかれた方もいると思う。ウィトゲンシュタインが一時期こだわった「私的言語の可能性」などというものは、言語というものの本質からしてありえないのである。「我思う、故に我在り」は、ただ言明であることのみによって、すでにその「我」を公共的・普遍的な「我」にしてしまうのである。和辻の批判はまことに正鵠を射ているというほかはない。

後の引用に関しては、方法上の違いという「事実」に関してはだれしも納得せざるをえないとしても、なかには、では「我々にとっての直接の明証」なるものが、果たしてどのように「証明」されるのかという点に疑念を抱く向きもあるかもしれない。少なくともこの引用の範囲内では、和辻は方法上の出発点の逆を強調しているだけではないか、と。

しかしこの点については、やはり私が大森を論じた際に、例の「独我論＝鉄壁の孤独」の致命的欠陥を指摘しておいたのを支えてくれるかのように、和辻もまた、次のような説得力溢れる「論証」を用意しているのである。

《しかし肉体に関してはしばしば肉体的感覚の非共同性が説かれている。他人が痛みを感じているとき、その心的な苦しみはともにすることができても、痛みそのものをまでともにすることはできぬというのである。（中略）しかしそれだからといって肉体的感覚をともにすることが全然ないというのはうそである。たとえば我々がともに炎天の下に立っている時にはわれわれはともに熱さを感ずる。（中略）だから労働をともにする生活においては、肉体的感覚をも常にともにしているのである。かかる時我々は相手の表情を介してその肉体的な感覚を類推する、（すなわち己れの同様な表情と感覚との連関と比較して比論的に同一であると類推する）というごとき回りくどいことをやっているのではない。（中略）だから熱さをともに感じている人々は、同時に、熱いと言い出すこともできる。（中略）熱さ寒さの挨拶というごときこともこの感覚の共同がなければ起こり得るものではない。肉体的感覚の相違は、かくのごとき共同性の地盤において、その限定としてのみ見いだされ得るのである。そうではなくして肉体的感覚が全然非共同的なものであるならば、いかにしてそれを言い現す共通の言葉が発生し得るであろうか。（中略）この共同性を欠けば表情は表情としての意味を失ってしまう。表情さえも通用しないところで言葉が発生するわけはない。だから肉体的感覚を言い現す共通の言葉があるということはすでにこの共同性の顕著な証跡なのである。》

（本論第一章第二節）

「鉄壁の孤独」に対するこの完膚なきまでの批判を、和辻よりもずっと後に登場した大森は、いや一般に海の向こう側ばかりを向いている西洋流哲学者たちは知っていたろうか。知っていたとはとうてい思えない。もし知っていれば、自分たちの方法論的欠陥がどこにあるかにとうに気づいていたはずである。

なぜなら、そこには近世以来の西洋哲学が、最も基礎的な認識論のレベルから、共同性とは無縁な個人意識あるいは孤立した個人を出発点としてみずからの方法を展開させてきたという宿痾のような枠組みに対する疑いが見られないからである。和辻の時代までの哲学者でこの宿痾から免れていたのは、おそらくわずかに、ヘーゲル、マルクス、ハイデガーくらいのものであろうが、和辻にとっては、この三人でさえ、それぞれ異なる意味で批判の対象であった。しかしこれについては、ここでは詳しく述べない。

人間とは社会的関係の総体である

大森荘蔵は「痛み」という肉体的感覚の共有不可能性に固執して他我問題を解こうとしたために、フッサールを批判しつつ結局は彼と同じ枠組み（方法的独我論）の中で解決を図ることになり、五十歩百歩の失敗に陥った。そしてこの共有不可能性の指摘は、かえって人間存在のありようを「孤立的な存在」として狭く限定してしまうことになった。問題はなぜ大森が「心」の概念を記述するのに、肉体的感覚の領域だけに話を限定したかという点にある。意識的にか無意識的にか、彼は人と人との関係における「心」の共有という事実に目を瞑ったのである。

人間は肉体的感覚のみにおいて生きているのではない。人間は、感情や意志や知的営みや行為の交流などの総合された存在であって、こうした総合的な視野の下に人間を収めてよく観察する限り、「心」という、一見個別的な身体にそれぞれ異なった形で宿っているかにみえる概念にすら、「鉄壁の孤独」ではない、共同存在、関係存在としての人間本質がにじみ出ているのである。個人の「心」とふつう私たちが呼んでいる概念も、初めから共同関係的な構造を持っているのだ。

自己意識とは、それが過去の自分に対して後悔、羞恥、反省、改心、自恃、満足の念を抱いたり、未来の自分に対して予期、不安、希望、夢、悲観的予想などの念を抱いたりする限りで、時間に沿ったひとつの対象化行為（分裂による自己否定と、さらにそのまとめ直しという運動）である。そういう対象化が自分自身に対して可能であるということは、自己意識そのものが、すでに「内なる他者」を構造として抱え込んだところに成り立つ事実を証明している。

この「内なる他者」は、自己意識なるものが確立されるまでの間に、それこそ乳児期からの他者（親、兄弟姉妹、友人、教師など）との「実践的行為的連関」によって形成される。したがって、「人」と「人」との関係交流は、「私」「自我」「自己意識」などの確立に先立ち、かつそれらを形成、維持させる根源的な地盤の意味を持つのである。

互いの「心」が見えないとか、「心」はそれぞれ別物だというように私たちが感じるのは、和辻の好きな言葉で言えば、人間存在の地盤を形成しているこの実践的行為的連関における

「否定態」に接しているからであって、実践的行為的連関にもとづく「ひと」と「ひと」との相互了解が「地」としてまず先立って存在し、その上に表情や言葉の不在が「図」として浮き立つからにほかならない。

そこで和辻は、「鉄壁の孤独」説を一蹴した後、続いて「意識」における自他の連関の確実性について次のように説く。

《我れの意識の作用は決して我れのみから規定せられずして、他人から規定せられる。それは一方的な意識作用が交互に行なわれるという意味での「交互作用」なのではなくして、いずれの一つの作用もが自他の双方から規定せられているのである。従って間柄的存在においては互いの意識は浸透し合っているということができる。(中略)以上のごとき自他の意識の浸透は特に感情的側面において著しい。(中略)子を失った悲しみは両親にとって共同の悲しみである。彼らは同一の悲しみをともに感ずる。父と母とは互いの体験に注意を向けることなくしてすでに初めより同一の悲しみを悲しんでいると知っているのである。》(同前)

このようにして和辻は、引き続き、ただひとりで壁を見る自分について考える場合、自然現象を知覚する場合などのあらゆる場合に即して、そこにはすでに私たち人間の間で確定された対象の意味解釈を通して共同的な同一内容を意識していると指摘する。そして、私たちの身の回りにある道具、環境、自然現象などが、すべて共同的な意味の下に把握されていると結論する。私たちは、いかにひとりで何かを意識したり知覚したりしていても、必ず共同的な意味の承認を通して、それを「何々である」と把握するのであって、共同存在としての人間的意味の手垢がついていない裸の自然対象をそのまま捉えることなどはありえないのである。

前章の最後に引いた小林秀雄の言葉――「自然は、ただ与えられてはいない、私達が重ねてきた見方のうちに現われるのである。」とまったく同じ人間観、自然観がここに現われていると言ってよい。

なおまたこの観点は、ハイデガーが「現存在＝人間」のあり方を説くのに用いた画期的な認識、身の回りにあるさまざまな「道具」や自然対象が互いに「……にとってあるもの」という付託と指示の連関関係に立ち、その関係が最終的に必ず現存在自身を指し示すところに還って来るという認識の、直接的な影響であると考えられる。道具や自然現象は、簡単に言えば、すべて私たち人間「にとってあるもの」なのである。

だがこのことを和辻が強調する動機は、ハイデガーの関心と同じではない（そのことがまた彼のハイデガー批判にもつながっている）。ハイデガーにとっては、あくまでも「無」と対立するところの「存在一般」を解明するという形而上学的な関心が中核をなしている。だからその形而上学としての「存在論」を新しく打ち立てるための準備としてまず特殊な存在性を持つところの「現存在＝人間」のあり方を解明することが必要と考えられたのであった。

けだし『存在と時間』を執筆した時点でのハイデガーにとっても、現存在は、存在にまさに存在としての「明るみ（意味性）」を与える役割を持つものとして捉えられているからである。しかし彼本来の目的は、同書では果たされずに終わった。ハイデガーと聞けば主著『存在と時間』をすぐ思い浮かべるが（そしてそれは間違いではないが）、よく知られているように、彼の本来の哲学的目標からすれば、この書は未完なのである。

ところが和辻にとっては、個的な・孤立した「現存在」一般のありようが問題なのではなく、もともと共同存在である人間同士の深い実践的行為的連関の構造が存在しなければ、いかなる個人意識も、自我も、道具も、自然現象も、そういうものとして単独に存在することはありえないという事実を強調しようというのが、ここでの基本的な動機なのである。

大森について論じたときにも言及したが、要するに、共同性を形作っている人間存在こそが、周囲の「もの」や「こと」をまさに自分たち自身にとっての「かくかくのもの」「しかじかのこと」たらしめるのである。それは必ずしもそのように意識されるとは限らず、誰もが日常生活を通して、そういうような仕方で自分や世界を了解しつつ生きているのであって、その「意識されているとは限らない」という性格を表現するためにも、和辻は、わざわざ「実践的行為的連関」という独特な用語を使ったのである。この人間同士の関係性が反省的な意識によって強く自覚されたとき、そこに彼の言う「倫理学」、すなわち人間学が成立する条件が整うと考えられたのであろう。

先に述べたように、この基本的な人間観には、マルクスのそれが大いに影響を与えている。マルクスは、哲学的な言説としては、素朴な実在論、唯物論を説いたように誤解されやすい（「存在が意識を決定する」！）が、彼は粗雑な自然科学が考えるように物質から意識への矢印を示したのではない。人間は、その「物質」的生活（衣食住の確保、道具の作成など）がまずあり、その基本的生活において、「ひと」と「ひと」同士が共同関係を結びかつ自然対象に実践的にかかわることを通して、それを自分たち「にとってのもの」とする。そうすることによって自分たちの生のあり方を長い年月の間に「社会」という形に次第に組み立てていった歴史的存在こそが人間である、というのがマルクスの考え方である。この反論の余地なき人間観は、「人間とは……社会的諸関係の総体である」という名句にいみじくも現われている。

倫理とは人間存在の理法である

さて和辻は、言うまでもなく、ただ哲学という枠の中で、個人意識や孤立した自我から出発する西欧近世以来の発想に論理的誤謬を見出すことを目的として以上のようなことを説いているのではない。彼の目的は「倫理」というものの立ち上がる場所の画定にあるのであって、そのためには「人間」あるいは「人」をどう捉えるかという哲学上の原理をまず確立しておくことがどうしても必要であると考えられたのである。

それゆえ彼は、単に個人主義原理にもとづく人間観を退けるだけではなく、「倫理」という言葉の本来の語義についても詳細に説いている。簡単に言えば、「倫」は「なかま」を意味すると同時に、「きまり」「かた」「秩序」などを意味する。また「理」は「ことわり」であるから、「倫理」とは、必然的に、我々が多様な集団を形成し生活するときのそれぞれにあるべきあり方を意味することになり、「倫理学」とは、それをいかに私たちの自覚的な意識にもたらすかを追究する学であるということになる。これらをまとめて和辻は、「倫理とは人間存在の理法である」と表現する。

「人間存在の理法」と聞けば、なんだか当たり前のような、また逆に抽象的すぎて何を言いたいのかが不明瞭な印象を抱くかもしれない。だが和辻はこの言葉によって、彼特有の倫理思想、倫理概念をコンパクトに凝縮させて表現しているのである。つまり、「人間」「存在」「理法」というそれぞれの用語に無限に深い思いを込めているのである。

まず「人間」という言葉は、その概念の外延が非常に広い。一人の個人を表わす場合もあれば、人間一般を総称する場合もある。また、生物界の一種族としての人類を表わす場合もある。

もともとこの言葉は、仏教における六道輪廻のひとつの段階を表わしており、餓鬼道、畜生道などの「道」という言葉がそれぞれの世界を表わすのと同じ資格で「ひとの世界」という意味である。つまり「人間」とはただ一個または複数個の個体としての「ひと」を表わすだけではなく、むしろ「ひと道」「ひと界」なのである。人間の「間」という言葉は、餓鬼道などの「道」に相当する。和辻はこの原義を応用して「人間」という言葉に「ひととひととが織り成す世界」というニュアンスを強く込めようとしている。したがってこの言葉を「じんかん」と読む読み方も意義深く受容されるわけである。

次に和辻は「存在」という言葉を分析して、「存」とは主体の自己把持であり、「在」とは人間関係においてあることを意味すると説く。だから「『存在』とはまさに間柄としての主体の自己把持、すなわち『人間』が己れ自身を有つ（もつ）ことである。（中略）従って存在とは厳密な意味においてはただ『人間存在』である。物の存在は人間存在から派生してくる『物の有』を擬人的に言い現わしたに過ぎない」（序論第一節）。

この流れを読むと、和辻が「存在」という言葉を、Sein（有ること、存在、または存在者一般）よりはむしろExitenz、つまり、人間の生存、生活、また九鬼周造が造語した「実存」という意味合いに強くひきつけて用いていることがわかる。

なおまた、この把握は、第二章「人間存在の空間的・時間的構造」にも深く連関していく把握であるが、「存在」のうち、「存」は人間が自己自身を時間的に維持すること、自己同一性を保つことであり、また「在」のほうは、人間同士の空間的な拡がり（彼はこれを「張り」という言葉で表現する）の可能性を意味すると考えられる。そして、両者相まって、または両者が相即することによって、「人間存在」の概念が基本的に満たされると言ってよい。

さらに、「理法」と言うとき、単に固定的な法則を意味しているのではなく、その修飾語である「人間存在」がどんな様相や形態の下に、どんな動的な構造の下に現われるか、また現われるべきかを解き明かしたものという意を含んでいる。そして重要なのは、この場合、その「理法」の把握自体が、形而上学的な観念操作によるのでも、あるいは現象学的な「純粋意識」の観照によるのでもなく、まさに主体的・共同的な自己認識にもとづくという点である。

和辻倫理学の大きな特徴のひとつは、あくまでもありふれた日常生活において私たちが自覚することなく行為したり互いに出会ったり話し合ったりしているような事実を、その理法の動的な表現として捉え、それらをどう解釈するかという問いに結びつけることを通じて、より明瞭な自覚にもちきたらすという点に求められよう。次の引用は、その方法的特色の高らかな宣言である。

《我々が日常生活と呼んでいるもの、それがことごとく「表現」として人間存在への通路を提供するのである。だから我々は最も素朴な、もっとも常識的な意味における「事実」から出発することができる。（中略）倫理学の課題へ入り込んでいく通路は最も家常茶飯的な事実（引用者注——和辻がここで例示しているのは、商品、交通機関、電話、ラジオ、知人との出会い、挨拶など）なの

である。かかる意味において我々の倫理学は、密接に事実に即する。》（序論第二節）

無限の弁証法的運動過程としての「全体と個」

和辻倫理学を正確に理解することにとって次に注意すべきなのは、「間柄」にもとづく人間同士の「実践的行為的連関」こそが人間存在の地盤を形成すると言ったときに、ややもすれば、人間の全体的関係が個人の存在を一方的に規定するとか、前者が後者に比べて価値的に優位に立つと説いているように誤解されやすいことである。ここに、「全体と個」「社会と個人」といった二元的な構図の問題が現われるが、和辻は、どちらかを価値優位的に選択するべきであるというような発想をけっして採らない。

この問題を、どちらかの選択の問題として捉えると、そこにはたちまち素朴な政治思想的問題に結びつく可能性が開けてしまう。たとえば明治初期に盛んであった国権か民権か、あるいは戦争期に露骨に現われる「国家のために命を捧げる」式の犠牲的精神を鼓舞する思想、またその反対思想として戦後有力となった「個人の命こそ最高の価値」などの抽象的な原理命題に安直に引きずられてゆく傾向に誘い込まれてしまう。しかし和辻は、そういうわかりやすいが単純な発想を常に周到に避けている。

和辻は言う。人間世界は、社会と個人との二重性において成り立ち、個は、全体からの離脱、すなわち全体の否定であり、人間存在の本質的契機のひとつとして必ずその立脚点を認められなければならないものであるが、さらに進んで、再びみずからを否定し、その本来的在り処としての共同存在に自己還帰する。こうした無限に続く否定の否定としての弁証法的運動の全体が人間のあり方である、と。

《人間が人である限りそれは個別人としてあくまでも社会と異なる。（中略）しかも人間は世の中である限りあくまでも人と人との共同態であり社会であって孤立的な人ではない。（中略）従って相互に絶対に他者であるところの自他がそれにもかかわらず共同的存在において一つになる。社会と根本的に異なる個別人が、しかも社会の中に消える。人間はかくのごとき対立的なるものの統一である。》（序論第一節）

人間が孤立的な人ではないことは、これまでの記述で十分解説されていると思うが、「否定の否定」、あるいは「対立的なるもの」の「弁証法的統一」の運動というような言辞は、ややもすれば観念論的な形而上学の臭気を漂わせていると感じられるかもしれない。また、容易に見抜くことができるように、こうした記述には、明らかにヘーゲル哲学の影響が見られる。影響というより、論理学・形而上学の方法としてこれを見れば、ほとんど引き写しと言われても仕方がないかもしれない。

しかし、和辻がこうした西洋形而上学的な論理を用いるのには、それなりの十分な根拠があってのことである。「倫理」という主題を人間存在の理法、すなわち「なかま」を形成する「すじみち」という仕方で規定した以上、それは初めから場所性、運動性、多様性、変動性などをはらんでおり、ある時代、ある社会における特定の道徳律のように、固定したものと考えられてはならない。一定の抽象的な概念の水準とも言うべきものがそこには予想されている。つまり、「倫理」とは、どの時代、どの社会にあっても、必ずその特殊性を通して実現される主体的・共同的な人間精神の「はたらき」と考えられなくてはならないから、当然、それは空間的な拡がりと時間的な延長とを、もともとその概念の成立条件として含んでいるのである。

彼はまた、ここが大事なところだが、単に西洋形而上学的な論理によってのみ人間存在の根底的あり方を捉えているのではない。用語は西洋的でも、その説こうとしている本意には、むしろ仏教哲学的な概念が核心をなすものとして導入されている。私は仏教哲学に関してはほとんど門外漢だが、それでも、次の引用群（かなり長くなるが）をよく噛みしめると、彼が仏教哲学の考え方を非常に巧みに換骨奪胎して取り込んでいることが想定できる。

《そこで中心問題となるのは、多数個別人格がいかにして一つの全体を形成しているかという点である。そうしてそれは（中略）個別人格の独立性の否定においてのみ可能であったのである。（中略）かかる個別人格の独立性の否定とは、個別人格が単に消滅することではない。独立的なるものが同時に独立しないこと、従って差別的（異）なるものがそれにもかかわらず、無差別的（同）となることである。（中略）共同とは異なるものが同ずることであり、全体とは同となれる異である。（中略）全体性が以上のごとく差別の否定にほかならぬとすれば、有限相対の全体性を超えた「絶対的全体性」は絶対的なる差別の否定である。それは絶対的であるゆえに、差別と無差別との差別をも否定する無差別でなくてはならぬ。従って絶対的全体性は絶対的否定性であり、絶対空である。すべての有限なる全体性の根柢に存する無限なるものはかかる絶対空でなくてはならぬ。そこでまた逆に、かかる絶対空を根柢とするがゆえに、すべての有限なる全体性における異にして同の統一が可能となるのである。従ってあらゆる人間の共同態、人間における全体的なるものは、個々の人々の間に空を実現している限りにおいて形成せられるということができる。

以上の結果は、人間におけるすべての全体的なるものの究極の真相が「空」であること、従って全体的なるものはそれ自身においては存しないこと、ただ個別的なるものの制限、否定としてのみ己れを現わすこと、などを示している。個人に先立ち、個人を個人として規定する全体者、「大きい全体」というごときものは、真実には存しない。社会的団体の独立の存在を主張することは正しいとは言えぬ。》

（本論一章三節）

この引用は、一方でシェーラーの「個別人格の独立性」の考え方を批判し、他方でタルド、ジンメル、デュルケームら、社会学者たちの「個人からの社会の独立性」の主張を批判する文脈において語られたものである。このように、和辻はいずれの場合も、全体と個、社会と個人との一方に偏らせて人間を捉えることの限界を指摘しているのである。

　人間存在の根底に「絶対空」なる概念を措定している点に、明らかに仏教的観念の応用が見られるわけだが、その応用の仕方はまさに和辻独特で、「現世は空しい」とか「煩悩から解脱せよ」といった仏教思想の傾きをいささかも漂わせてはいず、むしろ、「絶対空」を根底としてこそ、「全体の否定運動としての個」「個の否定運動としての全体への還帰」といった人間の動的・創造的あり方が根拠を有するという力強い認識を示す形となっている。

　また、一見全体の記述に矛盾するように思われる「個人を個人として規定する全体者」「大きい全体」なるものは真実には存在しないと説いているところも、じつは重要である。というのは、戦後の左翼的知識人などからしばしば誤解されてきたように、戦争期に書かれたこの書が、たとえば個人に対して国家のような実体的な「全体」を優位に立てる戦争迎合思想などではまったくないことが、これによってよくわかるからである。

　あらゆる集団、団体は個人を強制する要素をその成立条件として持つが、それは同時に個々人の内的結合、融合関係を含んでいると和辻は考える。「社会は本来この両面を持つものとして理解せられなくてはならない。すなわち個人の間の共同化的融合的な結合の事実が、同時に個人に対して強制を意味するのである。」（同前）

この指摘は私たちの生活実感にきわめてよく適合している。それだけ、深く厳しい現実認識であると言える。たとえばあまり明確な目的も持たない趣味的な読書会などのように、どんなに個々人の自由意志によって形成された集団であっても、集合場所や時間や何をテキストにするかについての約束、また議論がいくら白熱しても暴力に訴えてはならないといった黙契が存在するからである。

すでに述べたように、和辻倫理学では、人間における全体と個の関係の問題（具体的にはたとえば「国家か個人か」）を、選択の問題とは考えず、一方から他方への否定を重ねていく無限の弁証法的運動過程であると捉える。同じことを彼は、私たちの日常生活における常識に訴えつつ、次のようにも表現している。

《この間柄的存在はすでに常識の立場において二つの視点から把捉せられている。一は間柄が個々の人々の「間」「仲」において形成せられるということである。この方面からは、間柄に先立ってそれを形成する個々の成員がなくてはならぬ。他は間柄を作る個々の成員が間柄からその成員として限定せられるということである。この方面から見れば、個々の成員に先立ってそれを規定する間柄がなくてはならない。この二つの関係は互いに矛盾する。しかもその矛盾する関係が常識の事実として認められているのである。》（本論第一章第一節）

ここで常識の例として挙げられているのは、家族とその成員、友人と呼ばれる資格を持つ個人と友人関係と呼ばれる間柄などであるが、最も簡単な例で言うと、学生という個々人がいなければ「倫理学」の講義はできないが、「倫理学」の講義の行なわれる場所と時間が確定していなければ、個々人たる学生はそのしかるべき場所と時間に集まってこないといった場合が考えられる。どちらがどちらに先立つという一方的な規定はできないのである。常識はそのことを論理的な矛盾などお構いなしに、まさに無意識的に「実践」しているのだ。

他のところではまた、全体から切り離された「個」なる概念は、それ自体として空虚であり、同じように「個」をその契機として持たない「全体」もまた空虚以外の何物でもないと説かれている。まさに関係あっての「個」であり「全体」である。

この捉え方は、特に個人としての「自分」「私」などがどんな存在かと考えるときに、非常によく実感できる捉え方である。小林の「Xへの手紙」にもあったように、人はだれかとの具体的な関係に置かれていないときに自分はどんな存在かと考えるのは、たいへん空しいことなのである。

ところで、和辻のこの周到な捉え方は、心理学者・ウェルトハイマーやコフカなどが提唱したゲシュタルト心理学や、生理学者・ゴルトシュタインが提唱した行動における身体各部の全体的な参加の理論を連想させる。彼らの活躍は、それまでの要素主義的な理論に真っ向から反対するところから生まれたのであった。彼らの論理はある心理現象なり身体の生理現象は、分解されたそれぞれの要素が集合して全体の現象を形作るのではなく、むしろ全体が要素に先立つこと、分解された各要素の算術的総合によっては、全体の統合された形態や動きや体制がなぜ成立するのかを説明できないことを証明しようとしたものである。

わかりやすい例で言うと、平行に置かれた同じ長さの二本の線分の両端に、それぞれ斜め方向に広がる半直線と収縮する半直線とを二本ずつ書き加えると、初めの二本の平行線分は、前者のほうが後者よりも長く見えるという、誰でも知っている錯視の現象がある。

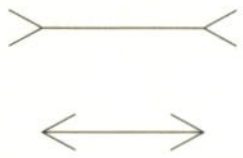

この現象において、それぞれの線分という要素に分解して長さを測定してみても、まさに錯視という事実があったことがわかるだけで、錯視という現象そのものの起きる理由を説明することはできない。後から書き加えられた半直線と初めの線分との「全体的な関係」こそが、まさに錯視現象を説明可能とさせるのである。

しかし、こうした全体観的な論理は、要素主義への反論としてはきわめて有効だが、それは要するに一方から他方へのカウンターにすぎない理論であって、本当は和辻の説くように、論理的矛盾そのものを「連関」のあり方のひとつとして常識が受け入れているという事実に気づくほうが、思想のレベルとしては一段高いと言える。

哲学者のメルロ＝ポンティは『行動の構造』の中で、ゲシュタルト心理学や、ゴルトシュタインの全体観的生理学の価値を認めながら、その難点を克服すべく格闘している。また、心理学者の下條信輔氏は、『「意識」とは何だろうか――脳の来歴、知覚の錯誤』の中で、知覚における錯覚の現象を、単なる捨てるべき錯誤と考えずに、生命体としての私たちが生きていくために、何らかの有効性や意味を持った現象であるとして再評価している。錯覚としての「立ち現われ」が、全体の体制なのである。私もこの考えに賛成である。これには大森荘蔵もおそらく賛意を表したであろう。

同じように、和辻の、論理的矛盾を矛盾ぐるみ常識的に受け入れている私たちの「実践的行為的連関」こそが、論理的二元対立の地盤をなしているのだという考え方のほうが、選択の問題として全体と個の関係の問題を処理するよりもはるかに優れているのである。

そういうわけで、一見、実生活とかけ離れた形而上学を弄しているかにみえる和辻の「否定の否定という無限の運動過程」「弁証法的統一」といった人間観は、常識に照らしても的確なのであり、倫理学の方法的原理を提供するものとして大きな意味を持っているのだ。

倫理と道徳は何が違うか

ところでふつうに「倫理学」とは何かと問われれば、それは人間がどうあるべきかを探求する学だというふうに答えておいて大過あるまい。だがここには、二つの問題がすでに伏在している。

ひとつは、「人間とはかくある存在である」という、「有＝Sein」としての側面だけを押さえれば、その目的は達せられるのか、それとも「当為＝sollen」や「理想」としての人間像を打ち出すところまで行かなければ目的は達せられないのか、という問題である。

和辻自身は、この問題について、序論では次のようにあっさりと答えている、つまり両方であると。

《団体は静的なる有ではなくして、動的に、行為的連関において存在するものである。前に一定の仕方によって行為せられたということは、後にこの仕方をはずれることを不可能にするものではない。従って共同存在はあらゆる瞬間にその破滅の危険を蔵している。しかも人間存在は、人間存在であるがゆえに、無限に共同存在の実現に向かっている。そこからしてすでに実現せられた行為的連関の仕方が、それにもかかわらずなお当《まさ》に為《な》さるべき仕方としても働くのである。だから倫理は単なる当為ではなくしてすでに有るとともに、また単なる有の法則ではなくして無限に実現せられるべきものなのである。》

少々すっきりしすぎているという感じがしないでもなく、何となくはぐらかされているという感じも伴う。この両方の感じが残るために、じつはそんなにすっきりと答えてはならないのではないか、もう少し倫理とは何かという問題について、「有」と「当為」との関係という角度から問い続ける必要がありはしないかという疑問も湧いてくる。

しかし、いまそのことはしばらく措くとしても、次のような思想上の問題が生ずる。和辻が序論で整理した右の表現に対して、彼自身の倫理学の実質的部分は、果たしてどこまで忠実であるか。後に第二章「人間存在の空間的・時間的構造」および第三章「人倫的組織」に関して具体的に検討するように、私はこのことにかすかに疑問を抱いている。

端的に言えば、和辻倫理学は、総論的構えにおいて反論の余地なき整合性と徹底性とを具えているが、具体的な共同態に即して論じていく部分において、少しく既定の「有」に即《つ》きすぎて事足れりとしているのではないかという疑問が拭えないのである。

というよりも次のように言ったほうが正確である。

和辻は、当為あるいは理想として提出しているはずの概念を、あたかも現実の中にはそういう形以外にありえようもない既定の「有」であるかのような論じ方をしているのではないか(たとえば「信頼」という概念が社会形成の基盤であるという論理)。

このことがあるために、人間の歴史が示してきた暗黒面との葛藤に触れなすぎるのではないかという新たな疑問も湧いてくる。あるいはむしろ、暗黒面との葛藤に触れることを避ける思想体質を持つがゆえに、右のような傾向を示してしまうのかもしれない。この点への注視が希薄であると、そもそも「倫理」という重要な概念を常に緊張感のある概念として保たせることが難しくなってくるのではないかと思うのである。

「倫理学」とは何かという問いが出されたときに含まれているもうひとつの問題とは、ネットなどを覗くとよく話題となっていることがわかるのだが、そもそも倫理と道徳とはどう違うのかという問題である。

なぜ多くの人がこの問いに関心を抱くのかをまず考えてみると、そこには単なる知的関心とは違ったものが流れていることが想定される。

両者は大きく重なる部分を持つように見えながら、実際の使用において、文脈上、どちらの用語を使うのが適切であるのかについて判断を誤ることはまずない。「倫理学」という学問はあっても、「道徳学」という学問は成立しがたいだろう。組織の秩序をきちんと維持するために「倫理委員会」を設けることはあっても、その同じ機能を持つ委員会を「道徳委員会」とは呼ばないだろう。

こうした使用における相違が世間においてはちゃんと守られているのに、ではその違いを言葉で明確に言ってみろと言われると、ハタと戸惑ってしまう。こうしたことも、ひとつめの問題と深くかかわっていると思う。

これに対しては和辻自身は明確に問題にしていないが、さまざまな答え方が可能であろう。ちなみに私自身はこれまで次のように考えてきた。

両者の違いをはっきりさせるには、現象学で言うところの「本質看取」という方法が適切である。右に例示した使用例の違いを並べてみるのもその方法のひとつだが、また、以下のようなやり方もある。一方にあって、他方にないもの、ある事象が道徳的とは言えるが倫理的とは言えない場合、その逆の場合などを列挙していくのである。

・道徳は具体的な禁止と命令によって成り立つが、倫理はア・プリオリにはそういうものを持たない。

・道徳は法との対比（前者は内面の規範、後者は外的な規範）で対等に論じられることが多いが、倫理はむしろ法の構成を考えるときの思考基盤として、法をも広く包摂する。

・道徳は固定的・静的であるが、倫理はむしろ「たえず動く精神」と考えられる。

・道徳は文化によって異なる相対性を持つが、倫理はどんな時代どんな社会にあっても必ず人間生活の根底で作用しているという意味で一種の絶対性、抽象性を保存している。

・人に優しく親切で弱い者を救ってくれる人のことを「道徳的な人」とは言うが、「倫理的な人」とはまず言わない。

・たとえば、ニーチェや『罪と罰』のラスコーリニコフを反道徳的思想の持ち主と呼ぶことはできるが、彼らは反面、道徳問題で苦悩して頭がおかしくなるところからして、きわめて倫理的な突き詰めを行なっているとみなして差し支えないと考えられる。

以上のように考えてくると、ほぼ両者の相違が総体として鮮明になってくるだろう。結論として、道徳とは、ある共同性の中で固定された内面的戒律である。これに対して、倫理とは、それら諸道徳のあり方の妥当性をたえず問い続ける、人類にとって普遍的な精神活動である。だからこそ、人間社会ではどこでも、「何が倫理的であるのか、何がより正しいすじみちなのか」という問い、すなわち「倫理学」（「学」とは問い続ける営みである）が成り立つ場所があるのだ。

和辻倫理学における善悪の原理

ところで、倫理学が「人間にとって何が正しいことなのか」をたえず問い続ける普遍的な精神の営みなのだとすると、ある一定の形で確立された倫理学には、たとえそれが最終的な答えを提供しているのではなくとも、「善悪とは何か」という問いに対するひとつの考え方、答え方が含まれているのでなくてはならない。和辻倫理学においては、その基礎的な人間把握の方法からして、どのような答えが必然的に導き出されてくるだろうか。

再び繰り返すと、和辻は、人間の本質を「間柄」的存在として把捉する。「間柄」を媒介するものは長い歴史的過程を積み重ねてきた「実践的行為的連関」である。それは抽象的には全体と個との無限の弁証法的運動として捉えられ、より具体的には、それぞれの人間における社会性と個人性との矛盾の統一として捉えられる。

この原理から、和辻は、善と悪を次のように規定する。

《人は何らかの共同性から背き出ることにおいて己れの根源から背き出る。この背き出る運動は行為として共同性の破壊であり自己の根源への背反である。だからそれは共同性にあずかる他の人々からヨシとせられぬのみならず、自己の最奥の本質からもヨシとせられぬ。それが「悪」と呼ばれるのである。してみれば、ヨシとせられぬ感情があるがゆえに悪が成り立つのではなく、行為自体が背反的性格を持つことによってヨシとせられぬのである。（中略）何らかの共同性から背き出ることにおいて己れの根源から背き出た人は、さらにその背反を否定して己れの根源に帰ろうとする。この還帰もまた何らかの共同性を実現するという仕方において行なわれる。この運動もまた人間の行為として、個別性の止揚、人倫的合一の実現、自己の根源への復帰を意味するのである。だからそれは共同性にあずかる人々からヨシとせられるのみならず、自己の最奥の本質からもヨシとせられる。それが「善」である。してみれば、ここでもヨシとする感情に基づいて善の価値が成り立つのではなく、行為自体

がその本源への還帰の方向であるがゆえにヨシとせられるのである。》（本論第一章第五節）

この部分だけを読むと、共同性から背反することが「悪」であり、共同性への復帰の方向を持つことが「善」である、というふうに浅く解釈されやすい。そう解釈しても、まったくの的外れとは言えないが、もしそのように解釈すると、次のような反論を許してしまうことになるだろう。

第一に、どんな現実的な共同性も有限相対的なものにすぎないのだから、そのようなものからの背反自体が「悪」であるならば、同時に「悪」そのものの絶対的な本質を言い当てることにはならなくなってしまう。

第二に、これまで和辻自身が説いてきたところによれば、全体性からの背反として個別化することには、人間存在の無限の運動の一契機として積極的な意義が込められていたのであるから、単純に「悪」と決めつけることはできないはずである。実際に自分の属する共同性に対して「これは悪しき共同性である」という自覚を持った個人が、その共同性から背反する行為は、むしろ「善」である場合もあると考えられなくてはならない。

言うまでもなく和辻の「善悪」規定は、これらの反論可能性をきちんと見越していて、もう少し複雑である。次の引用を見よう。

《絶対的否定性の自己還帰の運動は、自己背反の契機なしにはあり得ない。愛の結合や自己犠牲は善とせられるが、しかしこの善があり得るためにはまず個人の独立化すなわち悪がなくてはならぬのである。そうすれば悪は善を可能にする契機であり、従って悪ではなくなる。（中略）そのごとく個人の独立なくしては人倫的合一も実現され得ない。（中略）その限り個人の自覚は善であり、全体性よりの離脱も善である。否定の運動が動的に進展して停滞しない限り、善に転化しない悪はないのである。（中略）独立化の運動はその背反的な性格においてはあらゆる悪の根源であり、還帰運動の契機としてはあらゆる善の必須条件となるものであるが、背反をさえなし得ずして停滞する人間存在は、また還帰をもなし得ぬ。すなわち悪に堪え得ぬ者は善をも実現し得ない。独立化の運動を停止して共同性の中に眠るのは、畢竟人間存在の自覚的本質の喪失であり、従っていわゆる「畜群」への顛落である。（中略）しかし、また他の場合には、独立性の止揚すなわち否定の否定による還帰運動の停滞（中略）が見られる。（中略）それは一時的な否定において否定の動きを停滞せしめることにほかならない。そうしてこの停滞とともに背反の積極的意義は失われてしまうのである。背反が還帰の運動の契機として善を成り立たしめるのであるが、その連関から引き離された場合には、もはや善に転化し得ない悪の根源となる。それは悪の固定であって、古来極悪とせられるものに相応する。》　（同前）

ここでは、「停滞」という新しいキーワードが出現し、単なる全体性からの背反や離脱ではなく、ただ背反のうちに停滞し、何ら還帰運動の契機となりえない状態こそが「悪」であると規定しなおされる。同時に、独立化や背反が還帰運動の契機としての意義を持つ限りそれはむしろ「善」なのである。さらに興味深いことに、和辻はここで、逆に共同性の中にただ眠り込んでしまう停滞の状態に対しても「畜群」というネガティヴな形容を与えている。こうして、共同性の内部においても、そこから背反した状態においても、「善」と「悪」の契機は両義性として存在するわけである。共同性から個人へ、個人から共同性へと展開しゆく人間存在の本来的な運動過程を「停滞」させることが、絶対的な「悪」なのである。

さて私は、このくだりを読んだとき、「善悪」とは何かという難問を見事に解いてみせた和辻の論理性と洞察力のすごさに深い感動を味わった。他にこれほど優れた善悪規定を寡聞にして私は知らない。決定版と呼んでも過言ではないと思う。

この善悪規定が通俗的な善悪概念（倫理的思考によるのではなく、道徳的規定にもとづく）と比較していかに優れたものであるか、その理由をできる限り列挙してみる。

①善悪相対主義を克服している。

世に既成の道徳律にもとづいて素朴な善悪概念で思考停止してしまう立場もあれば、その立場に、いささかの怜悧さを用いて冷水を浴びせる相対主義者もいる。しょせん善悪と言ったって、ある人や社会が善と考えることを、別の人や社会は悪と考えることもできるのだから、最終的には好みの問題というほかはない、といったシニカルな言説が後者の立場である。

だがこれもまた思考停止である。なぜなら、人間が社会を構成し、その社会をだれにとってもより良いものにしようと努力している事実が厳然としてある以上、その努力そのものには、何らかの絶対的な根拠が存在しなくては理に合わないからである。多くの人たちは、その具体的な実現のさせ方はさまざまであれ、なぜなるべく「善く」あろうとするのか。また一部の人たちは、なぜ「悪」と呼ばれる方向に走ろうとするのか。「悪」に走ろうとする人は、なぜそれが「悪い」ということを知っているのか。

けだし、楽園のアダムとイブやしつけられる前の幼児は、「悪」の自覚を持たないため、すべての行為を自然に行なうのみであって、神や大人からそれは悪いことであると難詰されることによって善悪のけじめを吹き込まれるだけなのである。だから、幼児に対して、「そういうことをしてはいけません」とたしなめる大人はもとより、自覚的に「悪」をなす人も、「善悪」概念には絶対的な規定が可能であるということを、彼の行為自体を通してどこかで知っているのである。和辻の善悪規定は、その絶対性を担保できている。
②特定の行為そのもの（たとえば殺人）だけを指して、絶対悪とすることはできないという真理が、よくわきまえられている。
「汝殺すべからず」という禁止規定は、倫理学的規定ではなく、道徳的規定である。というの

は、ある行為そのものは、初めからよいか悪いかが決められているわけではなく、特定の文化、特定の社会、特定の状況との関係によってその価値が決まってくるからである。言うまでもなく道徳的規定は相対的である。平和な共同体の中での殺人はほとんど必ず「悪」とされるが、戦争状態で敵を殺すことは名誉なこととされる。個人の正当防衛による殺人や、死刑を合法的としている国での死刑執行は「悪」ではない。これらはいずれも自己防衛・社会防衛という意味で「善い」ことを行なっているとされるのである。

和辻の善悪規定は、こういう問題に直接触れていないが、まさに道徳の相対性を知悉しているがゆえに、意図的に異なる方法を取っているのである。そしてそうすることによって、具体的な行為のあれこれをそれだけとして取り上げて、善悪判断を決定づけることはできないということを裏側から証明しているのである。

③これまで、善悪を絶対的に根拠づけようとする倫理思想には、イデア主義、理性絶対主義、功利主義、道徳感情の生得性からの基礎づけなど種々存在したが、逆にこのようにさまざまな善悪の基礎づけが可能であるという事態そのものが、相対的状況にさらされており、この試みの難しさを象徴している。しかし和辻の善悪規定は、人間存在がどういう本質を持っているかという人間論哲学から必然的に演繹されているため、もしこの「間柄」と「実践的行為的連関」と「全体と個との弁証法的な運動」の哲学が人間を総体として把握する拡がりを持つなら

ば、これまでのさまざまな倫理思想を包括しうる力を持つことになる。

ところで、これまで祖述してきたように、少なくとも私には、彼の徹底した関係論的・動態的人間把握は、そのような拡がりを十分に持つと思われる。ゆえに、右に挙げたいくつかの倫理思想が持つ難点（ここではそれについては述べない。機会を改めて論じるつもりである）を克服しえていると考えられる。

④共同性からの背反・独立そのものを「悪」とはみなさず、むしろ「善＝本源への還帰の運動」へと向かう否定的契機とみなし、背反や独立への固着と停滞を「悪」として、返す刀で創造性を扼殺する共同性への眠り込みを「畜群」への顚落と規定する和辻の倫理思想は、私たちの生活実感に見事に適合している。

たとえば、平和時における殺人や窃盗などが、古来どこの国でも「悪」とみなされるのはなぜかを考えてみよう。

平和と安寧の維持を支えているのは、共同体内の法秩序やよき慣習（道徳）である。和辻の指摘どおり、そこには強制と融合との両面の作用がはたらいている。このあり方は多数者の無言の承認がなければ成り立たないので、この状態を攪乱（攪拌）する者は、当然、個人あるいは部分集団に限られる。しかしたとえその時代や社会の平均的見地から見て攪乱であったとしても、そのことだけでは必ずしも「悪」と決めつけることはできない。十字架に架けられたイエスや大化の改新のような例があるからだ。

だが、その攪乱行為が単なる私的殺人、単なる窃盗などであったらどうだろうか。この種の行為は、法秩序やよき慣習の破壊以外にどんな発展的意味も持たないだろう。すなわちそれらは、背反や独立への固着と停滞以外の何物でもない。ここにおいて、行為そのものの、共同体からの背反性、独立性自体が「悪」なのではなく、その状態への「停滞」こそが悪なのだという和辻の論理の妥当性が実証されるだろう。

また、発展の停止した共同性への眠り込みを「畜群」への顚落とする論理もきわめてよく私たちの生活感覚や歴史感覚に適合している。

たとえば、既成の官僚体制などがあまりに長きにわたって刷新されないと、必ず贈収賄などの横行する利権集団へと腐敗の道をたどるということは、昔からよく知られた事実である。また、十九世紀までの日本以外のアジア諸国は、永らく全体として伝統的な共同社会として眠り込んでいたために、産業の発展を見ることができず、その結果、欧米帝国主義の進出によってほとんどが植民地化、半植民地化されてしまった。まさに「畜群」への顚落である。

⑤先の二つの長い引用の初めのほうは、シェーラーの、道徳感情や価値感情から善悪の原理を見出そうとした倫理学への批判から直接導き出されている。文中に「ここでもヨシとする感情に基づいて善の価値が成り立つのではなく、行為自体がその本源への還帰の方向であるがゆ

えにヨシとせられるのである。」とあるのはそのためである。

この批判については割愛するが、ごくふつうに考えてみても、そもそも道徳感情や価値感情といった人格の一部が善悪の原理になるという論理は、本末が転倒している。高潔な人格の持ち主の道徳感情、価値感情は、善悪の原理の原因ではなくむしろ結果として個人の中に根づいたものである。これを私たちはふつう「良心」と呼んでいるが、良心は初めから存在したものではなく、共同態としての人間が歴史過程を通して徐々にみずから根づかせていったものにほかならない。

近年の例でこれを示すなら、たとえば、戦争は悪であるという思想が根づいてきた（いまだ完全に根づいてはいないし、果たして根づかせる必要が絶対にあるかどうかも疑問だが）のは、歴史的に見てかなり新しいことで、少なくとも第一次世界大戦におけるヨーロッパの悲惨な総力戦以前にさかのぼるものではない。

またたとえば、法的社会的人格としての男女平等の思想が公正に適うこととして根づいたのも、きわめて記憶に新しいことは、よく知られているところだろう。

このように、感情は歴史的社会的に作られていくのであり、道徳感情（良心）は、善悪の原理をなすのではなく、逆になぜ一定の道徳感情や価値感情が存在するのかが説明されなくてはならないのである。なぜなら、道徳感情が存在するということは、すでにその持ち主が善悪の原理について知っているということを意味するからである。

和辻はこれに対して、「人間存在の理法」を善悪の原理とする。

この関係論的・動態論的な理法が根拠となって、その総体としての構造の中からさまざまな価値感情が生まれてくるのである。和辻は直接そのように説いてはいないが、このように考えることが、彼の倫理思想に適うことは疑いない。

たとえば不平等よりは平等のほうが理念として善いという思想や感情がなぜ生まれてくるかと言えば、それは人間が、生産活動や商取引や政治活動などの「実践的行為的連関」を通して、極端な格差が共同社会の存続そのものを危うくしひいてはそこに属する個々人をも危機に陥れるという知恵をみずから育んできたからである。

和辻は「本源への還帰」へと向かう無限の運動が人間存在の本来的あり方であり、全体からの背反と全体への復帰とをひとつの連続過程であると捉えているから、背反それ自体は常に善悪どちらの契機にもなりうる両義的なものであるという論理を徹底して貫いていることになる。そのため背反それ自体ではなく、背反の固定化すなわち「停滞」による、還帰の運動との連関からの引き離されこそが「悪」であるという規定となっている。

このように、善悪に関する和辻の考察には人間存在とは何かという確固たる哲学的・形而上学的裏づけに基礎づけられているのである。抽象的で難解との印象から哲学的・形而上学的な思考を退けがちな読者は、具体から抽象へ、抽象から具体へと往復する和辻的な思考スタイルをきちんと追認しさえすれば、必ずその重要性を再認識するはずである。

人間同士の信頼はなぜ成り立つのか

では、和辻が「本源への還帰」という場合の「本源」とはいったい何を意味しているのであろうか。彼の人間存在の本質規定からすれば、それはやはり「間柄」としての人間本質、関係存在としての人間本質を表わしており、本源への還帰とは、そうした人間本質への「帰来」ということになるであろう。「存在の本来のふるさと」と呼んでもよい。

和辻倫理学のもうひとつのキーワードとしてよく取り上げられる言葉に「信頼」がある。本論第二章第六節において、彼は「人間関係は同時に信頼の関係なのであり、人間関係のあるところに同時に信頼が成り立つのである」と述べ、その少し前の部分で、この信頼の現象がなぜ成り立つのかについて次のように記している。

《信頼の現象は単に他を信ずるというだけではない。自他の関係における不定の未来に対してあらかじめ決定的態度を取ることである。かかることの可能であるゆえんは、人間存在において我々の背負っている過去が同時に我々の目ざして行く未来であるからにほかならない。我々の現前の行為はこの過去と未来との同一において行なわれる。すなわち我々は行為において帰来するのである。その行為の背負っている過去はさしずめ昨日の間柄であるとしても、その間柄は何かを為し、あるいは為さないということにおいて成り立っていた。そうしてその為し、あるいは為さないことは同様に帰来の運動にほかならなかった。従って過去は無限に通ずる帰来の運動である。またその行為の目ざしている未来はさしずめ明日の間柄であるとしても、この間柄がまた何かを為し、あるいは為さないことによって成り立つはずなのである。だからそれもまた帰来の運動として無限に動いて行く。現前の行為はかかる運動を背負いつつかかる運動を目ざして行くのである。この行為の系列全体を通じて動くものは否定による本来性への還帰の運動にほかならない。現前の行為はこの運動の一環として帰来という動的構造を持つのである。だからそれがいかに有限な人間存在であっても、本来性より出でて本来性に還るという根源的方向は失われない。我々の出て来た本が我々の行く先である。すなわち本末究境等である。ここに不定の未来に対してあらかじめ決定的態度を取るということの最も深い根拠が存するのである。》

このようにして、人間同士の「信頼」が可能なのは、そもそも未来へ向かっての行為というものが過去の行為的連関の関係を条件としながら常に人間の本来性から出て本来性へ帰り来るところに成り立つという事実を根拠としている。この「信頼」解釈もまた彼の人間理解から直接に導き出されているが、ここでの「本来性」「本」という概念は、先の「本源」と同じと考えてよい。

この「信頼」成立の根拠に関しては、それ自体として正しいことが言われているが、強いて言えば、やや決定論的な匂いがする。というのは、人間の行為（和辻の場合、すべての行為は人間関係行為、間柄行為である）が、そのつど完結をみる（うまくいく）限りにおいてそこには「信頼」がはたらいているということは疑いもなく言いうるが、いつも信頼を媒介にして行なわれるかといえば、それにはいくらでも疑いをさしはさむ余地があるからである。

ただし和辻の名誉のために言っておくと、彼は別にすべての行為の根底に信頼があるとは言っていないので、ここではなぜ信頼というものが「間柄」の媒介となりうるのかを説明しているにすぎない。むろん、信頼にもとづいて未来へ自分を投企したとき、それが裏切られることはいくらでもありうる。そんなことは和辻とて先刻ご承知であろう。

それでも引っかかるのは、次のようなことである。

私たちが行為、すなわち関係への自己投企を行なうとき、じつはただ「信頼」のみによって行なっているのではなく、常に必ず、いくらかの「不信」を繰り入れながら行なっているという事実が、ここでの和辻の根拠づけからは導き出せないのである。

もしこの事実がなくて、いつも本来性へ帰り来ることができるのであれば、行為にともなう「不安」の発生根拠が今度は説明できなくなるのではないか。「不安」は、ただ本来性から個人として背き出ることによってのみ発生するのだろうか。そうではなく、私たちは逆に関係行為そのものに必然的に「不安」を随伴させているのではないか。人同士の間で投企すること自体が「不安」という特性の生みの親なのではないか。

もう少し修辞的な言い方をすると、私たちは行為において、純粋な「信頼」を媒介としているのではなく、むしろ、いつもいくらかの「不信」をも「信頼」しつつ（計算済みで）何かを為したり為さなかったりしているのではないか。

たとえば本屋で本を買う。ただお金を出せばよいのだから、別にほとんど不安など感じないだろうが、絶無かといえばそうではない。こちらがお金を出す瞬間と、店員が商品を包んで渡してくれる瞬間が完全に同じということはありえないことを私たちは知っている。知っていながら、相手が確実に商品を渡してくれるだろうということを「信頼」しながらお金を出すのである。もちろん店員の側も事情は同じである。するとこの行為には、そもそもの初めから、あるかなきかの微小な「不安」がともなっているが、それはなぜかと言えば、この「信頼」の中に構造的に「不信」が含まれているからではないか。

あらゆる行為、すなわち関係への自己投企は、それが「未来に向かって」という本質的特性のゆえに、いくらかの「不信」（特定の他者に対するものだけではなく、自己不信をも含む）を行為実現のための必須条件としていると考えられる。

ところで、なぜこんなことを問題にするのかといえば、考え方次第によっては、「不信」があらかじめ「信頼」の中に織り込まれてあればこそ、人は倫理的な構えを必要とするとも言えるからである。なぜなら、倫理的な精神の存在の普遍性は、それが行為にともなう不信を打ち消してくれる可能性を持っていることによって保証されるからである。「不信」は再び和辻の好きな言葉で言えば、「信頼」の否定態であるが、しかしこの否定態こそが逆説的に人倫を支えていると考えることも不可能ではない。

さて以上のように考えてくると、和辻倫理学において純粋な「信頼」概念をキーワードとしてあまりに前面に押し出すことは、倫理学そのものが具えるべき自由な動態性をいささかそぎ落とすことにならないだろうか。言い換えると、この疑いが、和辻倫理学は当為あるいは理想として提出された概念をあたかも既定の「有」であるかのように論じすぎるのではないかという、先に述べた疑問につながるのである。この点は最後にもう一度取り上げることにする。

ハイデガーの「本来性」とは逆

さて、話題の方向はまったく異なるが、ここで出て来た「本来性」という概念について、ハイデガーとの絡みで読者の注意を喚起しておきたいことがある。これは、人間理解の根底にかかわる問題である。

端的に言えば、和辻の「本来性」とハイデガーのそれとは、まったく逆であると言ってよい。そして結論から言えば、この問題に関して私ははっきりと和辻に軍配を上げる。

ハイデガーにおける本来性とは、次のようなことである。

世間の人々が平均的な日常性を生きているとき、自分がやがて死すべき存在であるということの意義を直視せず、その事実の周りにさまざまな自己隠蔽の装置を張り巡らす。彼の指摘ではそれは三つあって、空談と好奇心と曖昧性である。これらの支配によって世間の人々は、さしあたりいつも公開された「共同空間」の下《もと》へと落ち込んでいられる。この状態を彼は「頽落」と呼ぶ。そしてこの頽落の状態は、ハイデガーの指摘では現存在＝人間の非本来的なあり方なのである。

それでは現存在の本来的なあり方とはどういう状態か。それは、この公開された共同空間の隠蔽的な性格から遠ざかって、死を、その本質である「現存在の最も自己的な、没交渉な、確実ではあるが不定な、追い越しえない可能性」として直視し、そこに立ち返ることである。そのことによって現存在は先駆けて死というこの未来の可能性を現在に引き寄せることができる。そしてこの覚悟性（あらかじめ自分の避けられない運命に対して腹を固めるということであろう）によって、はじめて「良心の呼び声」が聞こえてくるという。

ここで言われる良心の呼び声とは、明らかに人間が真の倫理性に目覚めるということである。

したがって、ハイデガーは、倫理の立ち上がる場所を、日常的な人間交流のさなかに求めず、逆にひとり孤独に死と向き合う地点に求めていることになる。

私はこの捉え方に対してずっと違和感を抱いてきた。だから自分なりに何度も何度も彼のこの部分を批判してきたのである（詳しく知りたい方は、拙著『癒しとしての死の哲学』『人はなぜ死ななければならないのか』などを参照）。

私の考えでは、人間が死によって根源的に規定されている存在であるというハイデガーの考え方それ自体は正しいが、もしその考え方を本当に貫くなら、私たちの共同的・日常的な生き方の中にこそ、死の規定性がすべて埋め込まれていると考えるべきである。すなわち企画や約束が人間だけに可能であること、言語や情緒によって共感世界をたえず確認していること、家族を営むこと、など。こうして人間にとって死は生の反対物ではなく、かえって人間的な生を可能にする本質的な条件なのである。

そして、まさにこうした普遍的な振る舞いや営みのさなかから倫理性が立ち上がるのである。なぜなら、倫理とは、和辻の指摘を待つまでもなく、関係存在（間柄存在）としての「人間」のあり方から必然的に要請される精神の構えだからである。この観点からは、「孤独な死との向き合い」から倫理性を導き出すハイデガーの方法は、人間を孤立した個人として捉える誤謬に陥っており、かつまた、キリスト教神学の現代ヴァージョンにほかならない。

さて私はこのハイデガー批判をほぼなし終えた後に、和辻の『倫理学』でハイデガー批判の箇所に触れ、その類似性に驚くとともに、その周到さ、徹底性に思わず感嘆したのであった。では、その該当部分（何カ所もあるが、最も重要な指摘をしている部分だけ）を書き出してみよう。

《しかるにハイデッガーは自他の間の主体的な張りを全然視界外に置き、死の現象を通じてただ「自」の全有可能性をのみ見るのである。従ってそこから人間存在の本来性と非本来性とについての全然逆倒された見解が生じてくる。（中略）右のごとき本来性の逆倒は「死の覚悟」の意義を充分理解せしめなかった。ハイデッガーの「死の覚悟」に現わるる本来の面目は、あくまでも「個人」のそれであって「人間」のそれではない。死の覚悟は自他の連関の中において初めてその真義を発揮する。それは自発的な自の放擲として、自他不二への通路となり、慈悲の行に究極するがゆえに、初めて「人間」の本来の面目を開示するのである。（中略）また彼は負い目あることを規定するに当たっても通例社会的に現われる負い目の現象から全然社会関係を排除することによって負い目の存在論的規定を得ようとする。（中略）この規定は他人との連関を抜き去ったものであるから、そこから他人に対する関係が出てくるはずはない。負い目が他人に対する関係であるためには、右のごとき負い目の規定のほかに自他関係そのものが加わって来なくてはならない。（中略）そのとき初めて個人存在の有限性が他人に対する負い目の可能根拠であると言われ得る。(中略) しかるにハイデッガーは、「果たすべきもの」が単に個人の死に過ぎず、良心の声によって負い目の可能性に呼び覚まされることが単に死の覚悟に過ぎないことを主張しつつ、しかもそれらが道徳性の存在論的制約をなすと説くのである。これは神と人との関係から道徳性を説いた中世的な立場からただ神だけを抜き去って説こうとする抽象的な考えであって、道徳性の真相に触れるところがない。》(本論第二章第四節)

ひと言つけ加えれば、和辻のこのハイデガー批判には、とりあえずその当否を棚に上げるとすれば、キリスト教文化圏で長く培われてきた「個人と神」との関係にのみ倫理性、道徳性の根拠を置こうとする全体的な傾向への痛烈な違和感が象徴的に現われているのである。

だからその違和感は単なるハイデガー批判にとどまらない。近世から近代にかけての哲学者、パスカルやカントやキルケゴールなども、この批判の範囲内に収まってしまうのである。

この引用の中の「負い目が他人に対する関係であるためには、右のごとき負い目の規定のほかに自他関係そのものが加わって来なくてはならない。そのとき初めて個人存在の有限性が他人に対する負い目の可能根拠であると言われ得る。」という部分で、和辻が何を言いたいのかをよく考えてみよう。

人間は現世において関係を背負いながら、しかも個人としてはそれぞれバラバラに死んでいく存在である。たとえば借金を抱えつつ、それを未済のままに死んでしまうことがありうる。つまり「個人存在の有限性」が逃れられない事実としてあるために、具体的な「関係」のほうはどうしても完全に清算するわけにはいかないのである。誰もが人間として抱えるそういう根源的な不条理によく目を凝らすならば、現世における自他関係と個人死（または離別）との処理のつかなさの感覚こそが、倫理道徳の発生場所なのであって、ハイデガーのように「本来性（自己に帰ること）」なる抽象をほどこしたうえで、その囲いの中に「道徳の根拠」を定位することは、現実の「負い目」の成立事情を隠蔽することにほかならない。おそらく和辻は、そう言いたかったにちがいない。

これはわかりやすく単純化して言えば、西洋においては現世の具体的な人間関係を捨象して、神と個人という「タテ」の関係に善悪の根拠を求めるのに対し、日本では、あくまでも「世間」の具体的な人間関係を捨象せず、現実的な「負い目」から地続きに、いわば「ヨコ」の関係に善悪の根拠を求めるのである。

ただし、思想的な価値の優劣を度外視してこう言っただけでは比較文化論的な興味深さが刺戟されるだけであるが、私はやはり、ここでは一世一代の大きな勝負が行なわれているのであり、その結末をきちんと見極めなければならないと考える。

それは、この現世を「実践的行為的連関」として生きる私たちにとって、倫理性の根源をどこに求めることが妥当かという切実な問いに対する決着の問題なのであって、洋の東西を比較してその違いをおもしろがっている悠長な知的ゲームの問題ではない。そしてもちろん私は、人間存在の「張り」（空間性）を重視する和辻の考え方のほうが倫理というものの存在根拠の普遍的な本質に届いていると評価する。

大事なことは、「タテ」派の西洋的精神といえども、よく考えていけば、自分たちの観念が、じつは人間存在の関係論的なあり方を観念化したものにすぎないことに納得せざるをえないはずなのである。本来「ヨコ」であったものを「タテ」にしなくてはならなかった背景には、それこそ和辻の言う「歴史的・風土的」事情があるのであろうが。

和辻・ヘーゲルに見る経済的組織の内在的人倫性

さて『倫理学』第三章は、「人倫的組織」と題されていて、これまでの哲学的考察を現実の具体的な共同性に適用した章であり、一般的には最も興味をかき立てられる部分であろう。量的にも最も多くのページが割かれている。

この章では、まず二人共同体としての夫婦関係に始まり、親子、兄弟姉妹、家族共同体全体、親族、地縁共同体、経済的組織、文化共同体、そして国家と続き、これらの代表的な共同性におけるそれぞれの人倫の特質が詳しく論じられている。

実際、この章はこれまでと打って変わって、たいへん読みやすい。しかし、それだけに毀誉褒貶相半ばするさまざまな問題含みの章でもあると私は考える。

それらの問題をすべてここで論じることは紙数が許さないので、まず、最も高く評価すべき点をひとつだけ紹介し、その後、先に予告しておいたように、この章の記述全体に共通する方法的問題点、すなわち、それぞれの共同性が実現すべき当為あるいは理想が、あたかも実際の既定の組織の中に「有」としてもともと根を下ろしているかのような書かれ方をしている点について、そのことがなぜ問題であるのかを中心に論じたいと思う。

私がこの章で最も高く評価するのは、企業などによって代表される「経済的組織（その総合は市民社会を形作る）」は、他の人倫的組織と同様に、本来、内在的な人倫性を備えているのだと主張している点である。和辻はこのことを説くために、二つの手立てを用いている。

ひとつは文化人類学者のマリノウスキーの業績を援用して、原始社会における労働が単に衣食住を満たすためのものではなく、緊密に組織化された部族間関係によって深く規定された意義を持つものであると説いていること。そして労働のその意義とは、単に個人の欲望を満たすためのものではなく、クラ交換や贈与などに表わされているように、部族間の交流を円滑ならしめるためと、自族およびその個々の成員の人格的寛大さを示すためという、明確な「人倫精神」から出ている事実を説いていること。

もうひとつは、「欲望充足を目的とする私的経済人」という近代西洋の発想になる経済学的仮定から経済的組織を論じることが、特殊な歴史的社会的事情から発したものであり、経済組織に本来備わっている人倫性の事実を見ようとしない偏頗なものであると指摘すること。後者の指摘は現在ではことあたらしいものではなく、すでに専門家の間でも当然視されている事実であるが、和辻の生きた時代の経済学者で、こういう観点をきちんと提出しえた人はまずいないであろう（和辻自身は、哲学者のクローチェの名を挙げている）。その意味で右の指摘は画期的なものであると言わざるをえない。それでは、そのことが説かれている部分を引こう。

《欲望充足を基礎概念とする経済学にあっては、経済活動において結ばれる人間関係は欲望満足のための手段に過ぎないのであるが、原始経済の事実が示すところによれば、経済活動において結ばれる人間関係は人倫的組織としてそれ自身の意義を保ち、欲望満足はただこの組織実現のための媒介に過ぎないのである。》（本論第三章第五節）

《ところでこのように生産物を贈り物としてでなく商品として世間へ送り出す社会（引用者注——原始経済と対比された近代資本主義経済社会）にあっては、この生産者自身も他からの贈り物を期待することができず、その代わりに他の不定の生産者の送り出した商品を買わねばならぬ。それは己の労働によって不定の相手に奉仕したものが、不定の相手の労働によってその相手からの奉仕を受けるということを意味する。すなわち商品を媒介として広汎な範囲における相互奉仕が行なわれているのである。》（同前）

《かく見れば労働する者の側においてのみならず生産せられた財の側においても、原始経済と近代経済との間の本質的な相違は認められぬ。経済的組織は財を媒介とする人倫的組織である。そうしてこの組織における経済的活動が目ざすところは、欲望の充足そのものではなくして、欲望充足を通じての人倫的合一である。》（同前）

《人は己れの職分において家族共同体や隣人共同体を超えた広汎な公共的共同存在を実現するのである。この人倫的な意義にとっては、職分の差別は問題ではなく、ただその職分をいかによく尽くしているかのみが問われなくてはならない。おのが利福をのみ念として職業に従事するのは職分を尽くすことにはならない。公共的な世間のためにこの職業において奉仕する、というのが職分の自覚である。》（同前）

《してみれば、現実において「経済人」である人は経済界における有能な事業家、事務家であることができず、現実において有能な事業家、事務家である人は決して単なる「経済人」ではないのである。》（同前）

最後の二つの引用文では、職業というものが本来持つべきあり方と、それが結局は、社会参加しているメンバー全員に好結果をもたらすことになる成り行きとがよくつかまえられている。

しかし一方、資本主義社会における労働の意義を「相互奉仕」という道徳的な観点に還元する記述に関しては、労働における個人の欲望とその社会的意義との両義性に対する包括的な視線を曇らせている傾きがあると感じさせないではない。私なら、ヘーゲルに倣って、労働は、それを行なうことによって、当の個人の社会的人格が他から承認される不可欠の媒介であって、みずから人間としてのアイデンティティを獲得するための最大の条件であると言いたいところである（詳しくは、拙著『人はなぜ働かなくてはならないのか』）。

だがそれにしても、私的個人の動機にのみ労働の意義を求めるのではなく、必ず社会との連関においてそれを捉えるという点ではヘーゲルと共通している。そして、そのような関係論的な捉え方をしてこそ、経済的組織の人倫性は正しく呼び覚まされるのである。

ところで、ここで和辻の経済社会観とヘーゲルのそれとの比較を試みてみたい。和辻自身もこの章でヘーゲルの市民社会観に触れていて、次のように述べている。

《欲望や労働の相互媒介が、単なる欲望人の連関として全然人倫的合一の意味を含まないということ、従ってそこには相互奉仕の自覚がなくただ利己主義的な利益計算のみがあるということ、それらは人間の本性ではなくしてかえって本性の喪失なのである。ここに欲望の体系を人倫の喪失態と見る彼（引用者注――ヘーゲル）の立場がはっきりと現われてくる。経済学の「見方」によって見られた経済社会は、人倫の喪失態にほかならぬのである。》（同前）

しかしさすがに和辻の読みは深く、ここでの批判のように、ヘーゲルが市民社会を単純に経済学の「見方」に影響された人倫の喪失態としか見ていないという決めつけに終始しているわけではない。続くくだりを読むと、ヘーゲルが、欲望の体系としての市民社会のうちにも、その発展形態においては単なる人倫の喪失態ではなく国家へと連続する人倫的なるものの十分な回復の根があると考えていた点をそれなりに評価していたことがわかる。しかしそうは言っても、和辻が、彼自身展開してみせたように、経済的組織それ自体のうちに内在的に人倫性がはらまれているというようにはヘーゲルが捉えていなかったことに対して不満を抱いていることには変わりはない。

ではヘーゲルは、本当に市民社会の中にただ入り乱れる個々人の闘争、つまり人倫の喪失態だけを見ていたのだろうか。たしかにそういう側面はある。たとえば『法哲学講義』には次のような記述がある。

《特殊な目的が自由に追求できるとなれば、贅沢や欲望や好みがまったく野放しの状態になってしまいます。

ここには共同体の倫理の喪失が見られます。（中略）

市民社会とはそうしたもので、欲求をどこまで認めるべきかの限界がなく、欲求を満たすあらたな手段が考案されると、それにともなって欲求もあらたに生じてくる。》（長谷川宏訳）

おそらくこの側面は、ホッブズの「自然状態」規定の影響を深く受けているとともに、自然的人倫の共同体である家族から、その喪失としての市民社会、そしてその止揚された自覚的な人倫の共同体である国家へと進む彼一流の弁証法的運動論理を貫くために、ことさらに強調されたきらいがあると考えられる。

ところがヘーゲルもさるもの、和辻の決めつけと不満の表現に対して、それをきちんとかわすだけの強韌な論理を用意しているのである。

たとえば、『法の哲学』§182では次のように書かれている。

《具体的な人格が、自ら特殊な目的を掲げ、欲求の全体を満たそうとし、自然の必然性とわがままをかかえこんだ日々を生きるとき、そうした個人の存在が市民社会の一方の原理である。が、特殊な個人は、その本質からして、他の特殊な活動と関係するから、各人は、他の人々によって承認されるし、同時にまた、共同性（一般性）の形式に媒介された存在としてのみ他から承認されるので、こうしてその欲求が満たされる。こうした共同性（一般性）の形式が、市民社会のもう一方の原理である。》（同前）

「が、特殊な個人は」以降をよく吟味していただきたい。ここで言われている「市民社会のもう一方の原理」における「欲求」とは、共同性から一人前の人格として承認されたいという欲求を意味しているので、いわゆるほしいものを手にするという意味での「欲求」とは違っている。それは、彼が、人間の本質を「他の特殊な活動と関係する」存在であり、ゆえに必ず「共同性の形式に媒介され」る存在であると捉えていることからも明瞭である。つまりその意味では、ヘーゲルの人間把握は、ほとんど和辻のそれと同じなのだ。

ところで市民社会における労働がこのように関係論的に捉えられて、それを共同存在としての個人の資格承認を媒介するものと考えるなら、そこには、初めから人倫性が生きていることになる。

もうひとつ例を挙げておこう。『法哲学講義』の中に、次のようなたいへん興味深い記述がある。私の特に好きな一節である。

《金持ちはあれこれ購入して、たくさんのお金を支払うが、世間ではよく、そんなことしないで、その金を貧乏人に施せばいいのに、という。実際、金持ちの慈善行為は金を施すのと同じことなのだが、金を施すより、労働の対価としてだけお金を支出するほうがずっと道徳的です。それによって他人の自由を承認することになるのですから。

だから、市民社会の文明化が進むと、慈善施設はだんだんに減少していくので、というのも、自分の必要とするものを自分で手に入れるのが人間らしいことだからです。全体の暮らしが慈善を土台とするより、産業を土台として成り立つほうが、はるかに人間らしい共同体です。》

慈善を受けて生活することが、屈辱的なものを含んでいて、時には自分の品格を奴隷の位置に陥れることだという考えには、だれも異論がないだろう。つまりここでヘーゲルは、市民社会の中に個々人が労働を投与し、それに対して社会の側から正当な価値評価を受け取るギブアンドテイクの関係がシステムとして備わっているところでこそ、人間の自由が確実に担保されるという、すこぶるまともな理念を語っているのであって、これがまさに彼が考えた市民社会の人倫性なのである。

和辻とヘーゲル、じつは両者ともに経済的組織とその集合である市民社会に内在的な人倫性の存在を認めていたのである。ただ違うのは、和辻のここでの人倫性が、「贈り物」「奉仕」といった言葉に象徴されるように、人間の活動に含まれる個と共同との二重の意義を繰り込んでいないきらいがあるのに対して、ヘーゲルのそれは、人間がいかなる時代・社会にあっても奴隷的拘束からの自由を求める存在であるという本質規定をはずしていない点である。和辻は原始的な経済組織における人倫性の特質である「奉仕」の概念を、そのまま近代資本主義における市民社会のシステムにまで延長して適用しているが、個人の労働が事実上だれにとってのものであるかが見えなくなっている近代商品社会に「奉仕」という道徳的概念を当てはめるのは、労働主体の日々の実感にそぐわないことである。まことに和辻の言うとおり、職業人は有能になればなるほど「相互奉仕」の精神の大切さを実感するし、逆に「相互奉仕」の精神を大切にすることは有能であることの条件である。だがごく普通の賃金労働者の日常感覚に対して、「君の労働の意義は奉仕なのだ」と説き聞かせたとしても、容易に納得させられるとは思えない。

どちらが時代の変化に堪えうる思想か。私はここではヘーゲルに軍配を上げたい。

人間の暗黒面への視線の欠如

最後に和辻倫理学の物足りなさとして感じられる、人間の暗黒面との戦いの痕跡が希薄であるという点について触れたい。これは先にも繰り返し述べたように、当為あるいは理想をあたかも現実の「有」であるかのごとく語る彼の語り口に現われているように思う。なぜそのような語り口になりがちなのかを考えてみると、和辻自身の調和的な資質が大いに関与しているように感じられる。調和的な資質、円満な資質は、美や優しさを愛する心と連続し、また宗教に対して過度なくらいに寛容な態度にもつながっている。

幾多の歴史現象や社会現象を、それらが後世に大きな影響を残してきたという意味で偉大な力を持っていれば、そのことだけで割合無批判に受け入れてしまう。和辻思想にはどうもそうした「予定調和」の傾向がある。

たとえばキリスト教や仏教に対して、創始者のイエスや仏陀の偉大ささえ認められれば、その後の宗教が果たしてきた功罪の面は考慮の埒外に置かれがちになる。仏教はともかくとしても、キリスト教の歴史は、人も知るごとく、きわめて陰惨な血で血を洗うような弾圧や闘争の繰り返しに満ち溢れている。また西洋近代の帝国主義による侵略と植民地化も、明らかに自分たちは神に守られているので常に正しいというキリスト教的精神が土台となって出てきた傾向である。西洋の宗教思想について いささかでも語ろうとするとき、こういう暗黒面を度外視することは許されない。

極端な例を比較に用いて恐縮だが、たとえばニーチェのあの苛烈な思想は、父がプロテスタントの牧師であったことに関係しているだろう。彼のキリスト教道徳否定の思想のすさまじさは、文字どおり全身全霊をかけて父殺しを遂行しているといった趣である。もちろん、ニーチェにはそうしなければならない「歴史的・風土的」理由があった。ヨーロッパを二千年間支配したこの「愛の宗教」は、彼の血肉をかけた戦いによってはじめて、そのルサンチマンにもとづく偽善性と奴隷道徳性との側面が徹底的にあらわにされたのである。「思想は血で書け」はニーチェ自身の言葉だが、それをみずから実践した結果、彼は狂気にまで走ってしまった。

ところが和辻がキリスト教や仏教について語ったもの（『原始キリスト教の文化史的意義』『日本精神史研究』など）を読むと、意識的ではないのだろうが、そういう暗黒面への視線を封じてしまっているような気がして仕方がないのである。なんという穏健で調和的で肯定的な姿勢だろうか。血塗られた歴史も、いったん和辻的な「文化史」という距離を置いた方法で括れば、その残忍性やニヒリズムは、脱色されざるをえない。そしてこの脱色の力は、おそらく文化を深く愛する彼の美的センスや包容力と表裏一体のものであろう。そしてこの表裏一体性が、彼の「文化史」的記述を予定調和的な枠組みにとじ込める性格のものにしていることは否めない事実である。

文化への愛を語るには、それでよいかもしれない。しかし学のテーマが「倫理」ということになればどうだろうか。この主題にとっては、人間の暗黒面との戦いが必須のものとして要請されてくるのではないだろうか。

ところが和辻のこの調和的な傾向は、『倫理学』においても明らかににじみ出ているのである。

この傾向は、第三章の「人倫的組織」が私たちの作っている現実的な共同性についての記述であるために、この章において特に著しく現われている。これをきちんと具体的に指摘して批判を加えることは、直ちに指摘者自身に、ではそれに代わるどんな倫理学が可能なのかという問いとなって跳ね返ってくる。私たちの今後の課題である。ここでは和辻のそういう傾向を示す実例をひとつだけ示して批判を加え、本章の筆を擱《お》くことにする。

第四節「地縁共同体」の中に次のような記述がある。

《土着的農村生活はしばしばかかる隣人的存在共同を実現している。（中略）そこでも人はある「家」に生まれるが、しかしその家は本来すでに「隣り」と並んだものであり、従って人は初めより隣りあう家に生まれているのである。隣りあう家にあっては、親たちはすでに久しく隣人的存在共同を、すなわち遠くの親類よりも親しい間柄を、形成している。そこに生まれた子らにとっては、隣の親たちは記憶以前より己れにさまざまの配慮や慈しみを加えた親しい人たちであり、隣の子らは記憶以前よりさまざまの遊びをともにした仲間である。そこに緊密な存在の共同、深い相互の信頼、家族に似た愛情などの成立するのは当然であろう。かくて育った子らがようやく労働に参加し得るに至れば、そこには労働の共同や利害の共同が待っている。一本の溝は彼らにとって共同の灌漑を意味する。そこに豊かに水が流れ始めれば彼らの心はともに稲の苗に集中してくる。麦を刈り田を植えるころの村人の存在は、いわば交響楽のようにともに鼓動しともに鳴っているのである。》

以下、季節の変化や災害時に応じた村人たちの協力体制、実りの秋の祭りの喜びの様子などが延々と綴られるのであるが、これは「倫理学」ではなく、かつてそれだけとしてはどこにも存在しなかった桃源郷を記述しているに近い。

現実には村落共同体の成員たちは、しょっちゅう水利の争いを起こしたり、畦をひそかに動かす陰湿ないたちごっこに明け暮れたり、打ち続く飢饉に耐え切れず醜い内輪争いを繰り返したり、せせこましい固定的な人間関係のために、少々の違和を奏でる者の存在も許さずに村八分にしたり、ということが多かったはずである。

また、和辻は祝祭を無条件に共同の喜びの爆発のように描いているが、祭りという「ハレ」は、「ケ」における辛さや葛藤のガス抜きの時空間だったことを忘れてはならない。「ケンカみこし」と言って、ふだんから気に入らない家があると、祭りのときをこれ幸いとばかりに、わざとその家にみこしをぶつけて破壊してしまう風習など、私の幼い頃までも現に存在した。

さらに和辻は、村の「隣人共同体」を記述するに当たって、タテの権力関係、すなわち高率の年貢を小作人に納めさせる地主や、過酷に租税を取り立てる地頭や代官などの存在についてまったく言及していない。もちろん優しく寛大な地主・代官もたくさんいたろうが、権力の介入は水平的な隣人共同体などをそのままで存立させては置かない身分社会の構造的な作用である。実践的行為的連関を言うなら、こうした構造的な作用との関係において地縁共同体のありようを論ずるのでなくてはならない。

いま、都会に住む私たち大多数は、隣人共同体などと言われてもまったくぴんと来ないが、ぴんと来ないのは、単に都市化が進んで「隣は何をする人ぞ」となったからだけではない。昔もいまも和辻が描き出すような牧歌的な「隣人共同体」などは、幻想としてしか存在しなかったのである。

熊野純彦氏は『和辻哲郎』（岩波新書）の中で、和辻の出自の事情（草深い農村の中の医者、つまり農作業に従事しないインテリの次男として生まれた）に詳しく触れた上で、「和辻倫理学における規範的イメージの原型は、明らかに、和辻が幼少期をすごした農村の、おそらくは相当ていど理想化されたありようのうちにある。」と書き、また次のようにも書いている。
《倫理学体系を構想しはじめた和辻哲郎は、かつての友とともに歳月を身に刻みこんだわけではない。「今のこの村のかつての姿」を知ってはいても、かつての村のいまのすがたを、和辻は知らない。あるいは和辻が倫理学構想においてそれを志向し、反復しようとした「始原的なるもの」は、たんに夢みられて、けっして与えられることのなかった始原であって、それゆえにこそ痛切にもとめられたのではないだろうか。》
おそらくそのとおりであろう。こういう個人史的跡づけは研究の上で必要でもあろうし、大思想家の発想の背景にどんな人生上の事情があったのかを情報として知らせることは、多くの読者の興味をかき立てるであろう。
しかし私自身は、こういう試みが思想の解読と問題の指摘にとって、あまり重要なこととは思われない。思想家の過去の生活がまずあり、それを土台として後に思想的なテキストが生まれるのが自然的時間の順序であることは当然だが、読者にとっては、思想的なテキストそのものの存在が何よりも先立つ典拠なのである。そしてその存在の大きさが私たちに何を語りかけているかという問題だけが、とりわけて重要なのである。

和辻倫理学は、その基礎をなす哲学的原理としての「間柄存在における実践的行為的連関」という人間観を徹底的にかつ体系的に展開してみせたという意味において、普遍的水準に到達していると私は考える。あくまでもその前提の下で、いま述べてきたような瑕疵の存在を指摘するのでなくてはならない。そして、彼のこの大著の最も重要な部分が、まさに日本史上最大の事件であったあの戦争期の緊張のさなかに書かれたという事実に私は深い因縁を感じる。それゆえにこそ、あの時期に西洋の並み居る巨大な思想家たちと対等な立場でひとり格闘を演じて大いに善戦したという事実を、世界に向かって何度でも発信したいと思うのである。

第七章　福澤諭吉
――一八三五〜一九〇一

アメリカ的価値観に殺がれた日本思想の独自性

さて、いよいよ本書も、最後の一人、そして時代的には他の六人と思想家としての活躍期がまったく重なり合わない特別な対象を扱わなくてはならない地点に到達した。なぜ福澤を最後にもってきたかについて、簡単に述べる。

本書は、序説でも述べたように、あの敗戦を日本史上最大の事件と捉え、それに前後して現われた思想家たちが、物理的な大敗北とは相対的に距離を置いた地点でどのように欧米近代と闘ったのか、勝っている場合があるとすれば、それはどのような意味においてか、服従している場合があるとすれば、それはどのような意味においてか、を検討するところに主眼を置いてきた。

ここまで読んでくださった読者の皆さんには、おおむね私なりの評価が見えていると思うが、ざっくりと言えば、戦後の思想家三人、丸山眞男、吉本隆明、大森荘蔵は、戦後の支配的なイデオロギーの影響を深く受けすぎており、西洋近代思想との対峙という視点からは、服従度が強すぎたり、混乱していたり、中途半端であるとの印象が強い。

これに反して、戦前に自前の思想原理を確立させた、時枝誠記、小林秀雄、和辻哲郎の三人は、それぞれに固有の意味合いにおいて、西洋近代思想の難点を克服しより普遍的な思考の成果を提示しえていると思われた。つまり本書で取り上げた思想家に関する限り、「昔の人のほうが偉かった」のである。

なぜそういうことになるのかは、ここでは詳しく問わないことにする。とりあえず端的に言えば、この差異をもたらしたものこそ、戦後のアメリカ的価値観の席捲であると言いうるだろう。この価値観の浸透は、日本思想の自前性、自立性をかなりの程度殺《そ》いでしまったのである。丸山の指摘するようにいかに日本人が変わり身の早さをその「執拗低音」にしているとはいえ、敗北の衝撃の甚大さに鑑みて、自前性の復元には時間がかかる。

だが私は、けっして意図的、誘導的にこうした判断に持っていこうと目論んだわけではない。私自身が明確な見通しを持たないままに見切り発車し、暗中模索しているうちに、結果的にそうみなさざるをえないという判断にたどり着いたのである。

ところで、福澤諭吉は、言うまでもなく「太平の眠りを覚ます蒸気船」の真っ只中で青年期を過ごし、幕末維新の混乱期から日本近代国家の建設期にかけて最大最強のオピニオン・リーダーとして活躍した思想家である。まさに彼自身が言うとおり、「一身にして二世を生きた」わけであり、その時代の気運そのものが彼の思想を鍛え上げ、その時代にふさわしいものにまで結実させた。

あらゆる思想がナショナリズムだった時代

福澤が説いたところの検討に入る前に、まず私たちが「近代」と呼んで何となく理解している概念について、ごく教科書的なレベルでおさらいをしておきたいと思う。

私たちは、この「近代」なるものが政治的にも文化的にも西洋から襲ってきたという感覚からなかなか自由になれないために、ともすれば「近代」概念と「西洋」概念とを同一視しがちである。しかし、そういう考え方はもう古いと思う。というのは、西尾幹二氏、竹田青嗣氏などもつとに指摘しているように、さまざまな歴史的風土的地理的条件が偶然重なって、西洋においてたまたま「近代」なるものがいち早く訪れたのであり、この概念の持つ普遍性は、いずれどの国をも席捲すべき性格のものであった。

なぜそうなるのかはひとつの歴史学的な難問であるが、それはさておき、現在の日本はすでに完全に「近代化」を遂げており、戦後しばらくの間、日本の国民的課題と考えられていた「古い封建的遺制から脱して、西洋的近代に追いつくこと（たとえば個人主義的自我の確立）」

イコール「近代化」であるという理解は、もはや通用しない。

このことと並んで銘記しておかなくてはならないのは、「近代化」は世界共通の文明史的流れではあるが、それが各地域、各国、各民族のそれぞれの「文化」とかかわる部分では、けっして一様な形を取るわけではなく、それぞれの伝統的慣習的なあり方の制約と限定を受けて、みな特殊な「近代化」を遂げるのだということである。

そのことを踏まえた上で、「近代」という概念の共通性を抽出してみると、およそ次のようになると思われる。

①政治的「近代」 法（ルール）による統治。その理念として自由・平等・民主主義・個人の人権の尊重。

②経済的「近代」 資本主義の支配。その基礎原理として伝統共同体的な規範からの個々人の欲望の解放。

③学問的「近代」 実証主義、客観主義、自然科学的唯物論の支配。

④文化的「近代」 伝統宗教のドグマの否定、科学技術への信頼。

⑤社会的「近代」 都市社会、情報社会、世界均一性（グローバリゼーション）志向。

だいたいこんなところであろう。そしてこのような流れに人間生活のすべてを支配されるわけにいかないという違和感情があるとき（どこにでも、だれにでも多少はあるに決まっているのだが）、それは反近代主義として結晶する傾向を持つ。これはたとえば最も「近代」理念を代表すると思われているアメリカ合衆国において、進化論や避妊・堕胎を否定する原理主義的なカトリシズムがいまだに強固に生きているような例として現われる。

さて、問題は日本の近代史がこれまでどのような性格の下に編まれてきたかということである。それは、ひと言で言うなら、少なくとも戦後のある時期までは、一貫して欧米由来のグローバリゼーションの力を受動的に受け止め、それにどう対処していくかという苦闘の歴史だった。ここでグローバリゼーションというとき、もちろん、かつての列強の帝国主義、植民地政策などもこの概念に含まれる。したがって、近代日本の苦闘の意味は、この逆らいえない大きな流れに呑み込まれながらも、どのようにして己れの国民的アイデンティティや政治的・文化的主体性を確保・維持するかという課題に集中された。

そこで、福澤が生きた日本近代の黎明期、建設期においては、この課題の重要性がことに際だって現われることになる。それは簡単に言えば、ナショナリズムの確立なのである。

ナショナリズムと聞くと、すぐにあの戦争期のごく短い期間、偏狭な軍国主義が支配したときのことに連想が飛び、その連想からこの用語自体をネガティヴなイメージで受け取る人々がいまだに跡を絶たない。そのことがこの概念をめぐっての風通しのよい意思疎通を妨げている。しかし、ナショナリズムという概念は、もともと非常に広い外延を持っていて、正確に定義することすら困難なくらいである。だからある用語の概念の画定以前に価値判断を結びつけてしまうような情緒的な反応は極力避けなくてはならない。

たしか佐伯啓思氏だったと記憶するが、この言葉をとりあえず、互いに異なる三つの概念、すなわち国家主義、国民主義、国粋主義をすべて内包するものとして分類整理している。これはなかなか手際のよい整理であるが、こう見ただけでも、この言葉がいかに広く使われ、使用者の思惑次第で混乱を招きやすいかがわかる。

国家主義ならば国家を最高の価値と認める立場になり、そこに個人との関係を持ち込めば、いざというときには個人の生命を国家のために捧げるというような犠牲的道徳価値が含意されることになる。これを崇高とみなすかみなさないかは、人それぞれの価値感情にゆだねられるであろう。いずれにしても、そのことは同時に、国民主義とは矛盾してくるであろう。こちらは、国民（複数）こそが最高の価値であり、国家を軽視するわけではないが、それはあくまで一人ひとりの国民のための国家であって、この場合には国家は著しく機能主義的な把握を許すことになる。それは人権（個人の生命・身体・財産・精神）をあたう限り保障した民主主義国家でなくてはならない。

また国粋主義と言えば、初めから排外的な情念に彩られており、この概念でナショナリズムという言葉を用いるとき、かろうじて戦前の一時期の皇国史観のような極端な価値観を背負わせることになるであろう。

さらに語の連関関係をたどってみよう。ナショナルという言葉がネイションから来ていることはすぐに納得できるが、そうだとすると、「国民」「民族」がこの概念の中核にあり、またネイティヴ、ネイチュア、ナチュラルへと連関させていけば、「土着の」「自然な」「もとの」「本来の」といった概念にも結びついてゆく。この関連でナショナリズム概念を考えるなら、民族主義、土着主義とも言えるし、場合によっては限りなく共同体の多元性を認める立場を範囲内に収めることも可能である。

他方、ネイション・ステートという言葉があり、普通「国民国家」と訳されているが、これは近代国家の本質的構造を表わす概念として使われている。つまりこの用法では、ネイションは「国家」ではなく「国民」であって、ステートのほうは、国民を統合する組織形態、統治の状態を表わす。

そこでここでは、無用の混乱を避けるために、ナショナリズムという言葉を、過去、現在、未来にわたる国民の安寧と諸権利（福澤のように「権理」という字を当てたいところだが）とを保障する機構としての国家をその限りで肯定し、その建設と維持発展とを不断に目ざす思想、というように定義しておく。

なぜこのようなことにこだわるのかというと、ナショナリズムという言葉から、戦後の日本国民が抱きがちな情緒的マイナス・イメージをひとまず振り払っておきたいからである。また、この言葉が、旧弊を捨てて新しい優れたものを積極的に取り入れていく進取の気象という意味での「進歩思想」と両立不可能であるかのように受け取られる、戦後生まれの途方もない誤解を斥けておきたいからである。

そうしないと、たとえば福澤が生きた時代に、政治思想、社会思想を成り立たせようとすれば、それがどのような「ブレ」を含むものであったとしても、つまり国権派が唱えようが民権派が唱えようが、必然的にナショナリズムに帰着せざるをえないという事実をともすれば見逃してしまうのである。あの時代の日本において、新しく現われたあらゆる政治思想、社会思想は、すべてナショナリズムであった。それ以外に政治や社会を論じる者たちの生き残る道はなかったのである。

福澤自身についても、もちろん同じことが言える。福澤は、正真正銘の、それも卓越したナショナリストであった。その心は、日本がいやおうなく世界にみずからを開いてゆかねばならない局面に立たされたときに、いかにすれば西欧列強の攻勢に屈せずに一国の独立と国民の福利を確保することができるかという問題を、文字どおり命をかけて考え抜いた思想家という意味である。ここには、保守思想家・進歩的思想家、右左といった、後世のわかりやすい理解枠組みによる押さえ込みを許さない、時代そのものの迫力が見事に刻印されているのだ。

一例を挙げるなら、「一身独立し、一国独立す」とは、彼のあまりにも有名な言葉であるが、これを、民権と国権との優先順位を唱えたものであるというように誤解してはならない。目的はあくまで国際社会の激しい波浪を泳ぎきって「一国の独立」を成し遂げることにある。そしてそのためには日本国民が、長い間の身分制社会のくびきによって培われた国民の依存体質から脱却して自立精神を培い、教養を身につけ、主体的に近代国家建設に加わりうるための公共的気風をみずから養うことが不可欠であると、彼は考えたのである。

なおまた福澤にとって、「一国の独立」は最終目的ではなく、それによって国民の文明化が達成され、一人ひとりの人民が文明のよき成果を余すところなく味わうことこそが最終目的であった。その意味からは「一国の独立」は文明達成のための「手段」となる。しかし当時の日本の状況にあっては、この「手段」は、当面、西洋文明の優れたところをいち早く摂取するというもうひとつ下位の「手段」にとっての「目的」たらざるをえない。このように、福澤の視野の中ではいつも、文明と国家の独立とが、相互に手段と目的の関係に置かれるひとつの連続線上にあった。この視野の大きさのうちにこそ、ナショナリストとしての彼の面目が生きているのである。

「複眼性」ゆえの誤解されやすさ

ところで、福澤思想についてはこれまでさんざん論じられてきたので、もはやあらたに言うべきことは残されていないかのように思われるが、盛んに論じられてきた思想家ほど、その分だけ誤解も多くなるという法則もまた成り立つようである。

福澤の場合、誤解されやすい一番おおもとの原因は、彼の言説の特徴として丸山が指摘していた「複眼性」あるいは「両眼性」にあると言ってよさそうである。自由思想家（リベラリストという意味ではない）の特質としての「変幻自在性」と言ってもよい。

よく指摘されるように、時局に応じて吐かれた彼の論説には、一見、随所に矛盾を含んでいるようにみえる。そこであまたの評者はその矛盾に悩み、矛盾のある部分を例外と解釈したり、あるいは年を重ねるごとの変貌、転向と解釈したり、また別の場合には評者自身のイデオロギーに都合のよいところだけを見て他は見ない「我田引水」を行なったりする。批判を心掛ける場合には、批判者が守旧派であれば伝統を否定する西欧追随主義者というレッテルを貼り付け、逆にリベラル進歩派であれば民意を顧みない国権主義者というレッテルを貼り付けるわけである。いきおい、福澤像はいつまでも定着せずに混乱し、ただ一万円札の顔だけが悠然と飛び交うことに相成る。ヘーゲルも右からは進歩主義者、左からは国家主義者と批判されてきた。大きな思想の宿命かもしれない。

そこで私も、福澤思想（文体）の複眼性、両眼性、変幻自在性の秘密を語ってみようと思う。そして彼が言葉の真の意味で優れたナショナリストであった所以にまでたどり着ければと思う。

「天賦の人権」でなく「天賦の不平等」

まず、福澤について、ごく初歩的な誤解がいまだにまかり通っているとすればとんでもない話なので、そのことから糺《ただ》しておきたい。

『学問のすゝめ』の冒頭、「天は人の上に人を造らず、人の下に人を造らずと云へり」とあるのをそこだけ取り出して、福澤は平等主義者であると勘違いする向きがある。しかし、「云へり」とは「普通そう言われている」という意味であるから、何も福澤の思想を表わしているわけではないのは言うまでもない。そしてそのすぐ続くくだりを読むと、「そう言われているのに、なぜ世の中はこれほど賢愚、貴賎、貧富の差が動かしがたくあるのかといえば、元をたどっていくとその原因は学問をしたかしないかに帰着する」という意味のことが書かれている。

つまりこの書の最初の一句は、これからの時代は新しい学問に一人ひとりが進んで挑戦していかないと、みんな世界文明の進歩に遅れてしまって泣きを見るぞという、この書のメイン・メッセージをアジテートするために福澤があえて置いた、いわばレトリックの一部にすぎない。

もちろん福澤はこの社会が平等に作られているなどと少しも思っていなかったし、また能力、地位、貧富、階級などの格差がなくなる完全平等な社会が実現可能だとも、そういう理想が素晴らしいなどとも毛頭考えていなかった。そんな空想を掲げるには彼はあまりに現実主義者だったのである。

彼は、人間が平等であるべきなのは、ただ「権理通義」の領域に限ると何度も繰り返している。つまり、法的な人格としてすべての人は平等に扱われるべきであるとは言っているが、その他の点で人間がそれぞれ不平等な条件を背負っているのは動かしようもない事実であるとみなしていた。「天賦《てんぷ》の人権」などを信じてもいなかったし、鼓吹したこともない。彼が「天賦」を言うとき、それはむしろ逆に「天賦の不平等」を人々に気づかせる場合である。

《左れば、天賦の身体に大小強弱あり、心の働にも亦大小強弱なかる可らず。此睹易き事にして、古今識者の大に注意せざるは怪しむに堪へたり。(中略)如何に牽強付会の説を作るも、人の身体の強弱には天賦あり、心の強弱には天賦なしとの口実はなかる可し。畢竟、世の教育家が其教育奨励の方便の為に事実を公言するを憚り、遂に天賦論を抹殺して一般に之を忘れたるものなり。固より愚民多き世の中なれば、無天賦論の方便も、時としては可ならんと雖も、事実を忘れて、之が為に遠大の処置を誤るは憂ふ可きの大なるものと云ふ可し。》

(『時事小言』第六篇・明治十四年)

福澤自身も「世の教育家」の一人であってみれば、つまりは、これが『学問のすゝめ』の種明かしということになる。彼もまた学問によって人は平等になると教育家としてのラッパを吹きはしたが、じつはそれは「無天賦論の方便」だったのである。だが「世の教育家」と福澤が違うのは、前者がラッパを吹いているうちにそれを本当と信じて「事実を忘れて」しまうのに対し、彼は常に「天賦不平等」の自覚を持っていたという点である。

次のような例も、福澤が空想的平等主義からはるかに遠い現実主義者だったことをよく示すものとして挙げておこう。

《誠に今日女子の教育を視よ、都鄙一般に流行して、その流行の極、しきりに新奇を好み、山村水落に女子英語学校ありて、生徒の数、常に幾十人あり抔云へるは毎度伝聞する所にして、世の愚人は之を以て教育の隆盛をトすることならんと雖も、我輩は単に之を評して狂気の沙汰とするの外なし。三度の食事も覚束なき農民の婦女子に横文の素読を教えて何の益をなすべきや。嫁しては主夫の襤褸を補綴する貧寒女子へ英の読本を教へて後世何の益あるべきや。徒に虚飾の流行に誘はれて世を誤る可きのみ。固より農民の婦女子、貧家の女子中、稀に有為の俊才を生じ、偶然にも大に社会を益したることなきにあらざれども、こは千百人中の一にして甚だ稀有のことなれば、此稀有の僥倖を目的として他の千百人の後世を誤る、狂気の沙汰に非ずして何ぞや。》(『福澤諭吉教育論集』岩波文庫。ただし仮名遣いは統一のために『福澤諭吉全集』〔岩波書店〕に拠った)

国権と民権は相調和すべきもの

次に、福澤がナショナリストとしていかに強い信念の持ち主であったかについて指摘しておかなくてはならない。この点は、彼が意志と情熱を傾注して論じた幾多の論文のテーマそれ自体が証していると言い括って済ませても十分なのだが、ここでは、特に国権の確立と維持のためには、それが社会の諸権力に比してどれほど強大でなくてはならないかを説いたくだりを引用しておこう。

《政権を強大にして確乎不抜の基を立るは、政府たるものゝ一大主義にして、政体の種類を問わず、独裁にても立憲にても、又或は合衆政治にても、苟も此主義を誤るものは、一日も社会の安寧を維持する能はざるや明なり。合衆政治など云へば、其字面を見て国民の寄合世帯の如くに思はれ、何事も簡易便利にして、官民の差別もなく、随て政令の威厳もなきものゝ様に誤り認る者あらんと雖ども、唯是れ字面上の想像のみ。其実際に於て政権の厳なる、或は常に独裁国の右に出るもの多し。》（『時事小言』第三篇・明治十四年）

《独り怪しむ可きは、近年我国全体の気風として、武備の事を等閑にするの一事なり。今、我国の陸軍海軍は、果して我国力に相当して、果して我国権を維持するに足る可きもの歟、我輩万々之を信ぜず。（中略）古来、我日本は尚武の国と自称しながら、今日頓に其反対の相を現わしたるは怪しむ可きに非ずや。蓋し文明の文に酔て之を忘却し足るもの歟。》

（『時事小言』第四篇・同前）

福澤は民権論者だったのか国権論者だったのかというような二者択一的問いを提示する者にとっては、こういう論調は後者を証拠立てる恰好の素材と見えるだろう。しかし、そもそもそうした二者択一的な問いが、福澤思想にとっては意味がないのだ。

なるほど彼は、英国留学中に当時の世界帝国の威力の秘密がどこにあるのかを直観的に見抜き、それが政治的な意味での国力自体であるよりは、むしろそれを内部から実質的に支える「民」（特に「ミッヅルカラッス」〔ミドルクラス、中間層〕）の力によるものであると喝破した。また、維新革命をもたらしたものは、政治的な動きではなく、それはむしろ結果であって、その政治的な動きをもたらした原因は、高まりつつあった「民」の気風であるとした。一種の社会学的な洞察と言えるであろう。

その意味では彼のこの信念もまた生涯を通じて変わることがなかったのだが、しかしこのことは、国家の基礎をなす政治権力が、市民社会の諸権力に比べて強大でなければならぬと説くことと別に矛盾しない。なぜなら、政治権力の強大さは、近代社会においては「民」の承認の下でこそ保証されるのであり、いったん国権の機構が完備されるや、その権力の機能は、「民」の生活の安寧に寄与する限りで十全に果たされるべきものだからである。ここには原理上、国権と民権との対立などという命題は存在せず、逆に両者はそれぞれの持分を守り、相調和してそれぞれの不足するところを補完し合い、そこに有機的な連続性が常に維持されるのでなくてはならない。おそらくそれが、福澤の政治思想における理念であった。

なお橋川文三が『ナショナリズム　その神話と論理』で夙《つと》に説いているように、一般にこの時代の民権思想は、植木枝盛のような急進派から、後の右翼団体のさきがけとなった玄洋社に至るまで、明治初年代における藩閥専制とその弊害に対する批判として自然に湧き起こってきたもので、けっして国権それ自体と対立するものではなかった。彼らのうちで、「ご一新」の趣旨、つまり封建制を打破して天皇を中心とした強力な国民統合の体制を建設していくという基本的な方向性に対して異を唱えたものは一人としていない。藩閥専制は、彼らにとって、いわば「君側の奸」だったのである。

また福澤は、当時の日本の伝統的な権力偏重と、それにこびへつらい私利のために政府を利用することとしか考えていない民衆の卑屈さを繰り返し批判し、「日本には政府ありて国民（ネーション）なし」（『文明論之概略』巻之五・明治八年）と口を酸っぱくして嘆いた。これも、中央の専制のみが先行し、それを支えるのにふさわしい「民」の政治的気風や経済的実力が伴っていないことを指摘したもので、それは官民相たずさえて進むべき健全なナショナリズム（国民主義＝国家主義）の育成こそが当時の焦眉の課題であったことを示すものである。

ところで、前段の引用で、福澤は「合衆政治」（民主政体のことであろう）について言及し、その字面上の頼りなさとは裏腹に、機構上きちんとした「合衆政治」の権力の強大さは、独裁国のそれに優るとも劣らないと説いている。これは、彼が大統領の権力の強大さをアメリカ民主政治のうちに実見した経験から来た認識であろう。「合衆政治」（デモクラシー）なるものが、実際に機構として整備されている場合には、大統領制にせよ議院内閣制にせよ、単なる無原則な「民衆の支配」などではなく、確乎《かつこ》とした代議政治であること、つまりそこに必ず権力の集中があってこそ正当に機能するものであることを彼は訴えているのである。まことに的確な認識と言わなければならない。

福澤は武士道精神を称揚したのか

以上によって、福澤は平等主義者でもなければ、無原則な民主主義者でもないこと、社会の安寧を守るには正統的な国家権力の存在が不可避であり、智徳相備えた中間層の存在こそがそれを支える主導部分であると考えていたこと、まさに西部邁氏が『福澤諭吉』の中で力説しているように、「良識」に立脚して自論を組み立てる思想家であったことが明らかになったと思う。このことは、彼が一種の「精神のアリストクラシー」の信奉者であったと言い換えても同じである。

そこで次に、彼が当時の日本（明治十年代から二十年代）において、これからの日本を託すに当たってどういう階層のエートスに期待を寄せていたかということが具体的にわかる部分に注目してみよう。

『丁丑公論』（明治十年）は、西郷隆盛が下野してから若手の不平士族の突き上げに遂に屈して西南戦争を起こした顚末に絡めて、識者の間ですら逆賊呼ばわりされた西郷を一貫して擁護し、彼のような度量の広い大人物をあのような窮地に追い込んだのは政府の責任であり大きな損失であると、当時の政府を激しく論難した論文である。またこの論文は、よく知られているとおり、福澤が当時我れに利あらずと見て発表を差し控え、彼の死後公開されたいわくつきの文章でもある。

いまその論の当否は措くが、この中に、政府は若き不平士族たちの憤懣をなぜうまく吸い上げて活用せず、武力で制圧してしまったのかという批判が何カ所も出てくる。一例を引こう。

《政府は唯無智の小民を制御して、自治の念を絶たしむるのみに非ず、其上流なる士族有志の輩を御するにも同様の法を以てして、嘗て之に其力を伸ばす可きの余地を許さず。抑も廃藩以来、日本の士族流は全く国事に関するの地位を失ひ、其無聊の有様は、騎者にして馬を殺し、射者にして弓を折たるものの如し。此時に当って政府たるものが巧に間接の法を用ひ、其射騎の力の形を変化せしめて他の方向に誘導するに非ざれば、鬱積極まって破裂に至る可きは、智者を待たずして明なる所なれども、（中略）薩の士族にても、（中略）其性質を尋れば、唯権を好むの一点に在るのみの者なれよく其性質に従て更に方向を示し、間接に之を導いて其赴く所を変じ、或は以て転福の効を奏す可きことある可し。（中略）三、五年以来、世上に民会論の喋々たるあれば、政府は早く其勢に乗じて事の機を失ふことなく、姑く此民会論を以て天下議輿論と見做し、此公議輿論に従て士族の心を誘導すれば、名義正しく、人心安く聊の士族も始て少しく其力を伸ばすの地位を得て、其心事の機を転ずるを得可し。政の巧は此辺に在て存するものなり。》

もうひとつ引いておこう。これは幕末に攘夷を主張した武士たちの純なる志を今日にうまく活用すべきことを説いたものである。

《数年前、世の攘夷家なる者が、仮令ひ我国を焦土にするも、外人をば国に入れずと云ひしことあり。今にして之を思へば、其言甚だ劇烈にして、固より今日に行はる可きに非ざれども、其国を思ふの精神に於ては誠に感ず可し。我輩の所論も、他なし、此精神を変形して之を今日に用んと欲するのみ。況や今日は是れ我国を焦土にするに非ずして、金玉と為す可き時節なるに於てをや。》（『時事小言』第一篇・明治十四年）

このような論調に、人は多く福澤の内なる「武士道」精神を見るかもしれない。しかし、多くの士族の成らずに終わった志、信念のために命をも捨てて顧みない志を称揚する精神を、ことさら日本固有の「武士道」として言挙げする必要があるだろうか。どこの国でも外敵の脅威にさらされたり、ナショナリズムが勃興するような時代、また権力の弾圧に苦しむような社会では、命を顧みずに主義や信念に奉ずる気運が高まるというのは、よく見られる現象である。福澤の中に特に「武士道精神」を嗅ぎ出す必要はないように思われる。

ちなみに、幕臣として官軍と対立しながら敗色明らかとなるとさっさと降参して後に新政府の要職についた勝海舟と榎本武揚《たけあき》に釈然としないものを感じて批判したことで有名な『瘠我慢の説』(明治二十四年)にも、「我日本国民に固有する瘠我慢の大主義を破り、以て立国の根本たる士気を弛めたるの罪は遁る可らず。一時の兵禍を免かれしめたると、万世の士気を傷つけたると、其功罪相償ふ可きや」とあって、こちらのほうはより明らかに彼の「武士道精神」を表現しているかに見える。

たしかに波瀾の時代の子・福澤にも、みずからが属しかつみずからを超えた大きな権威への忠誠心(義に殉ずる心)を尊ぶ精神はあったであろう。しかしこの場合は、ややデリケートに考える必要があって、それは、一兵士の内なる犠牲的精神の尊重を問題にしているのではなく(つまり武士道的なエートス一般を称揚しているのではなく)、リーダーのあまりにあっさりとした変節ぶりを非難している点に注意すべきだということである。

リーダーは多くの部下を率いて戦に臨み、彼らの命を預かる責任を負っている。部下はリーダーの導くところを信じればこそ、その義に感じて彼の命令の下に命を捨てる決意を固めるのである。実際に五稜郭にこもった榎本一派の多くの部下は戦死したのだ。榎本は単に降伏したのではなく、多くの部下を死に追いやった責任を取らずに新政府の要職についている。福澤が突いている要所は、リーダーとしての責任意識の希薄さが兵士たちの士気を萎えさせるのだという点であろう。従ってここでも、「瘠我慢の大主義」すなわち「武士道精神」それ自体を福澤がその思想の中心に内在させていたかどうかは、さしたる問題ではない。

私はそれよりも、次の点に注目すべきであると考える。通常の福澤理解からすると、西洋文明の合理精神の摂取を強力に主張した彼が、一方では新時代の中央政権に不満を抱く封建士族の気持ちに共感を示したり、攘夷思想の純粋さを持ち上げるのは矛盾しているということになるかもしれない。しかし、引用部分をよく読むと、福澤は、その種の精神に手放しで加担しているのではないことがわかる。

前の引用では、「此時に当って政府たるものが巧に間接の法を用ひ、其射騎の力の形を変化せしめて他の方向に誘導するに非ざれば、」と言っているし、後の引用では、「此精神を変形して之を今日に用んと欲するのみ。」と言っている。一命を顧みない犠牲的精神に共感はするけれども、それだけを行動として貫こうとしても、「万機公論に決すべ」き今日にあっては、玉砕するだけだから、尚武の精神を「変化」「変形」せしめて、今日の時代に適応させるべきだ、その変形の役割を担うのが政府だ、と福澤は主張しているのである。

要するに彼は、この政府批判の文脈では、下級士族の潜在的な士気とその顕在化としての不満意識を新しい時代のあり方にうまく利用できない政府の政治指導の拙劣さを非難しているのであって、これはいかにも福澤らしい機能主義・功利主義精神の現われと言ってよい。そしてこう見れば、『瘠我慢の説』における勝・榎本批判も、手下を捨ててかつての敵方の誘いにほいほいと乗るようなリーダーでは、手下のやる気と信用を失うであろう、したがってそういうリーダーはリーダーとしての資格がなく、無資格者が政府の要職を占めているようでは、この先の日本国の統治が思いやられるという文脈の中に位置づけなおすことができる。

「我日本国民に固有する瘠我慢の大主義」なるものは、福澤がそういうものの存在を本当に深く信じていたかどうかは別として、もともと日本に固有なものではないのである。福澤の好きな言葉を使えば、そういうものを持ち出したのは、ここで本当に言いたいこと（日本のこれからにとって、かつての士族階級の力がいかに重要かということ）の「便利」のためと言ってよいであろう。

西洋文明とは受け入れざるをえない「麻疹」

次に論ずべきは、西洋文明に対する福澤の構えについてであるが、これに関しては多言を要すまい。

よく知られているように、福澤は、『学問のすゝめ』で西洋文明の優れている点、いち早く日本が取り入れるべき点を強調したが、その一方、無批判に西洋文明のすべてにいかれてこれを受け入れようとするような西洋心酔者流、開花先生流の軽薄さを激しく批判した。ここは、福澤の文体が躍動しており、読んでいて彼一流のユーモアが感じられ、じつに痛快な部分である。この部分だけから見ても、福澤の健全なナショナリストとしての面目が感じ取れるし、また西部氏（前掲『福澤諭吉』）言うところの「マージナル・マン」であればこそ、こうしたバランスを維持することができたのであろう。

《然るに近日世上の有様を見るに、苟も中人以上の改革者流、或は開花先生と称する輩は、口を開けば西洋文明の美を称し、一人これを唱れば万人これに和し、凡そ知識道徳の教より、治国、経済、衣食住の細事に至るまでも、悉皆西洋の風を慕ふて、之に倣はんとせざるものなし。或は未だ西洋の事情に就き、其一斑をも知らざる者にても、只管旧物を廃棄して、唯新を是れ求るもの丶如し。何ぞ夫れ事物を信ずるの軽々にして、又これを疑ふの疎忽なるや。西洋の文明は、我国の右に出ること必ず数等ならんと雖ども、決して文明の十全なるものに非ず。其欠典を計れば、枚挙に遑あらず。彼の風俗、悉く美にして信ず可きに非ず。我の習慣、悉く醜にして疑う可きに非ず。》

こう言いきった後、彼は日本と西洋の風俗習慣のあれこれを挙げて両者をわざと入れ替え、西洋の「枚挙に遑」なき「欠典」を日本のものとして西洋の文明を褒め上げる開花流の「屁理屈」のおかしさを強烈に揶揄している。たとえば「西洋人は日に浴湯して、日本人の浴湯は一月僅かに一、二ならば、開花先生これを評して云はん。文明開化の人民は、よく浴湯して皮膚の蒸発を促し、以て衛生の法を守れども、不文の日本人は則ち此理を知らずと。」といった具合である。

ところで、明治十八年（一八八五年）に至ると、福澤はよく問題視される『脱亜論』を著し、「我れは心に於て亜細亜当方の悪友を謝絶するものなり。」として隣国（清と朝鮮）との友好関係の維持を見限ることを勧め、一見、みずから批判した「開花先生流」に転向したかのような姿勢を見せる。しかし、これが何らそのような転向を意味していないことは、当の簡潔な文章に直接当たってみればすぐにわかることである。

面白いのは、彼がこの文章で西洋文明のアジアへの進出を、流行病としての「麻疹」に譬えていることで、我々は天然の勢いに逆らうことはできず、それを無理にすればかえって独立が危うくなると説いている点である。

《此時に当り、此流行病の害を悪て之を防がんとするも、果して其手段ある可きや。我輩断じて其術なきを証す。有害一偏の流行病にても、尚且其勢には激す可らず。況や利害相伴ふて、常に利益多き文明に於てをや。啻に之を防がざるのみならず、力めて其蔓延を助け、国

民をして早く其気風に浴せしむるは、智者の事なる可し。》

「利害相伴ふて」と言っているところに注意しよう。西洋文明には害もあることを明言しつつ、なお利益のほうが多いので、それを選ぶほかはない。いち早く伝染させて軽症のレベルにとどめ、免疫を得させることこそ肝要であると心得ていたわけである。これは一種の国益主義、功利主義の立場に立ったもので、やはりリアリスト・福澤の面目がよく出ている。まったく「西洋心酔流」ではない。

また言うまでもなく、この年に彼がこれを書いたのには、前年、朝鮮の独立を目ざして金玉均らが起こしたクーデター（甲申事変）が福澤が支援の熱意を示したにもかかわらず、清の干渉によって失敗に帰したという背景がある。福澤は日本に逃れてきた金玉均を一時かくまったが、清政府に配慮した日本政府は、金を小笠原に流した（やがて金は上海で暗殺される）。こういう生々しい実体験があるために、福澤は清と朝鮮の二国の独立の可能性に対して、次のように否定的評価を下さざるをえなかった。

《我輩を以て此二国を視れば、今の文明東漸の風潮に際し、迚も其独立を維持するの道ある可らず。（中略）今より数年を出でずして亡国と為り、其国土は世界文明諸国の分割に帰す可きこと、一点の疑あることなし。如何となれば、麻疹に等しき文明開化の流行に遭ひながら、支韓両国は其伝染の天然に背き、無理に之を避けんとして一室内に閉居し、空気の流通

を絶て窒塞するものなればなり。》

「世界文明諸国」の最も有力な国がじつは当の日本であったことを、福澤思想の延長上でどう考えるかという難問が、あたかもこの小論を契機として発生するわけであるが、それを一応保留しておくとすれば、彼のこの予言はまさに的中したというほかはない。

繰り返しになるが、福澤が、後に「帝国主義」と呼ばれるようになり、日本もその仲間入りを果たすことになった「文明」の風潮を麻痺に譬えていることは、その避けられない流れを避けられないがゆえに受け入れざるをえないと考えていたことをよく象徴するもので、それは同時に彼が、国際社会の主流をけっしてそのまま肯定しているのではなく、一種のやくざ世界のように「力による勝負」の場と見抜いていたことを示している。「文明」とはこのとき、力の強さを表わす指標以外の何物でもなかった。ある主義や風潮への「惑溺」を何よりも嫌った福澤が、このような覚めた目で世界を突き放して見通すことができたのも、彼がその思想体質として、機能主義・功利主義の精神を身体に沁みこませていたからにほかならない。

ただ一点、キリスト教に関する見解についてだけは、時を隔てて覆いようもない矛盾があらわである。

彼が宗教について論じた文章は数多くないが、それは彼自身も告白しているとおり（『福翁自伝』、『時事小言』第六篇など）宗教に対してもともと淡白で、あまり主体的な関心を抱いていなかったことによるだろう。しかし、西洋文明が激しく流入してくる同時代にあって、その文明を作り出した精神の根幹とも言うべきキリスト教について、時評家・福澤も論じないわけにはいかなかった。

まずキリスト教に対してわが国民がどういう態度をとるべきかということについて、詳しく論じた文章に『時事小言』第六篇（明治十四年）がある。この論文は、キリスト教の普及がわが国の国権の維持にとって有害か無害かという問題を、やはり福澤らしい機能主義的・功利主義的な切り口から論じたものである。その主旨は、概略以下のとおりである。

仏教国であるわが国では、仏教の精神を長い歴史の間に国柄の中に一体化させているので、そういう場合には、その宗教は何ら国権にとって害を及ぼすものではない。それと同じようにキリスト教を国教としている西洋の本国では、やはり宗教の精神と国権のあり方とがふさわしい形で相互に共存しているので、害はないと言えるが、いまもし、外来宗教であるキリスト教が日本で信徒を増やし、強大な集団となって社会に大きな影響をもたらすようになれば、仏教との間に非妥協的な闘争も生じようし、国権との間に大きな摩擦を引きおこす原因ともなろう。たとえば日本のキリスト教徒がそうした宗教闘争に勝とうとして援軍を求めようとすれば、当然、本家である西洋諸国に頼るであろう。そうなったとき、「形体」として強大な権力を持つ西洋諸国が日本のキリスト教徒を守るべく介入してくれば、日本の国権は太刀打ちできるはずがない。そうして西洋の属国となってしまうのが落ちである。したがって、その意味で外来の教えを無自覚に受け入れることには危険がともなう。

《其宗教は西洋の本国に於て、既に国教の名義を得て、然かも其国、形体の力は強大なるが故に、其教を入れて之を学ぶときは、我精神の一方は既に已に彼に従属して、恰も属国たるの情を免れず。精神既に彼に属す、形体も亦これに従はざるを得ざればなり。

之を要するに、他国の宗教を輸入するに当り、其教の由て出たる本国に形体の権力あるものは、之を入れて害ありと明言して可なり。》

これは当時としてはきわめて妥当な判断と言うべきである。ようやく育ち始めた近代国家の国権（国家主権）が強大な外敵によって侵されることを何よりも恐れていた福澤自身の基本的な考え方にも適合する。

ただし鎖国の上に成り立ってきた徳川封建制が崩壊した今となっては、まさか福澤も禁教を復活させろなどと言うはずがないし、また近代文明論者の彼が信教の自由を否定するはずもなかったろう。要するに、他国の宗教を無自覚に受け入れるのではなく、おのおの慎重に処すべしなる戒めを語ったと解すべきであろう。

ところがこのわずか三年後の明治十七年、つまり『脱亜論』発表の一年前に、福澤は、「宗教も亦西洋風に従はざるを得ず」という小論を発表する。

《心波情海滔々たる天下の交際上に於て、西洋人が我国の法律習慣を重んぜざるは、唯外道国に行なはるゝが故にして、其善悪邪正の如何に関するに非ざれば、今後内外交際上の都合にて、何はさて置き、我国にても西洋の習慣法律等をも採らざる可らざることともならん。既に其法律習慣を採りて、渾身耶蘇教に浴したる西洋人に接すれば、縦ひ公然耶蘇教を容れざるも、其教義は交際上よりして我国に侵入するや必然にして、実際上、決して耶蘇教の滋蔓を防ぐ能はざるなり。既に之を防ぐこと能はずとすれば、囁嚅として婦女子の為を学び、容るゝが如く拒むが如く、逡巡躊躇して之を看過せんよりは、一刀両断、断然之を容るゝに一決するの愈れるに若かざる可し。》

これは何ともいただけない。何がいただけないかというと、福澤先生、いつもに似合わず妙に気負っているのだ。いったいだれに向かって訴えているのだろうか。「断然之を容るゝに一決する」とは、いったいだれが一決するのか。

「其教義は交際上よりして我国に侵入するや必然にして」という事情はそのとおりであろう。すでに明治十七年（一八八四年）ともなれば、キリスト教は一定の信者数を勝ちえている。札幌農学校でクラーク博士が教鞭を取ったのが、明治九年であり、その感化を強く受けた内村鑑三はすでに二十三歳に達している。だから発言自体が時代遅れであるとさえ言える。それにも増してこの「一決」とは何を意味するのかよくわからない。

日本国家が国教としてキリスト教を選べという意味だろうか。だとすれば信教の自由を認めない狭隘な考え方だし、そもそもそんなことは、古来の慣習を受け継いできた当時の日本庶民の実情に合わない不可能事に属する。また、個人個人に呼びかけているのだとすれば、そんなことは微妙な心の問題であり、もとより銘々勝手次第であるというのが、公認された近代の考え方であって、日ごろの福澤の合理精神にも合わない。人情、国情、国際関係の機微に通じた彼の発言とも思えない粗雑な文章である。

これは本当に福澤の文章なのかという疑問すら起きてくる。実際、当時の時事評論では、著名人の名前を借りながら、門下生が書くといったことはかなり一般的に行なわれていたらしいが、書誌研究は私の任ではない。ひとまず福澤の文章であると認めた上で、なぜこんな粗雑な文章を書いたのかを想像してみると、二つの理由が考えられる。ひとつは、自分にあまり主体的な関心がないことに手を出しているために、つい軽率なことを書いてしまった。もうひとつは、生まれたての近代国家の主権を大切に思うあまり、自分を国家主権者の代表のような位置に仮託して、過剰なほどの国際関係意識に縛られてしまった。

結果論的な言い方になるが、いずれにしても、日本ではキリスト教徒はその後も知識階層に限られ、現在でも百万人を超えないと言われている。福澤の過剰な危惧は当たらなかったし、またもし宗教の問題を真剣に考えるならば、よきにつけ悪しきにつけ、明治天皇制国家が果たした重要な宗教的役割という内部の視点を持つべきであったろう。当時、だれもそんな対象化意識を持たなかったのだから、福澤にそこまで期待するのは、もちろんないものねだりである。だが、およそ六十年後に日本人は、このテーマがいかに大きな思想的意味を持つかということを思い知らされるのである。あの敗戦によってはじめて日本人は、ナショナリズムの功罪という問題構成そのものを発見するに至ったのだから。

機能主義的・功利主義的なナショナリスト

ともあれこれまで私は、福澤が近代国家形成期のさなかにあって、明確にその運命の如何を自覚したナショナリストであることを説くと同時に、彼の機能主義的・功利主義的発想をも強調してきた。ふつう、ナショナリストと聞くと、「愛国心」とか「祖国愛」とかいった心情的な要素が核になっていると考えがちである。また一方、機能主義・功利主義と聞くと、逆に心情というものがこの世の中で占めている意義深さに対してあまり顧慮を払わないドライなものの見方と考えがちである。両者は一人の人格の中であまりスムーズに結合しないように思える。ところが両者をうまく結合させた思想家が現にいたのだ。

もちろん、福澤に愛国心や祖国愛のような超越者への心情がなかったというのではないし、そういう情緒的要素の重要性を彼は彼なりによく認識していた。だが、彼の思考スタイルが、なるべく一方的な情緒におぼれないように理性の均衡を保つところに発揮されたことはたしかであろう。じっさい彼は愛国心や祖国愛のような心情的要素を「偏頗心」という突き放した表現で語っている。

また、機能主義や功利主義という言葉はとかく誤解されがちである。特に功利主義の精神は、道徳の原理として「快」や「幸福」を持ち出すために、他人のことはお構いなしに個人の快楽や幸福だけを求める利己主義と混同されることがしばしばある。いま、この主義の原理については詳しく展開しないが、重要なことは、この人間社会が、事実上、互いの幸福を最大の動機として組み立てられ、それを目指して回転しているという現実、その現実の重さに気づくことである。福澤は、直観的にその現実を知り尽くしていた思想家だった。そうして、その彼の直観は、彼が優れたナショナリストであった事実と少しも矛盾しないどころか、ナショナリストにして機能主義・功利主義者というところにこそ、思想家・福澤の真の面目があるのである。

そのことを最もよく表わしている論考に、皇室について論じた「帝室論」(明治十五年)、「尊王論」(明治二十一年)がある。ここでは「帝室は政治社外のものなり」という有名な一句で始まる「帝室論」から、彼が皇室の尊厳の意味についてどういう把握をしていたかがよくわかる部分を抜き出してみよう。

《我帝室の直接に政治に関して、国の為に不利なるは、前段に之を論じたり。或人これに疑を容れ、政治は国の大事なり、帝室にして之に関せずんば、帝室の用は果して何処に在るやとの説あれども、浅見の甚しきものなり。》

《殊に我日本国民の如きは、数百千年来、君臣情誼の空気中に生々したる者なれば、精神道徳の部分は、唯この情誼の一点に依頼するに非ざれば、国の安寧を維持するの方略ある可らず。即ち帝室の大切にして至尊至重なる由縁なり。況や社会治乱の原因は常に形体に在らずして、精神より生ずるもの多きに於てをや。我帝室は日本人民の精神を収攬するの中心なり。其功徳至大なりと云ふ可し。》

《斯る内政の艱難に際し、民心軋轢の惨状を呈するに当て、其党派論には毫も関係する所なき一種格別の大勢力を以て双方を緩和し、無偏無党、之を綏撫して各自家保全の策に従事するを得せしむるは、天上無上の美事にして人民無上の幸福と云ふ可し。是れ我輩が偏に我帝室の独立を祈願する由縁なり。》

要するに、社会秩序が乱れるのは、情誼にもとづく徒《いたずら》な対立にあるのだから、そうした信念対立が非妥協的になって恐ろしい事態を引きおこさないためには、人民の激した感情を慰撫する不偏不党の大きな緩和勢力がなければならず、それはあらゆる政治勢力を超越した、すべての日本人にとって精神の源となるような形を取っていなくてはならない。それこそが帝室の役割だというのである。「国の安寧を維持するの方略」ときっぱり言い切っている。

この考え方は、立憲君主政体における皇室の機能を的確に論じたもので、後の美濃部達吉による「天皇機関説」を先取りするものだ。言われてみればそのとおりと評するほかない把握であるが、帝国憲法の公布と帝国議会の開会を数年後に控えて、これだけの的確な把握を明示できた思想家が他にいたであろうか。時代に先がけた一種のコロンブスの卵と言うべきであろう。

なお昭和の「天皇機関説」が、当時のヒステリー化しつつあった時代風潮の中で不敬に当たるものとして右翼勢力から排撃されたことは有名であるが、権力の上層部や政治学者の間では天皇を統治の一機能、分業の一部門を担うものと考える説は昔から当然視されており、「現人神」などを本気で信じる政治家、学者などは、一部の頭の悪い過激派以外にはいなかった。呉智英氏が夙に指摘するように（『危険な思想家』）、統治というものは、そういうダブルスタンダードをもともと本質構造として抱えるのであって、いわば「顕教・密教」の密教部分では、天皇が立憲君主制の一機能にすぎないことは自明のことだったのである。それは、戦争期というあの時代の雰囲気の中では、美濃部のようにあからさまにしてはならないタブーだった。

さて福澤はさらに進んで、皇室へのあまりのひいき感情から、皇室第一主義の「官権党」なるものを作って「党」として政治参加するような傾向を危険なものとして退けている。これまた卓見である。

《今一歩を進めて、我輩は別に却て恐るゝ所のものあり。其次第は、官権主張の人物が、誠意誠心に帝室を重んじて、其極度は遂に帝室の御味方を申すとまでの姿に陥るときは、恰も敵なきに味方を作りたるものにして、其味方なる者は、敵を求めて敵を得ず、却て新に敵を作るの媒介たるなきを期す可らず。去迚は其誠実の本心に戻る（引用者注――悖《もと》る）に非ずや。》

こうした党派性の伸張がやがて極端な皇国思想を生み、それが昭和の軍国思想につながったことはわざわざ指摘するを俟たない。中庸と均衡を重んじて「惑溺」を排した福澤の最もよしとしない傾向であった。

そういうわけで、「帝室論」「尊王論」には、機能主義的・功利主義的なナショナリストであった福澤の本領が最もよく出ていると言いうるのである。

公智・公徳、両方の必要性

以上でほぼ福澤の思想的スタンスの主要部分については語り終えたと考えるが、なお二、三つけ加えておきたいことがある。

ひとつは、当時の国体にかかわる議論の混乱を前にして、彼独特の国体論を提示した点である。

それによれば、まず福澤は国体と政体とを区別し、国体とはその国の国民が政治の実権を握っていることとした。この考えでは、たとえ国民の一人が形式上の首長であっても、外国人に操られた傀儡《かいらい》政権では、国体は失われているとみなされている。たとえば当時の朝鮮やGHQ占領下の日本などがこれに相当しよう。逆に名誉革命後のイギリスのように、オランダから形式的地位としての君主を招いて、政治の実権はイギリス人が握っている場合、国体は失われていないとみなされている。

占領下の日本では、天皇の責任が問われず、皇室がそのまま存続したことをもって「国体の護持」が弁じられたが、福澤のこの国体観念からすると、それは強弁ということにならざるをえないだろう。どちらが正しいかを決することは、占領下に関するさまざまな歴史解釈が絡むので難しい問題だが、少なくとも福澤の国体観念が、いかにも彼らしい「名よりは実を取る」思想態度によって裏付けられていることはたしかである。そして私自身も、そういう考え方をするほうが、ナショナリズムの実質的な確立を維持することにとって意味があり、また一種の自己欺瞞性から免れる上でも妥当ではないかと思う。

次に、福澤は智と徳との関係の問題を次のように分類整理した（『文明論之概略』巻之三）。まず智徳は、人間精神の発展にとってどちらも欠いてはならない車の両輪のように重要な要素であると原則を述べた後、智と徳にはそれぞれ私的なものと公的なものがあるので、私徳、公徳、私智、公智の四つが考えられるとした。私徳とは、潔白や謙遜のように、一心の内に属するもの、公徳とは、公平や勇強のように、人間の交際上に現われるはたらき、私智とは、物の理を極めてこれに応ずること、最後に公智とは、人事において何が重大で、何が軽小であるかをよく判断し、時と場所を察するはたらきのことである。

さてその上で福澤は、それぞれの特性を説いてゆく。この論述の力点はどこにあるのかと言えば、やはり江戸時代の儒教道徳の浸透が日本人を狭い身分制の枠組みに自足させ、そこにだけ自分たちの世界を限定してしまったために、文明の広大さに対して遅れを取ってしまった日本の現状に対して、断固たる闘いの意志を表明したところにあると考えられる。

そういうモチベーションが基本的にあるので、彼は、私徳の典型である形骸化した儒教道徳を容赦なく批判すると同時に、公智と結びつくかぎりでの公徳を最も意義深いものとして前面に押し出している。ポイントは、徳の大切さだけを説く人々に対して、その重要さを否定はしないものの、それだけでは新しい時代に適応できず、これからは公智がそれに加わらなければならないと強調するところにある。

たとえば徳の特性として、それはとかく私的なもの（内面の自己満足）に限定されやすく、またその内容も古今東西、ほとんど変わらずに限定されている。これに対して、智の内容は無限に多様である。また、徳は個人の中で変節して失われることがあるが、智はいったん獲得されれば失われることがない。さらに、徳はそれ自体として自足的であるのに対して、智はもともと発展性をその本質として持っているので、その特性が徳に加わることによって、文明の無限の領野が開けてくる、等々。

これは不注意に読むと、智と徳の二元論を立てて、どちらが大切かを選択すべきだと主張しているように見えるが、そうではない。論の形式的前提はたしかに二元論の形をとってはいるが、福澤の本意はそこにはないのである。徳の大切さを真に活かすためにこそ、それに智が加わらなくてはならないというのが彼の本当に言いたいことで、この場合彼の思い描いていた徳とは、広大な文明の恩恵に浴することによって、その功徳を真に有効ならしめること、つまり人間性の深みと大きさとをよく理解することによって独りよがりを打ち破り、人間の本質である「社交、交際」の精神を自己涵養してゆくことを意味する。

福澤の時代には、特にこういうことを強調する時代の必然性があったことは言うを俟たないが、現在でも教育の世界などでは、この二元論を安易に立てて、「知識ばかりあっても思いやりの心がなければダメだ」といった「徳育優先主義」が見られる。

これはしばしば智の劣った者への欺瞞的な慰安の作用として機能する。近年の例では「ゆとり教育」というのが、その腐敗した精神を典型的に示していた。結果、いま日本の教育は福澤が一番心配した「文明の停滞」状態に落ち込んでしまっている。もちろん、その反動からの危機意識もずいぶん出てきてはいるが、それとても二元論の単なる一方への転換としての「学力向上」というテーマに特化している傾きが強い。しかし、教育の根本精神は、自立心を培うことと、視野を広めて他者世界への想像力を養うこととの二つである。一方が他方を互いに支える関係にあるのだから、徳育か知育かの選択の問題ではないのである。
以上のことに関連して、『福翁百話』(明治三十年)の中で言及されている、「世の中が昔に比べるとだんだん悪くなっている」という根拠のない感知(私はこれを勝手に「堕落史観」と呼んでいる)に対する批判について数語費やしておきたい。この堕落史観は、昔日の自分を懐かしむ感情から出てくるもので、それ自体がじつに根深い歴史を持っている。「いまの若い者はなっておらん」という文句がピラミッドの壁画に書きつけてあったというジョークがあるくらいである。福澤は、この根拠のない感知を完膚なきまでに批判している。
《末世の今日と云ひ、世道漸く澆季なりと云ふは、数千年の古より今に至るまで、世人の常に口にする所にして、古今その口調を同うし、年々歳々、唯衰ふるの一方のみにして、更らに前途の望なきものゝ如し。果して然らば、今世の人類は既に已に無智不徳の極に達して、恰も悪魔外道の成果、殆んど禽獣に等しき筈なれども、扨実際を見れば中々以て然らず。世界は進歩改良の最中にして、智徳共に次第に高尚に赴き、人情次第に緩和して、次第に無智殺伐の苦界を免かるゝの事実は争ふ可らず。》
こう前置きした上で、福澤は、文明以前の時代と文明国とを比較して次のように説く。かつての時代のほうが、明らかに弱肉強食を地で行っていて、ただ腕力の強い者が弱いものを奴隷として酷使し、多数の幸福を犠牲にして少数者が安逸をむさぼっていた。また刑法でも昔はちょっとした罪ですぐに残酷な刑に処したが、現在は過酷な刑法がないのに、特に悪事が増したということを聞かない。これは天下の人心が次第に平穏になるにつれて、よく事の利害軽重を弁ずるようになったからで、それにしたがって立法者が寛大な法を決めるようになったからである。そこに野蛮と比べたときの文明の功徳は明らかである。

このように実例を挙げることによって、単なる思い込みとしての「堕落史観」を粉砕した上、こうした争えぬ事実があるにもかかわらず、なぜ多くの人は、「昔のほうがよかった」と感ずるのかと問い、その原因を、尚古論者の無智に帰している。

《人間社会の進歩とは、凡そ右等の事情にして、誠に分り切つたることとなるに、彼の尚古論者が、兎角古風に恋着して、前進の道を知らざるこそ奇態なれ。啻に前進を知らざるのみならず、時として之を妨ぐるに至る。其愚は殆んど測る可らざるに似たれども、元来、彼輩の思想は至極簡単にして、殊に数字統計の何物たるを知らず、単に和漢の歴史など通読して、往々自分の心に感じたる所を記憶し、是れは善し、其れは悪しと判断を下して、局部の善悪に目を注ぎ、眼孔豆の如くにして、全面の利害を視るの明なきが故に、知らず識らずして、自から迷の淵に沈むことなり。》

『福翁百話』は福澤六十二歳の作品であるが、晩年になっても彼の文明観は、『文明論之概略』当時（福澤四十歳）とまったく変わっていないことがわかる。これを「進歩主義」と言い括ることはたやすいが、そういうイデオロギー的な言い括りにさしたる意味はない。むしろここで重要なことは、「事実を事実として偏見を持たずにきちんと見ろ、そのためにはものごとを客観視するための学（この場合は統計学、つまり社会学ということになろう）が必要だし、単に徳について古人が断案したことをそのまま感覚的に受け継いでいるだけではダメなのだ」という、新しい知識論が展開されていることである。つまりは、先に述べた公智（世界に向かって視野を開き、人事に関する適切な判断力を養うこと）の重要性が説かれているわけである。

そしてこのことは、彼の考えた人間本質としての社交、交際という概念からして、当然の帰結であった。さらにつけ加えるなら、そうした人間本質を正当なものと認める限りで、彼の知識論は時間に耐える普遍的な力を秘めていたと言うべきである。

福澤の時代と共通する現代の課題

さて、私は序説で、本書の意図を三つ挙げ、その三番目に次のように書いた。

日本近代とはそもそも何であったのか、その中途における挫折の意味を確認し、本来の姿を現代に活かすには、近代思想のエッセンスの何を取り出すべきなのかを定位すること。

この課題は当初、福澤を論ずることで半ばは果たせるであろうと踏んでいたが、いざやってみると、なかなか難しい。それでも福澤思想の中には、やはり「日本の近代思想のエッセンス」とも言うべきものが含まれていることだけは確認できたのではないかと思う。それをあえてひと言で言うなら、彼は、「文明の無限の発展」という最長期的な理念をまず大前提として、その途上にあるすべての国がみずからその理念を最大限に取り入れるところに近代国家の目標を見出し、その出発点に立っている日本においては、まず一人ひとりの人間が文明の成果を正しく取り入れつつ、それぞれの立場にふさわしい形で自立精神を養うこと、そしてそのことが国家の独立を確立するための必須条件であると考えた、ということになろうか。そしてこの考え方に沿って「近代ナショナリズム」という概念を措定することがまっとうなやり方であると、私は思う。

しかしそれでは、その福澤の描いた国民国家の理念像は、その後どのような変節と挫折を強いられたのか、またその変節と挫折の意味とはなんだろうか。

日清戦争と日露戦争の間に彼はこの世を去っているが、そのことは彼の精神が日本近代社会の黎明期と建設期に要請される思想課題と寸分の隙もなく歩んだことを意味する。そのことが、よく言われるように、彼の思想全体のトーンを最終的に希望にみちた明るいものにしている大きな理由のひとつであろう。

ところが、やがて明治末年から大正にかけて、啄木、漱石、芥川といった文学者たちが現われ、彼らの鋭敏な感受によって、日本の近代化のテンポがあまりに性急で、国民精神や国民経済の十分な成熟を待たずして欧米列強との間に伍していかなくてはならない事態になったその屈折と歪みとを予感させられるに至った。たとえばそのことを象徴するものとして、大逆事件があり、関東大震災があり、プロレタリア運動の台頭とその弾圧があり、芥川自身の自殺があり、昭和の大恐慌があり、満州事変以降の日本の国際的孤立化があり、そして事態は大国アメリカとの理不尽な戦争を強いられるというところまで進んでいく。しかし福澤はこれらを知らない。

私たちは意味のないことと知りつつ、福澤没後の各時代のさまざまな局面において、もし福澤が生きていてその跛行《はこう》的な進行具合をつぶさにしていたら、どんな反応を示しただろうかと想像せずにはいられない。思想的にも文体的にも、時評家（ジャーナリスト）精神をその本質としていた福澤は、日本国民および日本国家が進むべきひとつのとびきり優れた見本を示したのだが、世の成り行きは残念ながら彼が期待したとおりには進まなかった。

本書は、その歴史的原因を探ることを眼目としていない。それはいったん歴史家の手にゆだねるとして、ここでは、とりあえず福澤の提示した「日本近代精神」の見本の「すがたかたち」を再確認するにとどめよう。このことによって、逆にさまざまな外的内的要因のために日本近代が彼の思惑どおりには運ばなかった事態を裏側から照射することが可能となるはずである。

この点につき、いまここで指摘できるのは、日本が第一次大戦の悲惨さを味わわなかったことが、逆に、日本人を身の丈にあわない背伸びに駆り立て、そのことが福澤の望んでいたはずの「世界に開かれた目」を持つことを阻害させた大きな理由のひとつではないかということである。日本人はこのあたりからのぼせ上がり、虎視眈々と国益を満たそうとする諸外国、とくにアメリカを中心とする連合国のしたたかさに対する感受力を次第に失っていった。やがて孤立化と視野狭窄の度合いは激しくなり、ドイツのような追い詰められた敗戦国のヒステリックな情緒的昂揚に共鳴してしまった。それもこれも民族的なコンプレックスのなせる業である。

しかし序説でも触れたように、この無意識の敗北志向のようなものを、日本の民衆はどこかで予感していた。謙譲の美徳と「もののあはれ」「世のはかなさ」に深く感じてしまう美意識。裏を返せばそれは、合理的戦略思考の欠落でもあり、外交の拙劣さでもあり、あまりの諦めのよさでもある。もし福澤が見たら、こういう国民性の変わらなさに対して歯ぎしりして悔しがったかもしれない。しかしこうした日本人の長所にして欠点でもあるものは、現在でも依然として続いているのである。その意味では、福澤の開明的な思想は、そのあたりに対する微妙な配慮に欠け、少しく日本人に無理を強いるものであったという見方も成り立たないわけではない。だが建設的な時代が彼のような思想を生んだのであってみれば、それもまた致し方ないと言うほかはないだろう。

言うまでもなく、私たち日本人はいま、戦後最大の国難に直面している。二〇一一年三月一一日の東日本大震災と原発事故、長い長いデフレと円高による国内産業の空洞化、リーマン・ショック、ユーロ危機などを震源とする世界同時不況、中国や韓国のゴリ押しによる外交関係の悪化、これらのダブルパンチ、トリプルパンチをまともに食らいながら、それに有効な手立てを打てない政権の臆病ぶりと無策ぶり。リングサイドに追い詰められた日本はこの先大丈夫かという危惧を、心ある日本人ならだれでも抱いているだろう。

このような厳しい状況からいかに立ち直るかについて、百五十年前の一思想家が具体的な何を教えてくれるわけでもない。それは私たち自身がこの苦境を深く理解することによって、自力で脱出方法を見つけ出すしかないものだ。私たちには私たちの時代のリアリズムがある。しかし一方では、やはり福澤のような開明的・合理的・戦略的な思考の持ち主がいてくれないと困るという思いもある。状況がいやおうなくそれを強いてくるからだ。

第一章で丸山眞男を論じた折、国際環境において発展途上国が西欧譲りの国民国家論をそのまま受け継いでいく路線は破綻しつつあるという彼の認識がいかに甘いかを批判した。福澤の生きた時代の国際環境は、言うまでもなく欧米列強の東漸という事態に最もリアリティがあった。その場合、健全なナショナリズムを打ち立てることは、日本にとって何を措いても果たさなければならぬ急務だった。この点で百五十年後の今日の国際環境が本質的に変化したかといえば、じつは核心の部分においてはそれほど変わっていないのである。

核心の部分とは何か。たしかに二度の大戦に懲りて、先進国同士はなるべく紛争や戦争を避けるようになった。しかし、一方では旧植民地が次々に独立を果たし、さらに冷戦構造が崩壊したことによって、新興国や発展途上国が主権国家としての自己主張をますます強めている。中国共産党やロシアの国内弾圧や膨張主義的傾向は著しいし、石油産出国のイスラム圏ではイランが着々と核開発を進め、核保有国のアメリカ、イスラエルとの間で緊張を高めている。北アフリカ諸国の内戦による不安定は当分続きそうであるし、東北アジアには北朝鮮という何とも剣呑な不良国家が近隣諸国の警戒心を煽っている。怨嗟を溜め込んだテロリストたちの暗躍と死を賭した行動は、いまなお衰える気配を見せない。これに世界同時不況が深刻化しつつあるという経済要因が大きく絡んでくる。

こうして、国際社会はいわば冷戦時代よりも多くの火種と不安定をあちこちに抱えるようになり、一触即発と言ってもおかしくない状態である。国際平和機関という名目の国連は、世界統治の方法論を持たず、まったくたよりにならない。

要するに、現在の国際環境は、二百もの大小の主権国家が群雄割拠する一種の「やくざ世界」なのだと言ってよい。つまり、他国と深く交渉しつつ自国の安全保障上の配慮をけっしておろそかにしてはならないという点において、福澤の生きた時代と共通する問題を私たちは抱えているのである。能天気な平和主義など、何の効力もないばかりか、世界の常識から笑われるだけである。だが残念ながら、福澤の現代版はまだ現われていない。

とりあえず私たちにできることは、彼の強靭かつ柔軟な、そしてよい意味でのプラグマティックな思想家魂をきちんと参照することによって、現代の私たちが陥っている閉塞状況に対して、そこからの脱却のために必要とされる最も基本的な精神の構えといったものに関する示唆を得ることだろう。旧訓を参考にしつつ、新しい時代にふさわしい新しいナショナリズムのあり方を構想すること。正負いずれの感情的反応をも超克した理性的な「ナショナリズム」概念を鍛え直すこと。それが社会思想にいま与えられた使命ではないだろうか。本章の小文が、それにいささかでも貢献していることを願うばかりである。

あとがき

批評とは何かということをいつも考えている。というよりも、自分はなぜ批評業に深入りする仕儀に立ち至ったのか。

これに対するネガティヴな理由ははっきりしている。年少の頃から芸術表現や職人技にあこがれるようになったが、自分にはどのジャンルにおいても才能がないことがはっきりしたからである。といって才能のあるなしを見極めるほど何かの分野で修練を積んだわけでもない。ただ、その道の専門家たちの仕事に見惚れ聞き惚れているうち、ああ、自分にはあそこまで到達するだけの根性はとてもない、と嘆息が出てしまったのだ。

ではポジティヴな理由。それはたぶん、他人の言葉が自分にとってどういう意味を持つかが気になって仕方ない性分であり、自分の言葉がどう他人に受け取られるかが気になって仕方ない性分だからであろう。人はここに、ナルシシズムと他者への配慮とが奇妙に重なり合っている光景を見るかもしれない。しかし私自身に言わせていただくなら、そもそも人間とは、他者の中に自分を確認し、自分の中に他者を見出す存在なのであってみれば、じつは奇妙でもなんでもないのである。

批評とは、「読む」ことである。「読む」とは批評の対象と対話することであり、親しい友人同士のように、その対象と腹を割って話すことである。向こうが呼びかけてくる声が気になって仕方がないので、こちらも言葉を返す。当然、両者の間には共感・同調も生まれれば齟齬・軋轢も生まれる。対象との共感・同調と齟齬・軋轢の間を行きつめぐりつすること、それが批評という表現スタイルのあるべき姿なのだ。

私は思想家を批評するときのいつもの流儀で、本書でも彼らに対して是々非々主義の立場を貫いている。読み通していただいた方にはわかるだろうが、どの思想家に対しても、オマージュ一辺倒でもなければ、批判一辺倒でもない。それは意識的にそうしたというよりも、やはり気になる一行一行にしつこくこだわってしまう性癖のしからしめるところである。偏執的な「友人」に取りつかれてしまった彼らは、泉下でさぞうるさがっていることだろう。だがこういう言い方は傲慢に聞こえるだろうか？

もうひとつ、自分の性分についてなくもがなの解説を付け加えておくと、私は昔から注意力散漫、やたらと雑念に支配されやすいたちで、ために、ついに専門家なるものになることができなかった。その結果、どの領域に対しても一丁前に口出しするくせに、いつまでもアマチュアでしかない。いまさら専門家になどなれるわけがないので、これはもはや自分に与えられた星とあきらめている。

しかし再び言わせてもらえるなら、こういう表現者のあり方というのも、読者にとって効用がなくもないのではないかとじつはひそかに思っている。というのは、一人の人間の観念というものはもともと雑念から雑念へと脈絡もなく経めぐるもので、ある専門領域の中に自分の観念のすべてを注ぎ込むことなどだれもなしえているはずがないからである。だが、あるときある理由から抱いた雑念がその人の生にとって大事ではないのかと言えば、けっしてそんなことはない。

それかあらぬか、本書で扱われている思想家たちは、みなはじめから終わりまで専門家ではなかったり、はじめは専門家であっても、どうしてもその窮屈な枠組みから雑念に満ちた肉声をはみ出させ、その肉声を定着させずにはおれなかった人たちばかりである。それがまた、彼らがビッグな存在であるゆえんでもあろう。私はその事実に否応なく惹きつけられたのである。

本文でもふれたが、日本はいま近代化百五十年を迎え、大きな曲がり角に直面している。この「曲がり角」の意味を人はえてして、ことがらの見えやすい部分だけで捉えがちである。折から民主党政権のあまりのひどさ、出口の見えない深刻なデフレ不況、大震災や原発事故の後始末が遅々として進まない状況、尖閣・竹島をめぐる苛立たしい領土問題、グローバル企業の国際競争力低下など、まるで示し合わせたかのように内憂外患がこの国に次々と襲いかかっている。よからぬ意味での「神の見えざる手」が作用していると言いたいほどである。事実、それに近い発言さえあった。

もちろん、これらはひとつもゆるがせにできない克服課題である。また、よく目を凝らせば、それぞれがある人為的で合理的な因果連関の下に起きている現象であるとも言える。その認識をおろそかにして一つひとつの現実問題から目をそらすような「神秘主義」に逃げ込むことは許されない。

だが、私たちはいま「第三の開国」（これはとんでもなく見当はずれの標語である。中野剛志著『TPP亡国論』参照）ならぬ「第二の敗戦」を経験しているのである。あの敗戦という日本史上最大の事件の後遺症が長い潜伏期間を経て、いまごろになってマグマのように噴き出してきたのだ。それは折々の政治経済的な意味にのみとどまるものでは到底なく、もっともっと大きな、日本人の生活意識、文化、精神全般にかかわる危機なのである。そしてこの新しい「敗戦」が第一の敗戦の連続線上にあることは疑いないと私は思う。だがそれはどのような連続線として把握できるだろうか。

あの敗戦は、誤解を恐れずに言えば、わずか百年足らずの間における、開国から近代国家の建設、国際的な地位の確立、そして列強に伍する「一等国」の達成というあまりに急テンポな要請がもたらした必然的な帰結であった。もちろんそこには、欧米帝国主義の圧力など、外部との関係によって強いられた要因が強く作用しているし、またじっさい、その圧力の意味をよく理解して必死で対抗し、独立国としての面目を維持しえた部分も大きかった。

ヨーロッパの内部で見ると、英仏に比べて遅れて近代化の途についたドイツがやはり似たような位置に立たされていたと言うことができる。第二次大戦における日独の同盟は、単なる偶然ではない。外交的・戦略的にはもちろん大失敗であるが、この失敗には後から出発した国同士のコンプレックスの共有という無意識の心理が深いところではたらいていたとしか考えられないのである。

だがおそらく日本人の伝統的な国民性にとって、この急テンポは、平穏時の呼吸と脈拍にいささか無理を要求するものだった。内部社会全体の成熟という時間のかかる課題を犠牲にして、エネルギーの大部分を軍事方面に注ぎ込むという偏った道を歩まなくてはならなかったからである。

それで、超大国アメリカに徹底的にたたかれた後、その政治的な子分になることを承認したうえで、今度は基本路線を経済力の充実に大きく変更した。これは結果的に「奇跡の成功」を収めた、かに見えた。少なくとも一九八〇年代前半までは日本は国内的にも国際的にも繁栄の一途をたどっていた。GDPこそ苦戦しているが、治安も寿命もいまだに世界最高水準である。

敗戦後、アメリカに魂を抜かれてしまったといった言い方があるが、これは半面ではたしかに当たっているものの、さっさと過去を清算したことによって現実生活のレベルではうまく立ち直ったのも事実である。そのことは、丸山眞男の言う、「変わり身の早さ」や「歴史に対するオプティミズム」という評言にも通ずる。「天地初発之時」のエネルギーをそのつど新たな局面に注入し直して、「つぎつぎとなりゆくいきほひ」によってこれまで何とかもたせてきたのである。

ところが、冷戦構造の崩壊後、アメリカの覇権の相対的な後退とともに、現在の世界情勢は、再び統制を失ったやくざ世界としての本質を露呈しつつある。束の間の平和と繁栄の夢は覚醒を強いられている。日本はこれまで油断していた政治、外交、軍事の面で、戦後もともと脆弱化していた脇腹をいじいじと突かれているのだ。

いまこの国は強力なアメリカという後ろ盾を失いかけていて、もう一度新たな形で自主独立のプランを設計せざるをえない局面に立たされている。しかしその設計方針は、ただ軍事や経済にだけ特化するのではなく、日本人の国民性にふさわしい総合的な性格のものであるべきだろう。

正直なところ、日本人はもともと長期的な国際政治戦略や狡知にたけた軍事・外交があまり得意な民族ではない。「お人好し」とよく自己批判されるが、自己批判してもその特質はたぶんこれからもあまり変わらないだろう。だからといって、もちろん「長いものには巻かれろ」などと言っているのではない。時々の不当な外圧に対しては、あくまでも毅然とした自主独立の精神を示す必要がある。そのためにも空想的な平和の夢から目覚めて、危機に備えるための具体的なシステムを早急に構築すべきことは言うまでもない。

しかしそのこととはまた別に、現在の私たちの精神的な構えを根本から立て直す作業も必要である。その場合に日本近代が生んだ思想の中から独創的なものを選び出し、その長所弱点をていねいに検証して、これからの思想の歩みに役立てることが要求されるだろう。

だがこれには少々時間がかかる。思想は、生々しい時代を呼吸しつつ時代を超える。グローバリズムや情報社会の激しい波が押し寄せている昨今、それらの慌ただしいリズムに翻弄されて、息せき切った言語スタイルだけで心身を満たしてはいけない。文学思想や哲学思想独特のリズムに寄り添いながら、じっくりと考える時間を大切にしたい。

日本人の「不得意」は、裏を返せば「得意」である。長い歴史の中で、強力な文化・文明が押し寄せてきたとき、日本人はそれを真正面から迎え撃って斥けるのではなく、まずはいったん謙虚に吸収し、十分に咀嚼したうえで、いつの間にか自家薬籠中のものに組み替えてしまう。古代における漢字・仏教などの中国文明、徳川期における朱子学の変容、そして近代における西欧文明。本書で扱った近代思想家たちの秀でた面にも、明らかにその傾向が認められる。思想という領域では、そういう固有の長い息継ぎを費やした熟成が必要とされるのである。
福澤諭吉はいみじくも「政事」と「学問」との時間的リズムの違いと質の相違に言及して、前者を応急治療、後者を日頃の養生に譬えているが、これは至言と言うべきである。私もこの考え方を踏襲し、今回のような一見悠長な試みが、長い目で見れば日本人の思想をただのローカルに終わらせず、世界へ発信できるものにするための一プロセスとして役立ってほしいと願って本書を編んだ。これが「第二の敗戦」から日本の態勢を立て直すことに少しでも貢献できれば幸いである。

本書を執筆し始めてから瞬く間に二年の歳月が流れてしまった。この間、編集を担当された幻冬舎の小木田順子さんは、あれこれ言う私のわがままに辛抱づよく耐えて下さるとともに、要所要所でこちらが舌を巻くほどの見識と有能ぶりを示された。この場を借りて深甚の謝意を表したい。

二〇一二年十月十二日

小浜逸郎

主要参考文献

本文中で書名、論文名、作品名が記載されているものについてはその出典を掲げ、書名、論文名、作品名が記載されておらず人名のみ記載されている場合には、重要と思われる人物を選択し、本文の記述にかかわりが深い著作を掲げる。

ウィトゲンシュタイン　『論理哲学論考』岩波文庫
牛村圭　『「文明の裁き」をこえて』中公叢書
江藤淳　『小林秀雄』講談社文芸文庫
大森荘蔵　『新視覚新論』東京大学出版会／『知の構築とその呪縛』ちくま学芸文庫／『言語・知覚・世界』岩波書店／『物と心』東京大学出版会／『流れとよどみ』産業図書／『時間と自我』青土社／『時間と存在』青土社／『時は流れず』青土社
柄谷行人　『批評とポスト・モダン』福武文庫
カント　『純粋理性批判』岩波文庫／『実践理性批判』岩波文庫
北一輝　『北一輝思想集成』書肆心水
キルケゴール　『死にいたる病』ちくま学芸文庫
熊野純彦　『和辻哲郎』岩波新書
呉智英　『バカにつける薬』双葉社／『危険な思想家』双葉文庫
小浜逸郎　『オウムと全共闘』草思社／『吉本隆明』筑摩書房／『エロス身体論』平凡社新書／『言葉はなぜ通じないのか』ＰＨＰ新書／『人はなぜ死ななければならないのか』洋泉社新書ｙ／『癒しとしての死の哲

学』洋泉社／『人はなぜ働かなくてはならないのか』洋泉社新書y
小林多喜二　『蟹工船・党生活者』新潮文庫
小林秀雄　『小林秀雄全集』新潮社
西行　『山家集』岩波文庫
阪倉篤義　『日本文法の話』教育出版
源実朝　『金槐和歌集』岩波文庫
島崎藤村　『春』新潮文庫
下條信輔　『「意識」とは何だろうか』講談社現代新書
親鸞　『親鸞集』日本の思想3　増谷文雄編　筑摩書房／『教行信証』岩波文庫
ソシュール　『一般言語学講義』岩波書店
ソルジェニーツィン　『イワン・デニーソヴィチの一日』新潮文庫
田川建三　『思想の危険について』インパクト出版会
竹内洋　『丸山眞男の時代』中公新書
デカルト　『方法序説』岩波文庫
時枝誠記　『国語学原論』岩波書店／『国語問題と国語教育』中等学校教科書株式会社／『日本文法　口語篇』岩波全書／『文法・文章論』岩波書店／『言語本質論』岩波書店
ドストエフスキー　『罪と罰』新潮文庫
ニーチェ　『権力への意志』ちくま学芸文庫／『善悪の彼岸　道徳の系譜』ちくま学芸文庫
西垣通　『基礎情報学』NTT出版
西部邁　『福澤諭吉』文藝春秋

バークリ　『人知原理論』岩波文庫／『視覚新論』勁草書房
ハイデガー　『有と時』世界の大思想28　河出書房新社
橋川文三　『ナショナリズム』紀伊國屋新書
橋本進吉　『古代国語の音韻に就いて』岩波文庫／『国文法体系論』岩波書店
パスカル　『パンセ』中公文庫
浜田寿美男　『「私」とは何か』講談社選書メチエ
日暮吉延　『東京裁判』講談社現代新書
火野葦平　『土と兵隊・麦と兵隊』新潮文庫
ヒューム　『人性論』中公クラシックス
平野謙　『戦後文学論争』番町書房
福澤諭吉　『福澤諭吉選集』岩波書店／『福澤諭吉教育論集』岩波文庫
福田恆存　『福田恆存評論集』麗澤大学出版会
フッサール　『デカルト的省察』岩波文庫
プラトン　『パイドン』岩波文庫
プルースト　『失われた時を求めて』ちくま文庫
ヘーゲル　『精神現象学』作品社／『法哲学講義』作品社
ベルクソン　『時間と自由』白水社
マリノフスキ　『西太平洋の遠洋航海者』講談社学術文庫
マルクス　『経済学・哲学草稿』光文社古典新訳文庫
丸山圭三郎　『ソシュールの思想』岩波書店

丸山眞男　『丸山眞男集』岩波書店
三浦つとむ　『認識と言語の理論』勁草書房
三上章　『象は鼻が長い』くろしお出版
メルロ＝ポンティ　『行動の構造』みすず書房
八木秀次　『明治憲法の思想』ＰＨＰ新書
柳田國男　『定本柳田國男集』筑摩書房
山田孝雄　『日本文法講義』宝文館
吉本隆明　『高村光太郎』春秋社／『言語にとって美とはなにか』勁草書房／『共同幻想論』河出書房新社／『心的現象論序説』北洋社／『芸術的抵抗と挫折』未來社／『抒情の論理』未來社／『異端と正系』現代思潮社／『擬制の終焉』現代思潮社／『吉本隆明全著作集1』勁草書房／『ハイ・イメージ論』福武書店／『源実朝』筑摩書房／『論註と喩』言叢社／『最後の親鸞』春秋社／『初期ノート』試行出版部
ロック　『人間知性論』岩波文庫
和辻哲郎　『風土』岩波文庫／『古寺巡礼』岩波文庫／『日本精神史研究』岩波文庫／『倫理学』岩波書店／『和辻哲郎全集第七巻』岩波書店／『人間の学としての倫理学』岩波全書

『きけ　わだつみのこえ』岩波文庫
『第二集　きけ　わだつみのこえ』岩波文庫

著者略歴

小浜逸郎《こはまいつお》

一九四七年横浜市生まれ。横浜国立大学工学部卒業。

批評家、国士舘大学客員教授。

家族論、教育論、思想、哲学など幅広く批評活動を展開。

二〇〇一年より連続講座「人間学アカデミー」を主宰。

著書に『死にたくないが、生きたくもない。』(幻冬舎新書)、『人はなぜ死ななければならないのか』『人はなぜ働かなくてはならないのか』『なぜ人を殺してはいけないのか』(以上、洋泉社新書y)、『人はひとりで生きていけるか』『【新訳】歎異抄』(ともに、PHP研究所)など。

幻冬舎新書 288

日本の七大思想家

丸山眞男／吉本隆明／時枝誠記／大森荘蔵
小林秀雄／和辻哲郎／福澤諭吉

二〇一二年十一月三十日 第一刷発行

著者 小浜逸郎

発行人 見城 徹

編集人 志儀保博

発行所 株式会社 幻冬舎
〒一五一-〇〇五一 東京都渋谷区千駄ヶ谷四-九-七
電話 〇三-五四一一-六二一一(編集)
〇三-五四一一-六二二二(営業)
振替 〇〇一二〇-八-七六七六四三

ブックデザイン 鈴木成一デザイン室

印刷・製本所 中央精版印刷株式会社

Printed in Japan ISBN978-4-344-98289-5 C0295
こ-1-2
幻冬舎ホームページアドレス http://www.gentosha.co.jp/
*この本に関するご意見・ご感想をメールでお寄せいただく場合は、comment@gentosha.co.jp まで。

幻冬舎新書

佐伯啓思
自由と民主主義をもうやめる

日本が直面する危機は、自由と民主主義を至上価値とする進歩主義＝アメリカニズムの帰結だ。食い止めるには封印されてきた日本的価値を取り戻すしかない。真の保守思想家が語る日本の針路。

五木寛之
下山の思想

どんなに深い絶望からも、人は起ち上がらざるを得ない。だが敗戦から登頂を果たした今こそ、実り多き明日への「下山」を思い描くべきではないか。人間と国の新たな姿を示す画期的思想!!

宮台真司
日本の難点

すべての境界線があやふやで恣意的（デタラメ）な時代。「評価の物差し」をどう作るのか。人文知における最先端の枠組を総動員してそれに答える「宮台真司版・日本の論点」、満を持しての書き下ろし!!

香山リカ
世の中の意見が〈私〉と違うとき読む本
自分らしく考える

情報が溢れる現代社会、自分の意見を持って、ふりまわされずに生きていくにはどうするか？　世の中で意見が分かれる悩ましい問題を題材に、自分なりの正解の導き方をアドバイスする思考訓練の書。

幻冬舎新書

波頭亮　茂木健一郎
日本人の精神と資本主義の倫理

経済繁栄一辺倒で無個性・無批判の現代ニッポン社会はいったいどこへ向かっているのか。気鋭の論客二人が繰り広げるプロフェッショナル論、仕事論、メディア論、文化論、格差論、教育論。

玉川徹
ニッポンの踏み絵
官僚支配を駆逐する五つの改革

政官業の癒着構造を排して官僚支配にピリオドを打たないかぎり、日本の再生はない。議員歳費、公務員特権、年金、財政、原発――既得権をむさぼるエセ改革者を一発で見抜く五つの改革案を緊急直言。

宮台真司　福山哲郎
民主主義が一度もなかった国・日本

２００９年8月30日の政権交代は革命だった！　長年政治を研究してきた気鋭の社会学者とマニフェスト起草に深く関わった民主党の頭脳が、革命の中身と正体について徹底討議する!!

平野貞夫
平成政治20年史

20年で14人もの首相が次々に入れ替わり、国民生活は悪くなる一方。国会職員、議長秘書、参院議員として、政治と政局のすべてを知る男が書き揮う、この先10年を読み解くための平成史。